冷战后印缅关系研究

彭　念 / 戴永红◎著

A Study on India-Myanmar Relations after the Cold War

时 事 出 版 社

总　序

自2013年习近平主席提出共建“一带一路”倡议以来，沿线国家的政经合作稳步推进，国际社会也对此表现出普遍的欢迎和积极参建的热情。这三年来的扎实工作不仅将“一带一路”建设推向了关键节点，更通过2017年在京召开“一带一路”国际合作高峰论坛向世界贡献了“全球化2.0时代”的中国智慧。正是在“加强国际合作，对接彼此发展战略，实现优势互补，促进共同发展”的合作精神指导下，中国各部门各单位也极具针对性地提出了各自发展规划，通过“五通三同”的具体措施将“一带一路”建设成为政策沟通、设施联通、贸易畅通、资金融通、民心相通的利益共同体、命运共同体以及责任共同体。

对此，乐山师范学院也依托自身优势，积极响应国家“一带一路”倡议，通过校际合作、智库研究等多种形式融入到区域一体化与经济全球化的建设当中。如今，乐山师范学院已发展成为一所立足四川、面向西部、辐射全国、拥抱世界的以教师教育为本、非教师教育并重的多科性地方院校。目前，全校上下正凝心聚力，围绕“内涵发展、质量提升、特色凝聚”，努力践行“弘毅自强、笃学践行”校训，发挥国际交流、智库研究等区域优势，尤其注重教育国际交流与合作。当前，学院已先后与瑞典斯德哥尔摩大学、英国威尔士大学、美国哈特兰社区学院、瑞典安全与发展政策研究所、缅甸战略与国际问题研究院、尼泊尔战略与国际问题研究院等国外高等教育机构建立友好合作关系，共同开展教育和科研合作、师生交流、联合培养硕士等活动，在教育国际化、合作一体化的办学理念指导下走出了一条具有乐山师院特色的“一带一路”。

2016年，乐山师范学院根据国家智库建设的需要成立了“跨喜马拉雅旅游文化研究中心”，这不仅是乐山师院积极响应和贯彻国家“一带一路”战略的具体表现，更是旨在通过学术交流推动中国与跨喜马拉雅国家的泛区域合作。跨喜马拉雅地区是“一带一路”的重要组成部分，该地区有8个国家，总人口超过30亿，经济总量超过10万亿美元，约占全球的29%，是全球重要的水源、能源和战略资源供应基地。乐山师院正是通过研究中心开展各种形式的文化交流和经济合作，促进环喜马拉雅地区人民之间的相互了解与互信，促进乐山乃至四川更好地融入“一带一路”国家发展战略。

因此，“‘一带一路’跨喜马拉雅区域合作研究丛书”的出版既是高校研究智库化的具体需要，也是乐山师范学院在国际化办学方面的最新探索，更是落实“一带一路”发展倡议的切实体现。丛书通过研究环喜马拉雅地区的8个国家，具体分析未来四川在区域一体化当中的目标定位，拓宽“一带一路”南线建设的发展空间，从而为中国的发展与世界的繁荣贡献出应有的智慧。

戴永红

2017年6月6日

序　言

印度的“东向”和“东进”战略是印度冷战结束以来外交和安全战略的优先方向之一。作为东南亚和南亚的结合部与联系纽带的缅甸，在印度印太外交中的战略性与日俱增。基于这种现实考量，印度在冷战后逐步加强与缅甸军政府的接触，不断推动两国关系向前发展。印缅关系的这种转变对于该地区的地缘政治格局势必会产生深远影响。目前，尤其是在中国大力推进“一带一路”战略的背景下，印缅关系的发展演变对该战略的影响更值得关注。因此，对冷战后印缅关系的研究显得尤为重要。

纵观国内学术界，鲜有专门的著作系统地考察冷战后印缅关系的发展。因此，彭念博士和戴永红教授的这本合著《冷战后印缅关系研究》来得非常及时，也填补了中国学界对印缅关系研究的一些空白。

《冷战后印缅关系研究》从印度的视角出发，系统考察了冷战后印度对缅政策的发展动力、发展历程、发展阻力、发展前景以及大国因素对印缅关系的影响，可谓面面俱到。其论述结构的清晰完整、主要观点的理性客观及引用资料的及时翔实，都给我留下了深刻印象。

此外，本书的写作建立在对现有文献的批判吸收基础上，因而呈现出诸多亮点。比如，在论述印度对缅政策的发展动力时，将印度外交政策的调整作为主因，印度的“东向”政策和东北部安全作为内因，中国因素作为外因。这样的分层论述清晰完整地展现了印度对缅政策的复杂性。再比如，针对国外文献夸大中国因素对印缅关系推动作用的论述，本书详细考察了印度历任政府调整对缅政策的中国因素，并指出中国因素的作用总体呈下降趋势。最后，本书并不仅仅将目光集中在印缅双边关系层面，而是拓展至印缅关系发展对中国的影响以及大国因素对印缅关系的影响方面。这种多层面的分析既突出印缅关系在具体合作领域的进展，又完整地展现了印缅关系发展的外部大环境，从而更有助于加深我们对冷战后印缅关系发展的理解与认识。

当然，作为印缅关系研究领域的首部系统性研究成果，本书仅仅是一个良好的开端。事实上，印缅关系在莫迪和昂山素季时代的发展更加值得关注，也更具有研究的现实意义。因此，我们希望未来能有更多的系统性研究成果对此进行细致分析。

刘学成

中国国际问题研究院中美关系研究中心

常务副主任、中国南亚学会顾问

目录

Contents

绪　论

冷战后初期，印度逐步改变批评缅甸军政府的对缅政策，转而加强与缅甸军政府的接触，印缅关系开始解冻。此后，在印度瓦杰帕伊和辛格政府的推动下，印缅关系大幅改善。2014 年 5 月印度总理莫迪上台执政后，印缅关系加速发展。基于此，本书对冷战后印缅关系的发展动力、发展历程、制约因素、发展前景、中印在缅甸的竞争与合作以及印缅关系中的大国因素进行了详尽分析。

第一节　背景简介

印度与缅甸毗邻而居，自古以来就有着密切的经贸文化往来。19 世纪 80 年代，英国征服印度后又占领了缅甸，缅甸由此成为英属印度管辖之下的行政省。在此期间，大量印度官员被派遣至缅甸担任行政职务，不少印度商人也涌入缅甸从事商业活动，印缅之间的联系骤然增多。1947 年印度独立后，积极支持缅甸独立，并与缅甸建立密切的外交关系。时任印度总理尼赫鲁与缅甸总统吴努不仅私交甚好，而且共同参与主导了一系列促进亚非独立团结的外交活动，尤其是著名的万隆会议及不结盟运动。然而，这种紧密的双边关系却在 1962 年缅甸总统奈温上台后迅速冷却。在奈温国有化政策的压迫下，大量印度移民逃离缅甸。1969 年，印度总理英·甘地出访缅甸，两国关系得以缓和，但仍处于冷淡状态。此后近 20 年间，印缅高层互访极为少见，直至 1987 年印度总理拉·甘地访缅。

1988 年 9 月，缅甸军方接管政权。印度公开指责缅甸军政府，并积极支持昂山素季领导的民主运动，印缅关系再次跌入谷底。1993 年，印度外交秘书迪克西特访问缅甸，两国紧张关系开始缓和。此后，印度逐步改变批评缅甸军政府、支持缅甸民主运动的对缅政策，并开始与缅甸军政府接触。

自此，印缅关系不断改善。在政治层面，印度总统、总理、副总统、外长等官员相继访缅。2004 年、2010 年，缅甸最高领导人丹瑞将军两度访印。2000 年、2008 年，缅甸二号人物貌埃将军两度访印。2011 年，缅甸总统吴登盛访印。2012 年、2016 年，缅甸民盟领导人昂山素季访问印度。2016 年，缅甸总统吴廷觉出访印度。

在经济层面，双边合作不断深化。首先，近年来印缅双边贸易增长迅速。目前，印度是缅甸的第四大贸易伙伴和第二大出口国，占缅甸出口额的 25%，同时也是缅甸的第七大进口资源来源国。[①] 其次，印缅能源合作不断深化。目前，有多家印度公司参与缅甸的能源开发，投资的油气区达 7 个。再次，印缅边贸取得一些进展，贸易额有所上升，边贸口岸增加，交通状况逐步改善。此外，在水电工程、发展援助、基础设施工程等领域，印度与缅甸的合作不断深化。最后，印缅多边经济合作也取得进展。目前，印、缅都是孟加拉湾多层次经济合作机制[②]（简称 BIMSTEC，1997 年 6 月成立）

---

① K. Yhome, India-Myanmar Relations (1998—2008) -A Decade of Redefining Bilateral Ties, *OFR Occasional Report*, Jan., 2009, p. 5.

② 因各处对 BIMSTEC 的中文翻译不同，本文引用［印］B·G. 维尔吉斯著，傅超等译：《重新确定印度的方向——亚洲的新地缘政治学》，四川国际友好联络会南亚与东南亚研究中心及四川大学南亚与中国西部合作发展研究中心，成都，2005 年，第 185 页。

的成员国，也是恒河—湄公河经济合作组织（简称 MGC，2000 年 11 月成立）的成员国。印度还支持缅甸成为南亚区域合作联盟的成员国，并欢迎缅甸加入一些地区组织。①

在军事安全领域，两国之间的合作不断推进。首先，印缅合作打击印度东北部的反政府武装；其次，印缅军方领导人互访频繁，印度向缅甸出售武器，军事人员交流增多，并举行联合军演；再次，两国加强对边境地区的管理，共同应对非法贸易、毒品走私、军火贩卖、疾病传播等非传统安全问题。此外，两国在文化交流、科技合作、人力资源培训等领域也展开不同程度的合作。

第二节 文献综述

当前，中国国内研究印缅关系的文献较少，国外文献相对较多。为了完整清晰地展现学术界对印缅关系研究的概况，本书从国内文献、国外文献两个方面进行文献回顾，并对现有文献进行简要评价。

一、国内文献

国内早期关于印缅关系的研究成果极少，近年来逐渐增多。四川大学南亚研究所教授雷启淮在 2000 年出版的《当代印度》一书中仅提及“1994 年印缅签订边贸协定，双边贸易交往正迅速扩大”。②

2005 年，四川国际友好联络会南亚与东南亚研究中心及四川大

---

① K. Yhome, India-Myanmar Relations (1998—2008) – A Decade of Redefining Bilateral Ties, *OFR Occasional Report*, Jan., 2009, p. 4.

② 雷启淮：《当代印度》，四川人民出版社 2000 版，第 401 页。

学南亚与中国西部合作发展研究中心共同翻译的印度学者 B·G. 维尔吉斯的《重新确定印度的方向——亚洲的新地缘政治学》一书，从次区域合作的角度考察了印缅关系。[①] 四川大学南亚研究所教授陈继东的著作《当代印度对外关系研究》也从次区域经济合作的角度，简短提及了印度向缅甸提供援助，提倡恒河—湄公河经济合作组织，并支持孟加拉湾多层次经济合作机制的建立。[②] 李晨阳、瞿健文在《南亚研究》发表的论文“试论 1988 年以来印度与缅甸关系的发展”，具体论述了印缅关系的发展动因、发展历程以及具体领域的合作。[③] 随后，李益波在《国际论坛》发表论文“冷战后印缅关系的变化及原因分析”，重点分析了冷战后印缅关系的现状、动因、前景及对中国的影响。[④] 2006 年年初，李益波又在《东南亚研究》发表论文“印缅关系，从疏远到合作”，仍重点分析了印缅关系的现状、印度的利益考虑、印缅关系的前景及对中国的影响。[⑤] 傅超在《印度东北部地区的安全威胁》一书中简要介绍了印缅关系的发展历程，重点分析了印缅合作打击印度东北部反政府武装的相关情况。[⑥]

2007 年年末，马嫈在《当代印度外交》一书中简要介绍了印缅关系的一些最新进展。[⑦] 孙士海、江亦丽在《二战后南亚国家对外关系研究》一书中也重点介绍了冷战后印缅关系的发展历程，并简

① ［印］B·G. 维尔吉斯著，傅超等译：《重新确定印度的方向——亚洲的新地缘政治学》，四川国际友好联络会南亚与东南亚研究中心及四川大学南亚与中国西部合作发展研究中心，成都，2005 年。

② 陈继东：《当代印度对外关系研究》，巴蜀书社 2005 年版，第 307 页。

③ 李晨阳、瞿健文：“试论 1988 年以来印度与缅甸关系的发展”，《南亚研究》2005 年第 2 期。

④ 李益波：“冷战后印缅关系的变化及原因分析”，《国际论坛》2005 年第 6 期。

⑤ 李益波：“印缅关系，从疏远到合作”，《东南亚研究》2006 年第 1 期。

⑥ 傅超：《印度东北部地区的安全威胁》，军事谊文出版社 2006 年版。

⑦ 马嫈：《当代印度外交》，上海世纪出版集团 2007 年版。

要分析了印缅关系发生转变的动因。①

2008 年，云南省社会科学院东南亚研究所雷著宁在《东南亚南亚研究》发表论文“印缅边贸现状与印度东向贸易通道的选择对区域经济合作的影响”。作者分析了印缅边贸现状、阻碍边贸发展的原因，并得出结论：印缅陆路边境贸易发展相对滞后，这是因为印度在与缅甸开展边贸时，首先考虑国家安全空间和赢得地缘政治利益。因此，短期内，印缅边贸规模很难扩大。② 魏海涛在《华商》发表论文“近年来印缅关系发展中的中国因素探讨”，分析了印缅关系的现状及成因，并认为印度增强其在东南亚国家的影响力并非完全针对中国，而中国也没有在缅甸谋求势力范围的战略意图。③

2009 年，四川大学南亚研究所陈继东教授在《中印缅孟区域经济合作研究》一书中对印缅关系的发展历程做了简要梳理，并分析了印缅边贸发展的情况。④ 同年，中国现代国际关系研究院研究员马燕冰在《亚非纵横》上发表论文“印缅关系的发展及对中国的影响”，简要概述了印缅关系的发展历程，印度发展印缅关系的动因及成效，以及印缅关系对中国的影响，并认为中、印、缅三国之间仍有合作的潜力。⑤

2010 年，暨南大学博士生阮金之在其博士论文《冷战后中印缅三边关系研究》中，从印度的视角考察了冷战后印度外交政策的调整与演变，并在这一背景下分析了印度转变对缅政策的动因，而后

---

① 孙士海、江亦丽：《二战后南亚国家对外关系研究》，方志出版社 2007 年版。

② 雷著宁：“印缅边贸现状与印度东向贸易通道的选择对区域经济合作的影响”，《东南亚南亚研究》2008 年第 Z2 期。

③ 魏海涛：“近年来印缅关系发展中的中国因素探讨”，《华商》2008 年第 15 期。

④ 陈继东：《中印缅孟区域经济合作研究》，巴蜀书社 2009 年版。事实上，从次区域合作的角度论述印缅经贸关系的论文较多，但缺乏系统性。陈继东教授的这本著作对这些研究成果进行了总结与梳理，是一部系统研究中印缅孟区域经济合作的力作。因此，在进行国内文献综述时，省去了一些论文，重点提及陈继东教授的这本著作。

⑤ 马燕冰：“印缅关系的发展及对中国的影响”，《亚非纵横》2009 年第 6 期。

考察了印缅关系的发展历程与现状。①

2011 年，郑州大学南亚研究所王琛教授在《东南亚研究》发表论文“冷战后中印在缅甸的合作竞争关系”。作者认为，冷战后中印在缅甸的合作竞争关系分为两个阶段，合作逐渐增多，虽然竞争仍大于合作，但竞争的主导地位有所减弱，未来中印在缅甸的合作竞争关系存在很大的不确定性。②

2014 年后，中国国内学界对印缅关系的关注度大幅提升。云南大学博士生韦健锋在《亚非纵横》发表论文“中国与印度在缅甸的地缘利益碰撞”。作者从印度的视角出发，认为中国“南下”缅甸对其在缅利益、国家安全以及“东向”政策的实施构成了挑战，印度遂通过政治拉拢、插手南海问题等措施，意图干扰中国“南下”缅甸的进程。缅甸则希望利用印度来平衡中国的影响力。③ 同年，暨南大学国际关系学院博士研究生陈建山在《东南亚研究》发表论文“冷战后印缅关系好转的主要动因”。作者从印度、缅甸两个方面来分析印缅关系好转的原因。首先，印度自 20 世纪 90 年代推行“东向”政策以来，努力加强与东南亚国家的交流，扩大其在东南亚地区的影响，并积极推进与缅甸关系的好转；其次，为了平衡中国在缅甸持续增长的影响力，印度必须在多方面与缅甸加强关系；第三，印度东北部地区长期存在的分裂主义问题使得印度政府必须要和缅甸政府进行军事和安全方面的合作；第四，印度和缅甸关系提升，才可能获取缅甸丰富的油气资源的使用权；第五，印缅双边贸易的巨大潜力为印缅关系的好转添加了砝码。从缅甸方面来看，促进与印度的友好关系和自身所处的地理位置、奉行的“大国平衡”外交

---

① 阮金之：《冷战后中印缅三边关系研究》，暨南大学博士学位论文，2010 年。

② 王琛、姚璐：“冷战后中印在缅甸的合作竞争关系”，《东南亚研究》2011 年第 2 期。

③ 韦健锋：“中国与印度在缅甸的地缘利益碰撞”，《亚非纵横》2014 年第 2 期。

政策以及自身的经济发展水平密切相关。①

之后，安徽财经大学讲师李昕在《东南亚研究》发表论文“从‘孤立’到‘互联互通’：印度对缅甸外交演变”。作者认为，自1988年至今，印度对缅甸外交经历了三个阶段的演变：从“孤立”军政府到1993年的“建设性接触”政策，再到2012年印度总理访问缅甸期间确定的“互联互通”外交战略。尽管“互联互通”外交有助于印度实现多重战略目标，但由于面临一系列制约因素，政策的实施前景存在较大的不确定性。② 同年，李昕又在《南亚研究》发表论文“印度与缅甸互联互通发展探析”。作者认为，以印度总理辛格访问缅甸为标志，印度将对缅政策从“建设性接触”升级到“互联互通”的战略新高度。印度期望通过物质基础设施建设、双边或多边国际机制平台和跨国人员交流三种路径，借助“互联互通”战略带动其东北各邦的经济发展，构建跨南亚和东南亚的新经济区，为“东向外交”注入新的活力，并提高本国的地缘政治影响力。③ 中国社会科学院亚太与全球战略研究院助理研究员吴兆礼在《南亚研究季刊》发表论文“缅甸政治改革以来印度与缅甸关系的进展与趋势”。作者认为，印度发展与缅甸的关系来源于三股动力：印度东北部地区的安全与发展；缅甸的桥梁与纽带作用；孟加拉湾地区的海上贸易航线安全。印度发展与缅甸关系有三个关键性领域：一是经贸；二是安全；三是影响力。总体上看，近年来两国在经贸和安全领域的合作，以及在印度扩展对缅甸影响力的外交实践上，都取得了显著进展。④

---

① 陈建山：“冷战后印缅关系好转的主要动因”，《东南亚研究》2014年第3期。

② 李昕：“从‘孤立’到‘互联互通’：印度对缅甸外交演变”，《东南亚研究》2014年第1期。

③ 李昕：“印度与缅甸互联互通发展探析”，《南亚研究》2014年第1期。

④ 吴兆礼：“缅甸政治改革以来印度与缅甸关系的进展与趋势”，《南亚研究季刊》2014年第2期。

二、国外文献

相比国内印缅关系研究的匮乏，国际学界对印缅关系的研究则要多得多。这些研究主要集中在印缅关系的发展过程、印度转变对缅政策的动力、印度对缅政策的争论及其存在的不利因素、印缅能源合作及边境合作等领域。

1. 印缅关系的发展历程

1988 年后，印缅关系经历了跌宕起伏的发展历程。兰帕卡拉卡帕姆·苏瑞贾·辛格将其分为三个阶段：强烈批评缅甸军政府；在军政府与民主派之间保持中立；与军政府接触。① 维布哈舒·谢克尔将印缅关系划分为三个阶段：关注安全的早期接触阶段（1993—1997 年）；关注“东向”政策的接触阶段（1998—2004 年）；关注印度东北部发展的接触阶段（2004 年至今）。② 阿南塔查理也将冷战后印缅关系的发展分为三个阶段：简单的安全关注阶段（1990—1998 年）；“东向”政策阶段（1998—2003 年）；利益诉求多元化阶段（2003 年至今）。③

在具体的发展过程方面，法国学者艾格勒托在其著作《拥抱将军：印度的对缅新政策》中对冷战后至 21 世纪初的印缅关系做了详尽分析。④ 此后，艾格勒托又在《亚洲调查》上发文，从印度东北

① Langpoklakpam. Suraj. Singh, Emerging scenario of India's Myanmar Policy: The Manipur dimension, *Asian Profile*, Vol. 36, No. 1, Feb. 2008.

② Vibhanshu. Shekhar, "A Federal Democratic Myanmar-India's Strategic Imperative", *IPCS Issue Brief*, No. 67, May, 2008.

③ Myanmar, the Flux within, ORF Report, Dec. 15, 2010, http://www.orfonline.org/cms/sites/orfonline/modules/report/ReportDetail.html? cmaid = 20728& mmacmaid = 20729.

④ Renaud. Egreteau, *Wooing the Generals: India's New Burma Policy*, (New Delhi: Authors Press, 2003).

部反政府武装、印缅经济联系、中国在缅影响力三个方面详细考察了冷战后印缅关系的发展。① R. 斯瓦米纳坦则详细分析了 2007 年缅甸"袈裟革命"之后印缅关系的发展。在政治方面，作者分析了 2007 年 9 月缅甸骚乱爆发的原因及印度的反应、昂山素季的入狱及印度的反应、国际社会对缅甸的制裁及印度的反应、印度试图促使美国转变对缅政策、现实主义影响下的印缅关系；在经济方面，作者分析了印缅官方互访、双边贸易、边境贸易、能源合作、基础设施工程、2008 年 5 月缅甸在纳吉斯龙卷风中的损失情况及印度的反应；在军事方面，作者分析了缅甸国内的反政府武装、印度东北部的反政府武装、印缅国防领域的联系。最后他得出结论：目前印缅关系发展态势虽然很好，但同时印度应重新评估其对缅政策，使之更符合印度的利益。②

2. 印度转变对缅政策的动因及争论

冷战后印度开始转变对缅政策，其动因一直为学界所关注。兰帕卡拉卡帕姆·苏瑞贾·辛格认为，印度国内官员攻击印度支持缅甸民主派的对缅政策、中国在缅甸的影响力上升、印度东北部的安全局势、印度寻求与东南亚加强联系四大因素促成印度转变其对缅政策。③ 艾格勒托也认为，印度东北部的不稳定局势、印度的"东向"政策、抗衡中国在缅影响力是冷战后印度转变对缅政策的主要动因。④ 辛德帕尔·辛格认为，中国因素、印度的能源需求以及印度

---

① Renaud. Egreteau, India's Ambitious in Burma-More Frustration than Success?, *Asian Survey*, Vol. 48, No. 6, November/December, 2008.

② R. Swaminathan, "India-Myanmar Relations: A Review", *SAAG Article*, Oct. 29, 2009.

③ Langpoklakpam. Suraj. Singh, Emerging Scenario of India's Myanmar Policy: The Manipur Dimension, *Asian Profile*, Vol. 36, No. 1, Feb., 2008.

④ Renaud. Egreteau, India's Ambitious in Burma-More Frustration than Success?, *Asian Survey*, Vol. 48, No. 6, November/December, 2008.

东北部发展主导印度的对缅政策。[①] 约根德拉·辛格也认为，印度的安全关注、印缅贸易关系、缅甸在印度能源安全体系中的作用是推动印缅关系发展的重要原因。[②] 卡瓦尔认为，印度东北部的反政府武装及中国在缅影响力是印缅关系继续发展的关键推动力。[③] 卡米尔·布兹认为，抗衡中国在缅影响、印度的"东向"政策、印度东北部反政府武装是冷战后印度转变对缅政策的三大动力。[④] 玛丽·拉尔将印度转变对缅政策归结为四大原因：缅甸的能源供应与印度的能源需求、印度东北部的贸易及安全、印度与东南亚的联结以及抵抗中国影响力。[⑤]

对于印度具体的对缅政策，学界也有争论。美国学者斯蒂芬·科亨在其著作《大象和孔雀：解读印度大战略》中认为，印度的对缅战略是在不冒犯掌权的军事委员会的前提下，进一步参与缅甸的政权建设，同时致力于缅甸政治的长期变革。[⑥] 蒂哈拉杰·施瑞瓦斯塔瓦认为，印度对缅甸采取两面派政策，即目前的战略安全利益将使印度与缅甸军政府保持密切联系，但印度不会放弃对缅甸的民主改造。[⑦] 约根德拉·辛格认为，印度应采取一种混杂理想主义的现实

---

① Sinderpal. Singh, "'Silence is Golden': India's Current Position on Myanmar", *ISAS Brief*, No. 124, Aug. 18, 2009.

② Yogendra. Singh, "India's Myanmar Policy-A Dilemma between Realism and Idealism", *IPCS Special Report*, No. 37, Mar., 2007.

③ Kanwal, India-Myanmar Relations: A Strategic Perspective, Opinion Asia, Oct. 29, 2009.

④ Camill. Buzzi, India-Burma Relations Hitting a Dead End?, Irrawaddy, Mar. 11, 2010, http://www.irrawaddy.org/opinion_story.php?art_id=18006.

⑤ Marie. Lall, Indo-Myanmar Relations in the Era of Pipeline Diplomacy, *Contemporary Southeast Asia*, Vol. 28, No. 3, 2006.

⑥ [美] 斯蒂芬·科亨著，刘满贵等译：《大象和孔雀：解读印度大战略》，新华出版社2002年版。

⑦ Dhiraj. Srivastava, *India's Foreign Policy and Its Neighbours*, (Jaipur: ABD Publishers, 2007).

主义对缅政策，且这种理想主义不能损害印度的国家利益，要在长期发展中给印度带来好处。① C·R. 哈里哈兰认为，印度新的对缅政策建立在实用主义的基础之上，完全关注印度的战略、经济利益。印度应加强与缅甸军政府的经济联系，同时要帮助缅甸建立民主社会。帮助缅甸建立一个稳定、民主的社会是印度对缅政策的长远目标，印度不应仅关注经济目标。② S. 皮莱认为，印度的对缅新政策中，现实主义成分远超理想主义。③

对于印度对缅政策中的现实主义倾向，英国缅甸运动组织（Burma Campaign UK）批评道，印度的对缅政策追求自身的经济、政治利益，而不考虑缅甸的民主与人权。④ 拉贾·莫汉则对印度学者关于印度扩大在缅影响力是与中国进行竞争的观点进行了批评，他认为中印可以在缅甸进行合作。⑤ 安·科普扎认为，印度应联合中国等亚洲国家共同劝说缅甸军政府推进政治、经济改革。⑥ 卡瓦尔认为，印度应在缅甸发挥自身的“软实力”优势，与亚洲各国一起推进缅甸的民主化。⑦ 卡米尔·布兹认为，印度应放弃目前的对缅政策，与国际社会一起来推进缅甸的民主。⑧

---

① Yogendra. Singh，“India's Myanmar policy-A Dilemma between Realism and Idealism”，*IPCS Special Report*，No. 37，Mar.，2007.

② Col. R. Hariharan，India-China-Myanmar Relations，*SAAG Paper*，Aug. 7，2007.

③ Sanjeev. Pillay，Indo-Myanmar Relations：Ideology vs Realism，*IPCS Article*，Aug.，2009.

④ Burma-India Relations：A Betrayal of Democracy and Human Rights，Burma Campaign UK，Mar.，2007.

⑤ C. Raja. Mohan，Embracing Myanmar：India's Foreign Policy Realism，*RSIS Commentaries*，Aug. 2，2010.

⑥ Ann. Koppuzha，India's Myanmar Policy：An Alternative Roadmap，*IPCS Issue Brief*，No. 77，Jul.，2008.

⑦ Kanwal，India-Myanmar Relations：A Strategic Perspective，Opinion Asia，Oct. 29，2009.

⑧ Camill. Buzzi，India-Burma Relations Hitting a Dead End?，Irrawaddy，Mar. 11，2010，http：//www. irrawaddy. org/opinion_ story. php? art_ id = 18006.

3. 印缅关系中的阻碍因素

尽管印缅关系取得进展，但也存在一些不利因素。K. 尤姆认为，印度支持缅甸政改可能会改变缅甸军政府的战略考量，缅甸政局不稳、移民问题、印度东北部安全局势等都会影响印缅关系的进一步发展。① 艾格勒托从中国在缅甸的政治及经济影响力、缅甸军政府的仇外情绪及民族主义倾向、缺乏安全性的印缅边境、印度国内对印度对缅政策的指责四个方面分析了印缅进一步发展关系所面临的困难。他认为，印度的对缅新政策遭遇挫折，并未达到其既定战略目标。②

哈尼特·考尔·康认为，国际社会的压力、缅甸政局的稳定性、中国的竞争是印缅关系进一步发展面临的挑战。③ 丹尼尔·屯林认为，印缅贸易、能源合作、打击反政府武装、军事援助、中国因素、印度—东盟关系、印度国内政治、印美关系中缅甸改革问题等是印度对缅政策中的不利因素。④ 拉维娜·李认为，缅甸缺乏法治以及腐败盛行将阻碍印缅经贸关系的深化，缅甸在与印度联手打击印度东北部反政府武装上要两手策略，缅甸民族和解困境为印度东北部反政府武装提供生存空间，将制约印缅关系的发展。⑤ 皮埃尔·高茨施里奇认为，2015 年 11 月缅甸举行大选，昂山素季领导的民盟大胜并将组建民主政府，这会为印缅关系的发展带来机会。但缅政府能否

---

① K. Yhome, "India-Myanmar Relations (1998—2008) -A Decade of Redefining Bilateral Ties", *OFR Occasional Report*, Jan., 2009.

② Renaud. Egreteau, India's Ambitious in Burma-More Frustration than Success?, *Asian Survey*, Vol. 48, No. 6, November/December, 2008.

③ Harnit. Kaur. Kang, India and Myanmar-Looking East through A Strategic Bridge, *IPCS Issue Brief*, No. 144, Mar., 2010.

④ Daniel. Twining, India's relations with Iran and Myanmar: "Rogue State" or Responsible Democratic Stakehold?, *India Review*, Vol. 7, No. 1, Jan. -Mar., 2008.

⑤ Lavina. Lee, Myanmar's Transition to Democracy: New Opportunities or Obstacles for India?, *Contemporary Southeast Asia*, Vol. 36, No. 2, 2014.

消除印缅关系中的障碍，尤其是边境安全问题仍值得怀疑。[①] 印度前驻缅甸大使巴哈蒂亚认为，印度东北部发展、边境安全及种族冲突、边境互联互通建设以及中国因素是印度发展对缅关系需要面对的关键问题。[②]

4. 印缅能源合作

斯瑞杰伊·博斯对印缅能源合作进行了详尽的分析，尤其是对孟—印—缅天然气管道计划中各方的考虑、计划的进展、计划遭遇挫折的原因做了详细的分析。[③] 玛丽·拉尔认为，孟—印—缅天然气管道计划遭遇挫折的根本原因不在于孟加拉国自身对能源的需求，而在于印度各部门之间缺乏协调性、行政效率低下。作者认为，印度要加快行动步伐，深化与缅甸的能源合作。[④] 皮埃尔·高茨施里奇也认为，印度冗长的决策过程以及缺乏协调性的政策损害了其与缅甸的能源合作。[⑤] 阿什利德·库拉斯和斯泰因·唐纳森从能源政治视角考察了印缅能源合作的进展以及印度的战略考虑。[⑥] 图里·辛哈则重点分析了中缅能源合作对印缅能源合作所形成的挑战与机遇。[⑦]

---

① Pierre. Gottschlich, New Developments in India-Myanmar Bilateral Relations?, *Journal of Current Southeast Asian Affairs*, No. 2, 2015.

② Rajiv. Bhatia, *India-Myanmar Relations*: *Changing Contours*, (New Delhi: Routledge, 2016).

③ Srinjoy. Bose, Energy Politics: India-Bangladesh-Myanmar Relations, *IPCS Special Report*, No. 45, Jul., 2007.

④ Marie. Lall, "India-Myanmar Relations-Geopolities and Energy in light of the New Balance of Power in Asia", *ISAS Working Paper*, No. 29, Jan. 2, 2008.

⑤ Pierre. Gottschlich, New Developments in India-Myanmar Bilateral Relations?, *Journal of Current Southeast Asian Affairs*, No. 2, 2015.

⑥ Åshild. Kolås & Stein. Tønnesson, Burma and Its Neighbours: The Geopolitics of Gas, Nautilus Institute, Apr. 10, 2010, http: //www. nautilus. org/publications/essays/apsnet/policy-forum/2006/0630a-kolas-tonnesson. html.

⑦ Tuli. Sinha, China-Myanmar Energy Engagements-Challenges and Opportunities for India, *IPCS Issue Brief*, No. 134, Dec., 2009.

5. 印缅边境合作

关于缅甸与印度东北部安全局势、印缅边贸、互联互通、移民问题，国外学界的系统研究并不多。卡帕卡拉卡帕姆·苏瑞贾·辛格从曼尼普尔的视角考察了印度东北部反政府武装的发展情况，以及该地区毒品走私、艾滋病传播等非传统安全领域的发展状况。[①] 拉维娜·李则从缅甸的视角出发，分析了缅甸不热心与印度联合打击印度东北部反政府武装的原因。她认为，印度东北部反政府武装对缅甸的安全威胁不如北部缅甸反政府武装大，因此缅甸政府不想在东北部投入军事资源；出于经济利益的考虑，缅甸当地军官也不热心打击印度东北部反政府武装。[②] 皮埃尔·高茨施里奇认为，缅甸为印度东北部反政府武装提供庇护，印度也被缅甸指责为缅甸少数民族武装提供财政帮助阻碍了两国在边境的安全合作。[③]

朱利安·莱韦斯克和米尔扎·佐勒菲库尔·拉赫曼从边贸总量、结构、影响等方面详细考察了印缅边贸关系的发展。他们认为，目前印缅边贸中非法贸易所占比例过大，给该地区的安全局势带来很多隐患。因此，印度政府应大力促进边贸发展，但同时也要大力解决由此带来的问题。[④]

阿玛吉特·辛格以那加兰邦为例，考察了印度东北部地区非法移民的由来、现状及对印度的影响。虽然该文并未就缅甸进入印度东北部的非法移民进行重点分析，但对非法移民大量涌入该地区的

---

① Langpoklakpam. Sura. Singh, Emerging Scenario of India's Myanmar Policy: The Manipur Dimension, *Asian Profile*, Vol. 36, No. 1, Feb., 2008.

② Lavina. Lee, Myanmar's Transition to Democracy: New Opportunities or Obstacles for India?, *Contemporary Southeast Asia*, Vol. 36, No. 2, 2014.

③ Pierre. Gottschlich, New Developments in India-Myanmar Bilateral Relations?, *Journal of Current Southeast Asian Affairs*, No. 2, 2015.

④ Julien. Levesque & Mirza. Zulfiqur. Rahman, Tension in the Rolling Hills: Burmese Population and Border Trade in Mizoram, *IPCS Research Paper*, Apr., 2008.

原因做了详尽分析，并指出由于印度政府过去几十年来对非法移民问题的忽视，目前印度东北部地区非法移民问题很严重。[①] 莱韦斯克和拉赫曼分析了印度东北部米佐拉姆邦缅甸移民的由来、发展历程、现状以及对印缅关系的影响。作者认为，印度政府对缅甸移民采取了消极立场，解决缅甸移民问题取决于缅甸的政治改革。[②] 高茨施里奇认为，印度政府长期低估来自缅甸的非法移民问题，并未严肃对待这一问题，但即便印度严肃对待，若没有印缅边防部队的紧密合作，问题依然无法解决。[③]

阿努施瑞·巴哈塔查拉亚对印缅陆路联系做了详细分析。[④] 拉维娜简要介绍了印缅边境卡拉坦交通项目以及印缅泰高速公路的进展。[⑤] 高茨施里奇简要介绍了卡拉坦交通项目的情况，并认为建立印度东北部与缅甸更为紧密的联系对双方都有利。[⑥]

6. 印度对缅政策面临的批评

20 世纪 90 年代初期印度转变了对缅政策，但外界对该政策的批评却一直存在。批评主要分为两类：一类是印度国内一些研究机构的研究人员所提出的批评；另一类是流亡印度的缅甸民主人士所提出的批评。这两类人士之间存在一些联系。

---

① M. Amarjeet. Singh, A Study on Illegal Immigration into North-East India: The Case of Nagaland, *IDSA Occasional Paper*, No. 8, November, 2009.

② Julien. Levesque & Mirza. Zulfiqur. Rahman, Tension in the Rolling Hills: Burmese Population and Border Trade in Mizoram, *IPCS Research Paper*, Apr., 2008.

③ Pierre. Gottschlich, New Developments in India-Myanmar Bilateral Relations?, *Journal of Current Southeast Asian Affairs*, No. 2, 2015.

④ Anushree. Bhattacharya, Linking South East Asia and India-More Connectivity, Better Ties, *IPCS Special Paper*, No. 50, Feb., 2008.

⑤ Lavina. Lee, Myanmar's Transition to Democracy: New Opportunities or Obstacles for India?, *Contemporary Southeast Asia*, Vol. 36, No. 2, 2014.

⑥ Pierre. Gottschlich, New Developments in India-Myanmar Bilateral Relations?, *Journal of Current Southeast Asian Affairs*, No. 2, 2015.

第一类人士认为印度的对缅政策局限于短期利益，缺乏长远规划。他们主张印度的对缅政策必须在短期需求与中长期利益之间维持一种微妙的平衡。比如，印度和平与冲突研究所的科普扎认为，目前印度的对缅政策并未给自身带来巨大利益，反而可能危害其长远目标，寻求一个政治上更加开放的缅甸符合印度的国家利益。如果缅甸的政治改革成功，中国的作用力将迅速降低，印度可趁机而上，获取缅甸的自然资源，同时印度的国际形象也将借此大为改善。① 印度和平与冲突研究所的朱利安认为，缅甸保持现状对印度没有好处，如果缅甸改革，印度将获益更多。因此，印度应与中国、东盟一道来推进缅甸的政治改革。② 南亚分析集团的哈里哈兰认为，牺牲与缅甸民主力量的关系并不能推动印缅关系向前发展，帮助缅甸建立一个稳定、民主的社会是印度对缅政策的长远目标，印度不应仅关注经济目标。③ 玛丽·拉尔认为，目前印缅关系虽然已大为改善，但印度政府缺乏一个长远的对缅政策规划，并且印缅关系的发展落后于中缅关系。④ 卡帕卡拉卡帕姆·苏瑞贾·辛格认为，印度对缅政策的政治、安全考虑超过了经济考虑，其对缅政策缺乏长期规划。⑤

第二类人士认为目前印度的对缅政策只局限于短期利益，并不符合印度的长远国家利益。比如，流亡印度的缅甸民族运动人士梭敏认为，为了印度自身的国家利益，印度应该向缅甸政府施压，要

① Ann. Koppuzha, India's Myanmar Policy: An Alternative Roadmap, *IPCS Issue Brief*, No. 77, Jul., 2008.

② Julien. Levesque, A Reformed Military Junta in Myanmar in India's Strategic Interests, *IPCS Issue Brief*, No. 69, May, 2008.

③ Col. R. Hariharan, India-China-Myanmar Relations, *SAAG Paper*, Aug. 7, 2007.

④ Marie. Lall, India-Myanmar Relations-Geopolities and Energy in Light of the New Balance of Power in Asia, *ISAS Working Paper*, No. 29, Jan. 2, 2008.

⑤ Langpoklakpam. Suraj. Singh, Emerging Scenario of India's Myanmar Policy: The Manipur Dimension, *Asian Profile*, Vol. 36, No. 1, Feb., 2008.

求其释放政治犯，释放昂山素季，并与其他国家一道来促进缅甸政府同少数民族武装集团及民族运动人士进行谈判，帮助缅甸实现民主。① 流亡印度的缅甸全国民主联盟国会议员丁瑞称："目前印度的对缅政策局限于印度的短期利益，以便于他们能够从事商业活动。但是从长远利益来看，这种政策并不会为印度带来好处。印度应该投资缅甸的民主运动。"②

7. 对现有文献的评价

第一，冷战结束后，印度转变了其对缅政策。国内外众多学者对此进行了多层面的研究，并提出了很多精辟观点。这些研究文献集中于印度改变对缅政策的原因分析、印度对缅政策的争论、印缅关系的发展历程、印缅关系的不利因素、印缅能源合作、印缅经贸（包括边贸）关系、印缅边境问题以及中印缅关系等。这些研究较为全面地展示了冷战后印缅关系的发展，为继续研究印缅关系提供了较为坚实的基础。

虽然现有文献对冷战后印缅关系进行了全面研究，但仍存在不足之处。第一，学者们对冷战后印缅关系发展的阶段划分存有分歧。比如，马燕冰将冷战后印缅关系的发展分为三个阶段：改善关系时期（1991—1997 年）；全面合作时期（1998—2006 年）；压力增大时期（2007 年至今）。③ 李晨阳、瞿健文将 1988 年后印缅关系的发展分为三个阶段：批评对立阶段（1988 年 9 月—1992 年）；接近缓和阶段（1993—1999 年）；全面合作阶段（2000 年至今）。④ 阮金之在

---

① India: Mum's the Word on Burma, Globalpost Analysis, Nov. 5, 2010, http://www.globalpost.com/dispatch/india/101105/myanmar-burma-relations.

② India: Mum's the Word on Burma, Globalpost Analysis, Nov. 5, 2010, http://www.globalpost.com/dispatch/india/101105/myanmar-burma-relations.

③ 马燕冰："印缅关系的发展及对中国的影响"，《亚非纵横》2009 年第 6 期。

④ 李晨阳、瞿健文："试论 1988 年以来印度与缅甸关系的发展"，《南亚研究》2005 年第 2 期。

其博士论文《冷战后中印缅三边关系研究》中将冷战后印缅关系的发展分为两个阶段：缓和与缓慢发展阶段（1992—1999 年）；快速发展阶段（2000 年至今）[①] 维布汗舒·谢克哈尔将冷战后印缅关系的发展划分为三个阶段：关注安全的早期接触阶段（1993—1997 年）；关注“东向”政策的接触阶段（1998—2004 年）；关注印度东北部发展的接触阶段（2004 年至今）。[②] 阿南塔查理将冷战后印缅关系的发展分为三个阶段：简单的安全关注阶段（1990—1998 年）；“东向”政策阶段（1998—2003 年）；利益诉求多元化阶段（2003 年至今）。[③]

第二，现有研究文献在分析印度对缅政策的推动因素时多进行全面分析，而未能突出重点。事实上，在印缅关系发展的不同时期，不同因素所占的分量是不同的，所发挥的作用也是不同的，笼统地进行全面分析是欠妥的。此外，很多学者在分析印度的对缅政策时，并未将其置于印度整个外交战略中进行考察，未能从根源上展示印度对缅政策转变的动力。

第三，对于在印缅关系中占据重要地位的能源合作，虽然学者们做过研究，但仅限于简单描述印度在缅能源投资、缅甸向印度输送天然气等方面的现状，对于印缅能源合作的动因、进展、困难、前景缺乏系统研究。另外，学界集中太多精力关注印缅经贸及军事领域的合作，而对于印度在缅甸的公共外交拓展的关注极其有限。此外，学者们对印缅关系中存在的阻碍因素以及印缅关系的未来走向缺乏较为深入的研究。

第四，随着印度在缅甸的影响力日益扩大，国际社会对印度在

---

① 阮金之：《冷战后中印缅三边关系研究》，暨南大学博士学位论文，2010 年。

② Vibhanshu. Shekhar, “A federal Democratic Myanmar-India’s Strategic Imperative”, *IPCS Issue Brief*, No. 67, May, 2008.

③ Myanmar, the Flux within, ORF Report, Dec. 15, 2010, http://www.orfonline.org/cms/sites/orfonline/modules/report/ReportDetail.html?cmaid=20728&mmacmaid=20729.

缅甸改革中所承担的责任寄予了很大希望，也向其施加了很大压力。同时，2011 年缅甸新政府成立后实施了一系列改革措施，民主运动力量开始登上政治舞台。缅甸一些民主人士公开呼吁印度采取措施促进缅甸的政治改革。流亡印度的缅甸人呼吁印度与其他邻国一起促进缅甸政府、民族团体及民主派之间的对话，支持缅甸的民主运动。[①] 印度国内的一些学者也对印度积极接触缅甸军政府的对缅政策大加指责，并指出一个稳定、民主的缅甸更符合印度的长远利益。为此，他们呼吁印度与中国、东盟及西方一道来推进缅甸的改革。对于印度内部的对缅政策争论，国内学界亦很少提及。

第五，考察印缅关系的发展，不可避免地要提到中国因素。印缅关系发展的一个重要原因就是平衡中国在缅影响力，然而这种因素究竟在印度对缅政策中占多大的分量，是否在印缅关系的不同发展阶段有不同的变化，现有文献却未有客观、公正的分析。本书试图从印度的视角来考察中国因素在印度对缅政策中的地位，以期能正确看待中国因素在印缅关系发展过程中的作用。

第六，印缅之间并无实质性潜在冲突，印度在缅甸的拓展也在加宽加深。这些都将推动未来印缅关系向前发展，并对整个地区的地缘政治格局产生影响。但是，现有文献并未触及印缅关系对地区地缘格局的影响。

第三节 研究问题

本书的核心研究问题是：冷战后印缅关系如何演变？在这一核

① India：Mum's the Word on Burma，Globalpost Analysis，Nov. 5，2010，http：//www. globalpost. com/dispatch/india/101105/myanmar-burma-relations.

心研究问题之下存在六个主要研究问题：第一，冷战后印缅关系发生了怎样的变化？第二，哪些因素促进了这些变化？第三，哪些因素在阻碍这些变化？第四，印缅关系未来如何演变？第五，中印在缅甸如何竞争与合作？第六，其他大国如何影响印缅关系的发展？

第四节　研究方法

本书主要采用定性研究。大量的学术著作、论文、研究报告、官方文件以及主流媒体的新闻评论都将被引用到本书中。首先，本研究不仅会大量引用印度学者的研究成果，也会引用缅甸学者、美国以及欧洲学者的相关研究成果，以期形成完整客观的评价。其次，除了学术著作、论文之外，本研究还将大量引用印度知名智库，包括印度观察家基金会（简称 ORF）、印度国防战略研究所（简称 IDSA）、印度和平与冲突研究所（简称 IPCS）、南亚分析集团（简称 SAAG）的研究报告及深度评论。此外，新加坡国立大学南亚研究所（简称 ISAS）、新加坡南洋理工大学拉惹勒南国际关系学院（简称 RSIS）的研究报告以及新加坡《联合早报》的新闻报道均会被应用到本研究中。再次，本研究还将采用印度外交部年度报告的相关资料、印度驻缅甸大使馆的相关文件、印度进出口银行的相关贸易数据、印度东北各邦官方网站的经济数据以及官方文件。最后，印度与缅甸国内的主流媒体，比如《印度时报》《印度教徒报》《印度论坛报》、《缅甸新光报》以及缅甸伊洛瓦迪网站的相关新闻也将被引用。

第五节 内容安排

全书分为九章。绪论包括背景简介、文献综述、研究问题、研究方法及内容安排。

第一章分析冷战后印缅关系的发展动力。本章将从印度外交政策的变化、印度的安全需求、印度的“东向”政策以及关注中国的影响力四个方面探讨印缅关系发展的推动因素。

第二章分析冷战后印缅政治互动。本章从印缅关系开始解冻、逐步改善、快速发展、新的机遇四个阶段审视印缅在政治层面的互动。本章主要关注印缅首脑互访、部门及地方高官互访、各级别互动机制建设。

第三章分析冷战后印缅经贸联系。本章从印缅双边贸易、边境贸易、印度在缅投资、印缅互联互通建设四个方面进行分析。

第四章分析冷战后印缅能源合作。本章主要研究印缅能源合作的动力、进展、障碍及对中国的影响。

第五章分析冷战后印缅军事安全合作。本章从两国联合打击边界反政府武装、应对边界非传统安全以及海上军事合作三个方面探讨印缅军事合作的成就与不足。

第六章分析冷战后印度对缅甸的公共外交。本章主要分析印度在缅开展公共外交的动力、进展及制约因素，并对中国开展对缅公共外交提出若干建议。

第七章展望印缅关系的发展前景。本章首先从印度对缅政策缺乏协调性、印度忽视在缅长期利益、印度对缅承诺多于实现、印缅边境反政府武装袭击及非传统安全问题突出、移民问题、缅甸对印度充满怀疑与抵制以及地缘政治格局变化等七个方面分析印度发展对缅关系所面临的困难。其次，本章还分析了印缅关系的未来发展走向。

第八章简要考察冷战后中印缅三边关系的发展。本章首先分析中印发展对缅关系的战略考量；其次，分别分析中印在缅甸的优势和劣势；再次，具体考察中印在缅甸的竞争和合作；最后，对中印缅三边关系的未来发展提出若干建议。

第九章分析冷战后大国因素对印缅关系的影响。具体而言，本章主要考察美国、日本、欧盟和俄罗斯等大国对印缅关系的影响。

第一章　印缅关系的发展动力

冷战后，印度调整外交政策，现实主义取向明显上升，经济外交成为重心。这是冷战后印度转变对缅政策的根本原因，而印度的安全需求、印度推出“东向”政策则为重要内部因素，中国在缅影响力则为外部刺激因素。

第一节　印度外交政策的变化

冷战结束后，印度的外交政策在延续与变革中行进。延续方面，理想主义外交思想仍旧占据一定地位；变革方面，现实主义外交思想逐渐占据主导地位。印度外交政策的整体变迁对印度转变对缅政策起到了决定性推动作用。

一、拉奥及联合政府时期

由于冷战后国际环境发生变化，以及印度国内启动经济自由化改革，印度的外交政策发生重大改变。[1] 国际上，印度的“盟友”

---

① K. Paman. Pillal, *India Foreign Policy in the 1990s*, (New Delhi: Padiant Publishers, 1997), p. 14.

苏联解体，冷战结束，出现了受美国领导的单极世界，印度一直盛行的外交政策受到了冲击。[①] 同时，冷战结束后，世界安全局势欠佳，局部战争此起彼伏，印度自身的战略安全受到威胁。此外，不结盟运动的影响力锐减，印度在国际上的影响力日益黯淡，道义外交褪色。

面对这些新形势、新情况，印度认识到其外交政策必须充分反映自身的现实处境与国家利益，不能刻意表达某些笼统模糊、寓意丰富的意识形态。[②] 印度必须依靠经济与军事实力，而不是所谓的道义优越感来实现强国之梦。[③] 这表明，印度外交政策中道德尺度所占的分量大为降低，现实主义取向明显上升，印度开始更为关注自身的国家利益，并以此作为制定外交政策的依据。

在此背景下，拉奥政府逐渐认识到，过于关注缅甸的民主和人权而不考虑缅甸的重要战略意义并不符合印度的长远利益。因此，他在制定外交政策时开始以国家安全考量为基础，而不再以理想主义为基础。[④] 同时，在印度政府内部，一些军方、情报及外交官员强烈反对支持缅甸民主运动的对缅政策，并认为印度目前的对缅政策是以牺牲印度的国家利益为代价的。[⑤]

从 1992 年下半年开始，印度主动调整了对缅政策。新的对缅政

---

① S · D. Muni, India's "Look East" Policy: The Strategic Dimension, *ISAS Working Paper*, No. 121, Feb. 1, 2011, p. 9.

② 张力：《冷战后时期印度的外交与战略安全》，四川大学博士学位论文，2006 年，第 39 页。

③ 张力：《冷战后时期印度的外交与战略安全》，四川大学博士学位论文，2006 年，第 53 页。

④ R. Swaminathan, India-Myanmar Relations: A Review, SAAG, Oct. 29, 2009, http://www.southasiaanalysis.org/papers35/paper3480.html.

⑤ Langpoklakpam. Suraj. Singh, Emerging Scenario of India's Myanmar Policy: The Manipur Dimension, *Asian Profile*, Vol. 36, No. 1, Feb., 2008, p. 41.

策在务实的基础上重点关注印度的战略和经济利益。[①] 印度不再从道义上公开支持缅甸的民主运动，转而与缅甸军政府进行务实的“建设性接触”，以追求自己的国家利益。

1992 年下半年，印度外交部高级外交官告知缅甸代表，印度将奉行更加务实的对缅政策以维护自身利益，不再重点关注缅甸的民主运动。他还说道：“我们的目标不是干涉缅甸的内政。我们唯一的目的仅是强调这一事实：印度一直支持民主原则和民主机构。”[②] 这一举动开启了印度一直遵循的道德外交向务实外交（印度未来的外交）的转换之旅。[③] 1993 年 3 月，印度外交秘书迪克西特访问缅甸，他表示：“我们虽热爱自己的民主制，但不应对别国进行布道。”[④] 印度还称，缅甸的民主运动和昂山素季问题是缅甸的内政，不应让其阻碍印缅关系的发展。[⑤] 之后，印度逐步减弱了对缅甸民主运动的支持力度，基本停止了对缅甸人权问题的抨击，印度对缅政策中的道德色彩日益黯淡。

1996 年，印度进入联合阵线政府执政时期，外交政策更加务实、灵活。在对缅政策上，印度仍实行“建设性接触”政策，但联合阵线政府将人权考虑与民主重建置于其对缅政策议程的首位。[⑥] 由于联合政府执政时间较短，领导人更迭频繁，印度的“建设性接触”政

---

① Col. R. Hariharan, India-Myanmar-China Relations, Asian Tribune Article, Jun. 22, 2007, http: //www. asiantribune. com/index. php? q = node/6641.

② Atish. Sinha & Madhup. Mohta, *Indian Foreign Policy-Challenges and Opportunities*, (New Delhi: Foreign Service Institute, 2007), p. 585.

③ Atish. Sinha & Madhup. Mohta, *Indian Foreign Policy-Challenges and Opportunities*, (New Delhi: Foreign Service Institute, 2007), p. 608.

④ 李益波：“印缅关系，从疏远到合作”，《东南亚研究》2006 年第 1 期，第 40 页。

⑤ Sanjeev Pillay, Indo-Myanmar Relations: Ideology vs Realism, IPCS Article, Aug., 2009, http: //www. ipcs. org/article/southeast-asia/indo-myanmar-relations-ideology-vs-realism -2944. html.

⑥ Yogendra. Singh, India's Myanmar Policy-A Dilemma between Realism and Idealism, *IPCS Special Report*, No. 37, Mar., 2007, p. 2.

策并未发生改变。

冷战结束后，经济在国际关系中的地位日益显现，经济全球化、区域经济一体化进程加快，各国纷纷利用这一机会发展经济，开展经济外交。在此背景下，印度重新评估了其外交政策。印度外交部长M. 索兰基称："事实上，扩大经济利益应被置于外交政策中优先考虑的地位。"① 随着认识的深化，经济问题的重要性急剧增长，并迅速占据印度外交政策的中心位置。② 同时，冷战后初期，印度陷入经济危机，拉奥政府开始实行经济改革政策。为适应印度国内的经济改革，拉奥政府强调外交政策必须为国内经济改革和对外开放服务，并通过对外经济交往达到运用政治、军事手段所难以实现的对外战略目的。③ 这表明，经济外交成为印度外交政策的重心。

与此同时，东南亚、东亚地区经济发展势头日益强劲，引起印度的高度关注。印度急切希望获得该地区国家的投资以缓解国内资金紧张状况。更为重要的是，印度希望通过加强与该地区国家的经济联系，扩大印度在该地区的经济、政治影响力。作为连接南亚、东南亚及东亚的交汇点，缅甸对于印度拓展在东南亚的经济、政治影响力至关重要。

二、人民党时期

1998年，印度人民党上台执政后，主动调整对外政策。首先，人民党政府信奉现实主义外交思想，认为外交政策必须为国家利益服务。空泛的道德宣言、道义外交不仅牺牲国家的重大利益，而且

---

① Kripa. Sridharan, *The ASEAN Region in India'sForeign Policy*, (England: Dartmouth Publishing Company Limited, 1996), p. 231.

② Lalit. Mansingh, *Indian Foreign Policy-Agenda for the 21st Century*, (New Delhi: Foreign Service Institute, 1997), p. 235.

③ 陈继东：《当代印度对外关系研究》，巴蜀书社2005年版，第80页。

不切实际。这表明，印度外交政策中的理想主义情结进一步褪色，现实主义取向进一步上升，其在印度外交思想中的主导地位得以确立。在此背景下，印度开始强调，与缅甸发展关系必须遵循现实主义政治而不是理想主义，[①] 与缅甸军政府进行接触符合印度的战略、经济利益，印度必须进一步强化“建设性接触”政策，以最大限度地保障其国家利益。

其次，经济外交继续成为人民党政府外交工作的重心。人民党政府认识到，在多极世界中，经济联系正变得越来越重要。后冷战时期，世界需要基于贸易之上的不同方式来追寻国家的利益，而不是尼赫鲁的道德与正义。[②] 在此背景下，印度积极加强与缅甸的经贸联系。印度认为，与缅甸加强贸易联系不仅会使其东北部复兴，而且会使印缅两国更加繁荣。[③] 尤其是在印度东北部地区，这种作用更为明显。印度希望通过加强与缅甸的经贸联系来扩大东北部地区与外部的联系，以此带动当地经济、社会的发展，促进当地的稳定与繁荣。

再次，周边外交成为印度外交政策的重心。人民党执政后，积极追求印度的大国地位。而要顺利实现印度的大国梦想，就必须营造一个有利的外部环境。因此，印度主动开展周边外交，推行睦邻政策。在此背景下，印度主动加强与缅甸军政府的联系，积极寻求与缅甸的合作来应对印缅边境地区反政府武装以及毒品走私等非传统安全威胁，努力维护印缅边界地区的稳定。

---

① Yogendra. Singh, India's Myanmar Policy-A Dilemma between Realism and Idealism, *IPCS Special Report*, No. 37, Mar., 2007, p. 2.

② Marie. Lall, India-Myanmar Relations-Geopolitics and Energy in Light of the New Balance of Power in Asia, *ISAS Working Paper*, No. 29, Jan. 2, 2008, p. 10.

③ Marie. Lall, India-Myanmar Relations-Geopolitics and Energy in Light of the New Balance of Power in Asia, *ISAS Working Paper*, No. 29, Jan. 2, 2008, p. 16.

三、国大党联盟时期

2004 年 5 月，印度国大党领导的“团结进步联盟”在大选中获胜，并与左翼政党组成联合政府，辛格出任印度总理。新政府不仅继承了印度人民党执政时的务实外交政策，[①] 而且继续强调外交要为印度经济社会发展创造有利的国际和周边环境。[②] 在此背景下，印度继续奉行“建设性接触”的对缅政策，并接受了民主重建是缅甸内政，印度无权加以干涉的事实，[③] 同时致力于维护印缅边境地区的和平与安宁，为印度国内的经济社会发展创造稳定的外部环境。

与此同时，商业在印度外交政策制定中的地位不断上升，印度外交政策的制定已经由贸易来引导。[④] 基于此，印度积极开展经济外交，大力推进“东向”政策，欲借此扩大印度在缅甸及其他东南亚国家的影响力。作为连接印度与东南亚的重要战略要地，印度需要继续加强与缅甸的经济联系。

四、人民党再度执政时期

2014 年 5 月 16 日，印度人民院选举投票结果揭晓，印度人民党领导的全国民主联盟在 543 个议席中夺得 334 席，以压倒性优势获胜。人民党总理候选人莫迪成为印度新任总理。莫迪被认为是一个强势领导者，而且与国大党联盟政府不同，他领导的人民党单独组

---

① 伍福佐：“论印度辛格政府的务实外交”，《南亚研究季刊》2010 年第 1 期，第 28 页。

② 陈继东：《当代印度对外关系研究》，巴蜀书社 2005 年版，第 103 页。

③ Yogendra. Singh, India's Myanmar Policy-A Dilemma between Realism and Idealism, *IPCS Special Report*, No. 37, Mar., 2007, p. 2.

④ Marie. Lall, India-Myanmar Relations-Geopolitics and Energy in Light of the New Balance of Power in Asia, *ISAS Working Paper*, No. 29, Jan. 2, 2008, p. 11.

阁，不需要向盟友妥协，也不用承受来自地方势力的压力，尤其是泰米尔纳德邦和西孟邦。[①] 因此，莫迪在外交上将具有更多的进取性。

1. 务实外交

1998 年人民党首度执政时，就奉行实力至上的务实外交战略，此后国大党联盟进一步发展该战略。人民党再度执政后，务实外交也得到进一步拓展。正如印度尼赫鲁大学教授钦塔马尼·马哈帕特拉所言：“莫迪政府一点都不青睐之前的理想主义外交基础或者外交战略，比如不结盟。他的目标是与主要大国建立多层结盟关系。”[②] 在务实外交的引导下，印度以国家利益的得失来衡量其对缅政策。现实的经济利益、边境安全、防务合作以及拓展印度的软实力都成为莫迪政府进一步加强对缅接触，发展紧密印缅关系的推动力。

2. 经济外交

冷战后，拓展经济联系为印度国内经济发展服务成为印度外交政策的显著特征之一。而莫迪在古吉拉特邦的经济成就更提高了印度民众对莫迪政府发展经济的期望值。因此，莫迪从上任之初就支持经济占主导地位的外交，[③] 并在对外关系中突出经济主题，大力推进印度与外部国家的经贸关系。[④] 2015 年 11 月，缅甸在经历了平稳选举后即将进入民主政府执政时代，其经济改革所释放出的巨大市

---

① Smruti. Pattanaik, Assessing Modi Government's Foreign Policy, *Indian Foreign Affairs Journal*, Volume 9, Issue 3, 2014, p. 224.

② Chintamani. Mahapatra, Modi's Foreign Policy: Difficult to Theorize, Easy to Understand, *Indian Foreign Affairs Journal*, Volume 9, Issue 3, 2014, pp. 235 – 237.

③ Chintamani Mahapatra, Modi's Foreign Policy: Difficult to Theorize, Easy to Understand, *Indian Foreign Affairs Journal*, Volume 9, Issue 3, 2014, p. 235.

④ 张力：“印度莫迪政府外交政策初探”，《南亚研究季刊》2014 年第 2 期，第 1 页。

场潜力是印度加强与缅甸经贸关系的重要动力。

3. 邻国外交

当莫迪出人意料地邀请南亚所有邻国参加他的就职典礼时，印度向其邻居释放出信息，邻居在印度的外交政策中地位重要。① 印度认识到一个和谐的周边关系是印度进步的关键。莫迪首访不丹进一步显示出他重视邻国关系，② 印度已将邻国置于其外交政策的优先地位。③ 而缅甸是印度东部的重要邻居，对于印度东北部尤其重要。因此，印度学者巴斯卡尔·巴拉里斯南呼吁莫迪政府提供更好的边界管理和交通连接，包括边贸设施来推动东北部发展。④

第二节　印度的安全需求

冷战结束后，印缅边境地区的反政府武装袭击活动频发，印度迫切需要缅甸予以配合，来共同打击反政府武装。同时，随着边境地区贸易往来的增多，非传统安全问题逐渐凸显，印度需要与缅甸共同应对这些问题。此外，随着印度洋战略地位的上升，印度也逐渐加强与缅甸的海洋安全合作。

---

① Smruti. Pattanaik, Assessing Modi Government's Foreign Policy, *Indian Foreign Affairs Journal*, Vol. 9, Issue 3, 2014, p. 220.

② Satish. Chandra, The Style and Substance of Modi's Foreign Policy, *Indian Foreign Affairs Journal*, Vol. 9, Issue 3, 2014, p. 214.

③ Bhaskar. Balakrishnan, India's Foreign Policy and the New Government, *Indian Foreign Affairs Journal*, Vol. 9, Issue 3, 2014, p. 208.

④ Bhaskar. Balakrishnan, India's Foreign Policy and the New Government, *Indian Foreign Affairs Journal*, Vol. 9, Issue 3, 2014, p. 209.

一、拉奥及联合政府时期

另一个逆转印度对缅政策的主要原因是两国联合打击印度东北部跨界反政府武装的需求上升。[①] 自20世纪90年代开始，印度东北部地区的暴力活动日益升级，平民及安全人员的伤亡数字一路攀升，安全局势恶化。在印缅边境，这种情况尤为明显。当地大部分叛军组织因与外界的密切联系而兴盛。[②] 比如，阿萨姆团结解放阵线（ULFA）、博多兰民族民主阵线（NDFB）、那加兰民族社会主义委员会（K派，NSCN-K）、团结民族解放阵线（UNFL）、人民解放军（PLA）以及钦邦国民阵线（CNF）等，[③] 近年来均在缅甸设立营地。其中，那加兰民族社会主义委员会（K派）、阿萨姆团结解放阵线以及曼尼普尔的反政府武装组织已在缅甸设立了27个营地。[④] 这些反政府武装不断穿梭于印缅边境，并以缅甸为中转站获取武器补给，然后潜回印度发动袭击。一旦被印度政府军围剿，他们就逃入缅甸营地躲避。

由于印度对缅甸民主运动给予道德和经济上的支持，并与缅甸少数民族地区的反政府武装建立直接联系来对抗缅甸政府对印度反政府武装的支持，[⑤] 缅甸政府对于这些在缅的印度反政府武装采取默

---

① Langpoklakpam. Suraj. Singh, Emerging Scenario of India's Myanmar Policy: The Manipur Dimension, *Asian Profile*, Vol. 36, No. 1, Feb., 2008, p. 46.

② Namrata. Goswami, An Assessment of Insurgencies in Assam, Manipur and Nagaland in 2009, *IDSA Issue Brief*, p. 2, http://www.idsa.in/system/files/IB-NortheastIndia2009.pdf.

③ 该处关于反政府武装的译名引用傅超：《印度东北部地区的安全威胁》，军事谊文出版社2006年版。

④ Langpoklakpam. Suraj. Singh, Emerging Scenario of India's Myanmar Policy: The Manipur Dimension, *Asian Profile*, Vol. 36, No. 1, Feb., 2008, p. 46.

⑤ Renaud. Egreteau, India's Ambitious in Burma-More Frustration than Success?, *Asian Survey*, Vol. 48, No. 6, November/December, 2008, p. 940.

许甚至暗中支持的态度，并试图将这些反政府武装作为与印度谈判时进行讨价还价的筹码。

反政府武装的频繁活动使印缅边境地区的安全形势急剧恶化，随之而来的毒品贩卖、武器走私以及艾滋病传播使该地区的非传统安全问题日益凸显。对此，印度给予严重关切。但由于印度对缅甸民主运动及反政府武装的支持，印度得不到缅甸的支持来联合应对这些安全问题。

1993 年，缅甸克钦邦部落武装与缅甸军政府达成停火协议，印度失去了其在缅甸最为强大的盟友。同时，印度东北部地区的安全局势也严重恶化，仅 1993 年平民遇难人数就猛增至 551 人，增幅达 114.39%。安全人员及恐怖分子的死亡人数也大幅上涨，分别达到 63.48%、45%。① 该地区反政府武装日趋恐怖主义化的趋势对印度的国家安全构成严重且长远的威胁，阻碍了印度“大国梦”的实现。这迫使印度重新思考自身对缅甸的战略选择。印度认识到，与缅甸军政府合作、建立良好关系能够助其制止该地区反政府武装的活动。② 在军方推动下，印度政府决定与缅甸军政府谨慎接触，以便获得缅甸的支持来促进其东北部地区的稳定。③

不过，印度东北部安全局势的恶化只是促使印度转变对缅政策的一个重要内部因素。如果没有印度外交政策大幅转变的前提条件，即使军方人士积极推动印度政府与缅甸接触，印度也很难就此调整其对缅政策。

---

① India Datasheets, South Asia Terrorism Portal, Data Sheets, http://www.satp.org/satporgtp/countries/india/database/index.html.

② Col. R. Hariharan, India-Myanmar-Chinarelations, Asiantribune Article, Jun. 22, 2007, http://www.asiantribune.com/index.php?q=node/6641.

③ Renaud. Egreteau, India's Ambitious in Burma-More Frustration than Success?, *Asian Survey*, Vol. 48, No. 6, November/December, 2008, p. 941.

二、人民党时期

1998 年人民党上台执政后，印缅边境的安全形势并未根本缓解。重要的反政府武装组织，如阿萨姆团结解放阵线、人民解放军以及那加兰民族社会主义委员会（K 派）并没有在打击中受到重创，仍具有发动一定规模袭击的能力。根据南亚反恐网站的数据显示：1998 年反政府武装在阿萨姆邦发动 4 起袭击，造成 53 人死亡；1999 年，发动 7 起袭击，造成 37 人死亡；2000 年，发动 11 起袭击，造成 125 人死亡；2001 年，发动 13 起袭击，造成 92 人死亡；2002 年，发动 8 起袭击，造成 63 人死亡；2003 年，发动 12 起袭击，造成 87 人死亡。①

由此可见，在整个人民党执政时期，在反政府武装肆虐严重的阿萨姆邦，反政府武装发动袭击的次数处于不断攀升的态势，死亡人数较多。在这种情况下，印度急需要寻求缅甸军方的合作来共同打击这些反政府武装的有生力量。因此，印度与缅甸加强了边境安全合作，并在 2001 年 5 月采取联合军事行动打击印度东北部的反政府武装，取得不错的战绩。此外，印度也试图通过向缅甸出售军事武器来提高缅军打击反政府武装的能力。

除了边境安全合作外，印度还开始寻求加强与缅甸的海洋军事合作，这是印度在安全领域对缅甸的新需求。事实上，在人民党执政时期，印缅海军高层官员互访就颇为频繁，两军还在 2002 年举行了首次联合军事演习。

---

① Major Incidents of Terrorist Violence in Assam, 1990—2015, SATP, http://www.satp.org/satporgtp/countries/india/states/assam/data_ sheets/majorincidents.htm.

三、国大党联盟时期

2004 年，印度国大党联盟上台执政。由于此前印度军方联合缅甸军方对反政府武装进行了几次重大打击，反政府武装的势力大为削弱，活动范围逐步缩小。此外，双方之间的和谈也在持续，这对反政府武装的分化瓦解起到一定作用。再者，印度东北部地区经济、社会发展取得一定进展，制约了反政府武装吸收新力量再续实力的能力。在这种情况下，印度寻求缅甸的军事合作来直接打击东北部反政府武装的需求减少了。联合打击反政府武装对印缅安全合作的推动作用大幅下降。

但是，一些老牌反政府武装在该地区仍十分活跃，针对平民以及安全部队的小规模袭击依然存在。根据南亚反恐网站的统计数据显示，2005—2009 年，印度东北部地区恐怖暴力事件死亡人数仍很高，最高时超过 1000 多人，最低也超过 600 多人。① 这说明，反政府武装的小股袭击仍对该地区的安全产生着持续消极的影响。在这种情况下，印度依然需要缅甸的情报信息来预防及打击这些小股袭击。

此外，日益凸显的毒品交易、商品走私、军火贩卖、抢劫绑架、艾滋病传播等非传统安全问题是这一时期印度与缅甸加强安全合作的另一大重要动力。在应对这些非传统安全问题方面，印度需要缅甸的合作，尤其是在情报信息共享、联合巡逻、联合执法等方面。

最后，随着印度对印度洋安全的关注度大幅提升，尤其是在辛格执政的第二任期，缅甸在印度海军战略考量中的地位稳步上升。印度的现实主义学者已经认识到，印度无法阻止中国与缅甸之间深

---

① South Asia Terrorism Portal, http: //www. satp. org/satporgtp/countries/india/database/fatalitiesnorteast2006. htm.

化海洋安全合作，但印度可以扩大与缅甸的接触，[①] 通过加强与缅甸的海军合作来强化印度在印度洋的优势地位。

四、人民党再度执政时期

2014 年，莫迪上台执政之后，印度对缅甸的安全需求持续上升。一方面，印度东北部的反政府武装袭击增多，对该地区的安全威胁上升。根据南亚反恐网站的统计数据显示，2014 年印度东北部地区恐怖暴力事件死亡人数急速增加至 465 人，比 2013 年的 252 人增加近一倍。2015 年前 5 个月，死亡人数达 108 人。尽管预计总死亡人数会比 2014 年低，但与 2013 年不相上下。[②] 此外，一些老牌反政府武装，比如阿萨姆团结解放阵线以及那加兰社会主义委员会（K 派）加强了针对印度安全部队以及该地区穆斯林的袭击，在该地区营造了相当程度的恐慌，对该地区的安全形势造成严重影响。

比如，2014 年 5 月 1 日和 2 日，印度东北部阿萨姆邦巴斯卡地区发生反政府武装袭击穆斯林村庄事件，共造成 32 人死亡，多人受伤。事件爆发后，大量穆斯林慌忙逃离家园。[③] 2015 年 6 月，那加兰社会主义委员会（K 派）在曼尼普尔邦发动袭击，造成 20 名印度士兵遇难，成为 20 年来该地区发生的针对安全部队最血腥的袭击。暴力恐怖袭击势头的上升迫切要求印度加强与缅甸在边界地区的安全合作，尤其是情报信息合作，来共同打击这些恐怖主义袭击。此外，边境地区的非传统安全问题依然突出。这些都要求莫迪政府寻

---

① C. R. Mohan, India's Security Cooperation with Myanmar: Prospect and Retrospect, *ISAS Working Paper*, No. 166, Feb. 2013, pp. 10 – 11.

② South Asia Terrorism Portal, http: //www. satp. org/satporgtp/countries/india/database/fatalitiesnorteast2006. htm.

③ 徐伟："传印反政府武装为投票杀人　大量穆斯林逃离家园"，《环球时报》2014 年 5 月 4 日，http: //www. mleqq. cn/exclusive/2014 – 05/4985715. html。

求加强与周边国家和国际社会的合作以打击恐怖主义，应对各类跨国非传统安全挑战。[①]

另一方面，印度对其东部陆地及海洋安全的重视，也推动了印度加强与缅甸的安全防务合作。与缅甸在安全问题，包括海洋安全问题上的对话与讨论，能够为印度与东南亚、东亚安全防务合作奠定基础，因此应该推进。[②]

第三节　印度的“东向”政策

冷战结束后，印度提出“东向”政策，试图以此促进印度与东南亚国家之间的经贸联系。此后，“东向”政策的内涵不断延伸至政治外交、战略安全以及文化交往等领域。而缅甸是印度通过陆路实施“东向”政策的关键一环，因而印度积极推动印缅关系的发展。

一、拉奥及联合政府时期

冷战结束后，经济外交成为印度外交工作的重心。同时，印度国内经济自由化改革启动，印度希望在自由市场原则的基础上建立现代经济体，并开始将其潜在的巨大市场向国际自由贸易、投资开放。[③] 毗邻印度的东南亚经济快速发展，世界主要大国都意识到要加

---

① 张力：“印度莫迪政府外交政策初探”，《南亚研究季刊》2014 年第 2 期，第 1 页。

② Bhaskar. Balakrishnan, India's Foreign Policy and the New Government, *Indian Foreign Affairs Journal*, Vol. 9, Issue 3, 2014, p. 210.

③ Atish. Sinha & Madhup. Mohta, *Indian Foreign Policy-Challenges and Opportunities*, (New Delhi: Foreign Service Institute, 2007), p. 359.

强与东南亚的联系。这一系列变化促使印度重新评估其在该地区的作用，并开始将东南亚视为一个具有经济、政治利益的邻居。由于南亚区域合作联盟（SAARC）在多边贸易方面并未取得多大成效，与东南亚开展更为紧密的合作就被视为当务之急。[①] 在此背景下，印度于1992年提出"东向"政策，[②] 试图加强与东南亚各国的经济联系，借助该地区的经济实力促进印度经济的发展，提升自身在该地区的经济、战略影响力。

作为印度东部的最大邻国，缅甸不仅是连接南亚、东南亚及东亚的交汇地，而且是东南亚诸国中唯一与印度接壤的国家，因此缅甸被印度政策制定者视为进入东南亚的门户。[③] 印度认为，通过缅甸建立印度与该地区的地理联系将有助于双方商品、服务及人员的流动，这反过来又会强化印度在该地区的影响力。[④]

由此可见，缅甸对于印度加强与东盟国家的经贸往来、安全合作，以及扩大印度在该地区的影响力意义重大。因此，印度从自身国家利益的角度出发，坚持奉行对缅"建设性接触"政策，密切了与缅甸军政府的政治、经贸、军事关系。印度国内很多学者也持类似观点，认为印度之所以密切与缅甸关系，部分原因在于印度欲通

---

① Marie. Lall, India-Myanmar Relations-Geopolities and Energy in Light of the New Balance of Power in Asia, *ISAS Working Paper*, No. 29, Jan. 2, 2008, p. 9.

② 事实上，关于印度何时提出"东向"政策一直存在争论。S·D. Muni认为，印度的"东向"政策并非20世纪90年代初期提出，他认为该政策在公元1000左右就存在，并将该政策分为四个阶段：前殖民主义时代、殖民主义时代、后独立时代、当代。艾格勒托认为是1991年提出的；辛哈和莫塔认为是1992年提出的。本书在此引用国内外比较公认的观点，即印度于1992年提出"东向"政策，下文在讨论"东向"政策时也沿用了这一观点。

③ Yogendra. Singh, India's Myanmar Policy-A Dilemma between Realism and Idealism, *IPCS Special Report*, No. 37, Mar., 2007, p. 2.

④ Ann. Koppuzha, India's Myanmar policy-An Alternative Roadmap, *IPCS Issue Brief*, No. 77, Jul., 2008, p. 1.

过缅甸加强与东南亚的政治、经济和文化联系。①

值的注意的是，当时印度的“东向”政策以东南亚为重心，且主要集中在贸易和投资联系，② 而缅甸经济发展落后，无力对印度进行大规模投资，并且印缅贸易额很小。更重要的是彼时缅甸还未加入东盟，无法充当印度与东盟的桥梁。因此，缅甸在印度“东向”政策中的作用尚未充分显现出来。“东向”政策对印度在冷战结束初期转变对缅政策的推动作用也并不明显。但不可否认的是，印度已经认识到缅甸对印度与东南亚乃至东亚的联系所具有的潜在战略重要性。

二、人民党时期

1997 年缅甸加入东南亚区域合作组织（ASEAN），其对于印度的战略重要性得以提升。对于新德里来说，缅甸成为印度实施“东向”政策以及渴望与东盟国家进行更多接触的重要载体。印度希望充分利用东盟国家对中国影响力“膨胀”的担忧，通过缅甸支撑其在该地区的形象与影响力。③

在印度人民党政府积极实施“东向”政策的情况下，印缅关系发生了真正的转变。④ 印度不再公开支持缅甸民主派，而是积极拉缅甸参与多边经济合作，试图通过缅甸这个重要载体加强与东南亚各国的经济联系，借此扩大印度在东南亚地区的影响力。早在 1997 年

---

① Ann. Koppuzha, India's Myanmar Policy-An Alternative Roadmap, *IPCS Issue Brief*, No. 77, Jul., 2008, p. 1.

② S. D. Muni, India's "Look East" Policy: The Strategic Dimension, *ISAS Working Paper*, No. 121, Feb. 1, 2011, p. 12.

③ Langpoklakpam. Suraj. Singh, Emerging Scenario of India's Myanmar Policy: The Manipur Dimension, *Asian Profile*, Vol. 36, No. 1, Feb., 2008, p. 41.

④ Marie. Lall, India-Myanmar Relations-Geopolitics and Energy in Light of the New Balance of Power in Asia, *ISAS Working Paper*, No. 29, Jan. 2, 2008, p. 12.

缅甸加入东盟之后，印缅就成为孟加拉湾多层次经济合作机制的成员国。2000 年，印度又积极参与、倡导成立了湄公河—恒河合作倡议，缅甸成为该组织的成员。该组织由于连接东南亚和南亚，被视为印度加速推行“东向”政策、与东盟国家拉近关系、加强合作的重要举措之一。[①]

尽管“东向”政策对于推动印缅关系的作用有所增强，但仍然有限。首先，人民党政府重视印度与东南亚国家间的贸易投资关系，但双方的贸易主要采用海路，很少通过东北部陆路通道加强与缅甸及其他东南亚国家的贸易联系；其次，印度国内安全人士仍然认为印度东北部是与中国之间的缓冲地带，不愿意完全开放东北部，因此东北部与缅甸之间的联系仍然薄弱；再次，印度东北部地区的反政府武装、非传统安全问题也阻碍了该地区与缅甸加强联系。

三、国大党联盟时期

辛格执政后，人民党政府的“东向”政策得以延续，印度东北部对于“东向”政策的重要性也凸显出来。2007 年 6 月，印度外长慕克吉在外交部举办的“东向”政策研讨会上表示，“东向”政策是通过促进印度与东南亚国家的贸易来促进东北部发展的。[②] 2008 年，印度发布《东北部地区 2020 愿景》文件，首次从中央政府层面全面规划东北部的发展。因此，在辛格的第二任期内，印度加强了东北部与缅甸的互联互通建设，提升了边境管理能力，强调边境发展，试图通过提升陆路贸易路线更加均衡地推动“东向”政策。印度指出，“东向”政策必须通过陆路和海路同时进行：穿越东北部的

---

① 邓蓝：“湄公河—恒河合作倡议：十年发展与前景展望”，《东南亚南亚研究》2010 年第 4 期，第 67 页。

② Laldinkima. Sailo, Northeast India-Southeast Asia Connectivity: Barrier to Bridge, *ISAS Working Paper*, No. 162, Nov., 2012, p. 17.

陆路线路和通过海洋到达东南亚和澳大利亚的海路路线。① 长期关注印度东北部问题的新加坡国立大学南亚研究所助理研究员拉尔丁科玛·萨罗在 2012 年至 2014 年间发表多篇论文指出，经过演变的“东向”政策更加重视东南亚邻居，更加强调边境地区发展、贸易以及基础设施建设。② 在过去，东北部不被认为是“东向”政策的一部分，但是现在有变化了，现在东北部扮演着重要角色，且该地区的发展已经被认为是“东向”政策的主要目标之一。③ 2013 年 12 月，印度总统慕克吉在视察那加兰邦时也强调了东北部在“东向”政策中的中心地位。

此外，印度认识到，无论是寻求缅甸的合作来打击反政府武装，还是与缅甸合作来管控边界地区的非传统安全问题，都不能从根源上解决东北部的安全问题。印度只有加大东北部地区与缅甸等东南亚国家的经济联系，促进该地区的经济发展，才能从根源上解决该地区的安全问题。发展是稳定边境地区的一种方式，这是新德里仔细考虑的一项政策。④ 由此可见，在国大党联盟执政的第二任期内，印度不仅从政策层面大幅提升东北部在“东向”政策中的优先地位，还在实践层面加强东北部与缅甸的互联互通建设，同时与缅甸合作加强边境管理，促进边境发展。总体而言，“东向”政策对印缅关系的推动作用在国大党联盟执政第二任期内极为明显。

---

① Subir. Bhaumik, Look East through Northeast: Challenges and Prospects for India, *ORF Occasional Paper*, No. 51, Jun., 2014, p. 4.

② Laldinkima. Sailo, Northeast India-Myanmar: Search for Cooperation and New Approaches, *ISAS Brief*, No. 321, Feb., 2014, p. 2.

③ Laldinkima. Sailo, Northeast India-Southeast Asia Connectivity: Barrier to Bridge, *ISAS Working Paper*, No. 162, Nov., 2012, p. 1.

④ Laldinkima. Sailo, India Woos its Northeast: Development and Diplomacy Factors, *ISAS Brief*, No. 308, Dec., 2013, p. 1.

四、人民党再度执政时期

莫迪上台后，大力推进经济外交、邻国外交。在这个大背景下，承载经贸发展、促进周边关系功能的“东向”政策自然会更加受到重视。莫迪政府将继续重视与东盟国家的双边和地区合作，以东盟为桥头堡向亚太地区纵深推进“东向”政策。印度将实质性地改善与缅甸的政治关系并推动双边能源和经贸合作。[①] 印度学者认为，印度与东南亚、东亚国家的全面经济接触是可行的，并且双方都将获益。因此，印度应该进一步推进“东向”政策。

在“东向”政策被进一步推动以及东北部被置于该政策中心地位的情况下，印度东北部与缅甸的联系将愈发密切。2014 年 11 月，莫迪在访问缅甸时也重点强调建设印缅边境基础设施的重要性。重新联结缅甸是莫迪与缅甸领导人会谈的首要议题，[②] 印度将以此为契机，继续推进与缅甸的关系。

第四节 关注中国的影响力

中国因素一直是印度制定对缅政策的重要因素，中缅关系的发展态势对印度评估、调整对缅政策比较重要。但是，随着近年来印缅关系逐步推进，以及印度自身实力上升，中国因素所发挥的作用

---

① 张力：“印度莫迪政府外交政策初探”，《南亚研究季刊》2014 年第 2 期，第 13 页。

② K. Yhome, The Importance of Modi's Visit to Myanmar, *ORF Analysis*, Nov. 11, 2014, http://www.observerindia.com/cms/sites/orfonline/modules/analysis/AnalysisDetail.html?cmaid=74630&mmacmaid=74631.

呈下降趋势。

一、拉奥及联合政府时期

在一定程度上，中国是推动印度对缅政策采取现实主义路线的一大因素。[①] 印度改善与缅甸的关系在某种程度上的确受到弱化中国影响力的动机所驱使。[②]

冷战结束后，中缅关系逐步升温。两国在政治、经济、安全等领域的合作逐步展开，成效显著。而当时的中印关系刚解冻，战略互信缺失，印度对中缅关系的升温疑虑重重。在战略层面，印度的关注点主要集中在以下五个方面。

其一，印度战略家认为，中国援助缅甸修建公路、桥梁及其他基础设施对印度来说是潜在威胁。他们担心这将使中国获得通往印度东北部的门户。[③] 其二，印度认为中国试图通过缅甸在印度洋、孟加拉湾以及马六甲海峡获得更稳固的立足点，因此极为担忧。这种担忧具体表现在三个方面：第一，印度认为，中国在缅甸海军基地建立了情报收集站，来刺探安达曼、尼科巴群岛印度海军的活动情报；第二，印度不清楚在缅甸的中国专家是否仅从事技术性工作，还是在做其他更为深入的工作；第三，印度不清楚到底是缅甸还是中国在控制这些情报设施。[④] 其三，印度对中国低价向缅甸军政府出

---

① Yogendra. Singh, India's Myanmar Policy-A Dilemma between Realism and Idealism, *IPCS Special Report*, No. 37, Mar. , 2007, p. 3.

② Langpoklakpam. Suraj. Singh, Emerging Scenario of India's Myanmar Policy: The Manipur Dimension, *Asian Profile*, Vol. 36, No. 1, Feb. , 2008, p. 44.

③ Renaud. Egreteau, India's Ambitious in Burma-More Frustration than Success?, *Asian Survey*, Vol. 48, No. 6, November/December, 2008, p. 944.

④ Langpoklakpam. Suraj. Singh, Emerging Scenario of India's Myanmar Policy: The Manipur Dimension, *Asian Profile*, Vol. 36, No. 1, Feb. , 2008, p. 43.

售武器，助其提高军事能力，促进缅甸国防现代化充满疑虑。① 其四，印度对中国在缅甸修建深水港疑虑重重，认为这有可能成为中国海军在印度洋的潜在后勤补给线，对印度海军构成威胁。其五，印度认为中国与缅甸发展关系，将意味着印度被北京及其影响的区域从三个方面（中国、缅甸、巴基斯坦）进行包围。② 但作者并不认同印方的这些观点。

在经济层面，印度的关注点主要集中于以下几点。一是缅甸为中国的廉价消费品提供了一个广阔的大市场，印度认为这对其商品进入缅甸构成了严重威胁。二是中缅贸易额显著上升，中国还向缅甸提供优惠贷款，派遣科技专家，帮助缅甸修建基础设施。这些举动极大地扩大了中国在缅甸的经济影响力，对印缅经济合作构成了威胁。三是中国积极联合缅甸等东南亚国家推动次区域合作。1992年，在亚洲开发银行的推动下，澜沧江—湄公河流域内的中国、缅甸、老挝、泰国、柬埔寨、越南六个国家共同发起大湄公河次区域经济合作机制。③ 印度认为，中国试图通过地区经济合作加强中国边疆地区与东南亚各国的经济联系，以此来扩大中国在东南亚以及印度东北边境地区的影响力。这对印度拓展缅甸及其他东南亚国家市场以及印度东北部的战略安全构成威胁。

中国在缅影响力的逐步扩大使得印度不得不重新审视自身对缅政策。印度认为，必须改善与缅甸的关系，以阻止中国独自从缅甸

---

① Renaud. Egreteau, India's Ambitious in Burma-More Frustration than Success?, *Asian Survey*, Vol. 48, No. 6, November/December, 2008, p. 944.

② Marie. Lall, India-Myanmar Relations-Geopolitics and Energy in Light of the New Balance of Power in Asia, *ISAS Working Paper*, No. 29, Jan. 2, 2008, p. 26.

③ “大湄公河次区域经济合作简介”，中国外交部，2011 年 3 月，http://www.fmprc.gov.cn/chn/pds/gjhdq/gjhdqzz/lhg_4/t311844.htm。

获取经济、战略利益。① 印度的一些战略家及智库认为，通过“建设性接触”的对缅政策与缅甸军政府交友，以及努力在缅获得战略立足点，印度能够应对中国在其东部边界构成的潜在威胁，并且能抗衡中国在其他邻国的影响力。②

总体而言，冷战后，印度主要是从战略安全的角度来关注中国在缅影响力的上升，经济威胁的考量则相对较少。而战略安全的考量主要源于中印长期的历史隔阂，尤其是中印边界冲突所留下的敏感性以及印度对其东北部根深蒂固的防御思维。因为中国主要与缅甸发展经济关系，中国在缅甸的战略设施建设也极为有限，印度并未强烈感受到来自中国的紧迫威胁，因此中国因素在印度改善对缅关系中的作用有限。

二、人民党时期

这一时期，中国在缅甸的影响力继续上升，两国的合作领域逐渐扩大，合作力度不断加强。但由于缅甸已加入东盟，印度对缅甸成为中国卫星国的早期担忧已经逐步减轻。③ 因此，中国因素对印度对缅政策的推动作用开始逐步减弱。

在经济领域，中国积极联合缅甸等东南亚国家推动大湄公河次区域经济合作，并取得明显进展，中国在缅甸及其他东南亚国家的影响力大幅上升。对此，人民党政府认为，印度必须进一步向缅甸等东南亚国家开放边界，与中国竞争缅甸和东南亚。人民党政府还

---

① Marie. Lall, India-Myanmar Relations-Geopolitics and Energy in Light of the New Balance of Power in Asia, *ISAS Working Paper*, No. 29, Jan. 2, 2008, p. 26.

② Renaud. Egreteau, India's Ambitious in Burma-More Frustration than Success?, *Asian Survey*, Vol. 48, No. 6, November/December, 2008, pp. 944 - 955.

③ G. Parthasarathy, MyanmarDeserves Attention-India's Dithering Has Helped China, The Tribune, http://www.tribuneindia.com/2006/20060420/edit.htm#4.

认为，尽管边界开放会给印度带来很多问题，但也将带来更多的贸易。这不仅能提升印度在缅甸及其他东南亚国家的影响力，增加其抗衡中国影响力的能力，而且能促进印度东北部的发展，削弱反政府武装对民众的吸引力。

为此，印度一方面积极与缅甸开展边境贸易，努力提升其在缅甸的影响力；另一方面，印度认为，地区主义为印度提供了一个可以平衡中国影响力以及开启湄公河次区域合作的机会。① 因此，印度积极推动次区域合作，试图建立印度主导的地区组织来扩大印度在该地区的影响力，从而间接削弱中国的影响力。这一点从印度主导的湄公河—恒河合作倡议即可看出。这一合作组织囊括了缅甸、越南、泰国、老挝、柬埔寨等湄公河下游国家，却没有吸收中国参加。而且，这一组织是在中国主导的大湄公河次区域合作不断取得成效之时成立的。一些分析人士认为，印度积极参与湄公河—恒河合作计划，并把中国排除在外，显然带有遏制中国在该地区影响的意图。②

这一时期，印度对中缅军事、安全领域合作的担忧逐渐减轻。这主要是因为一些有关中国在缅甸修建战略公路、深水港、海军基地的新闻被证实为不属实，且具有很大的夸张成分。这些疑虑的逐步破解使得印度逐渐认识到，中国通过缅甸威胁印度是非紧迫性的。然而，印度仍没有排除中国通过印度的其他边境威胁印度的可能性。③ 因此，印度仍继续加大与缅甸的军事、安全合作，尤其是两国海军的合作。印度希望以此减弱中国对印度洋的安全威胁。

---

① Renaud. Egreteau, India's Ambitious in Burma-More Frustration than Success?, *Asian Survey*, Vol. 48, No. 6, November/December, 2008, p. 942.

② “中日印博弈湄公河”，河海大学国际河流研究所，2004 年 5 月 20 日，http://hhlawaid. blog. hexun. com/9687475_ d. html。

③ Renaud. Egreteau, India's Ambitious in Burma-More Frustration than Success?, *Asian Survey*, Vol. 48, No. 6, November/December, 2008, p. 952.

三、国大党联盟时期

在辛格执政的第一任期，中缅关系仍保持不断发展的势头，两国在各领域的合作日趋深化，尤其是在2009年签署了石油管道协议。对此，印度仍时刻加以关注。印度认为，从中国不断与印度周边国家积极发展关系即可看出，中国试图削弱其在亚洲地区的影响力。[①] 此外，中国与印度的两个最大邻国巴基斯坦和缅甸关系友好，更增添了印度对中国的战略疑虑。因此，印度认为，中国与缅甸等印度周边国家发展正常关系对印度构成了严峻挑战，印度的地区政策必须以扩大印度的影响力、削弱中国的影响力为主要战略目标。印度虽然奉行与中国相处而非直接竞争的政策，但它在缅甸却与中国在能源领域以及政治影响力方面进行直接竞争。[②]

在经济领域，中国与缅甸的经济联系日益密切，印度认为这对其扩展在该地区的经济影响力构成了严重威胁。首先，中国商品通过缅甸进入印度东北部各邦市场。在印缅边境贸易口岸莫雷和塔穆，来自中国云南的商品大量涌入。从精致的电子产品到廉价的蔬菜产品都通过莫雷和塔穆口岸进入曼尼普尔邦。该地区几乎每家都有来自中国的廉价制造品，因为这些商品具有物美价廉的优势。[③]

其次，中缅能源合作对印缅能源合作构成了强有力的竞争。为削弱中国在缅甸能源领域的优势地位，印度加大了与缅甸军政府的接触力度，积极促进双方高层官员的往来。在缅甸军政府极为关注的缅甸民主问题上，印度采取极为谨慎的政策，欲以此赢取缅甸军

---

① C. S. Kuppuswamy, Myanmar: Sandwiched between China and India and Gaining from Both, *SAAG Paper*, Jan., 2008, http://www.southasiaanalysis.org/papers26/paper2574.html.

② Ann. Koppuzha, India's Myanmar Policy-An Alternative Roadmap, *IPCS Issue Brief*, No. 77, Jul., 2008, p. 3.

③ Langpoklakpam. Suraj. Singh, Emerging Scenario of India's Myanmar Policy: The Manipur Dimension, *Asian Profile*, Vol. 36, No. 1, Feb., 2008, p. 52.

政府的信任。

再次，在大湄公河次区域合作框架的推动下，中国在缅甸及其他东南亚国家的影响力得以提升。这对印度扩展在该地区的影响力构成了竞争。为此，印度力推由印度主导的湄公河—恒河合作倡议，欲借此扩大印度在该地区的影响力，减轻中国在该地区的影响力。

在军事、安全领域，印度对中国海军现代化进程尤为关注。虽然印度已经在印度洋建立了优势地位，但对中国近年来大力发展海军、强调海洋战略深怀疑虑。为应对中国海军进入印度洋所带来的威胁，印度不仅组建了安达曼—尼科巴联合司令部，还积极拉拢缅甸等印度洋沿岸国家开展军事合作，尤其是海军合作。

但是在辛格的第二任期，中缅关系中的矛盾逐步凸显。尤其是在 2011 年 9 月，缅甸总统吴登盛宣布暂停密松大坝建设，将中缅矛盾公开化。与此同时，缅甸与美国等西方国家的关系显著改善。这些变化使得印度对中缅关系的评估也出现变化。印度和平与冲突研究所（简称 IPCS）高级研究员古普塔认为，中国需要花费一些时间去适应中缅关系中出现的新变化。

中国在缅甸优势地位的削弱减轻了印度对中缅紧密关系的忧虑，尤其是在战略安全领域的担忧。对于印度而言，它惧怕任何大国在缅甸占据统治地位，从而在其东部构成强大威胁。中缅矛盾的凸显以及缅甸外交关系的多元化表明中国在缅甸的优势地位受到影响，因而印度的担忧将减轻。正如印度战略学者拉贾·莫汉所言，毫不奇怪，印度最近与缅甸的安全合作经常被置于与中国竞争的视角去看待，但事实上印度与缅甸的安全合作有自己的逻辑和局限。对于新德里而言，印度不用再背负平衡中国在缅影响力的负担。①

---

① C. Raja. Mohan, India's Security Cooperation with Myanmar: Prospect and Retrospect, *ISAS Working Paper*, No. 166, Feb. 2013, pp. 11 – 12.

此外，在经济层面，印度的态度也在发生一些转变。以往那种与中国竞争，抵抗中国经济影响力通过缅甸、印度东北部进入印度的论调有所减少。相反，在印度，加大东北部开放程度，提升东北部与缅甸的联系，并与中国在该地区进行经济合作的呼声不断出现。印度和平与冲突研究所高级研究员拉维·布沙林甘认为，中印缅孟次区域合作至少促进了印度关于地区发展、安全以及发展东北部的争论。[①] 从印度的视角来看，中印缅孟次区域合作经济走廊将是印度“东向”政策的一个重要维度。这一经济走廊将在“东向”政策的范围内将印度东部和东北部置于次区域合作的中心地位。[②]

四、人民党再度执政时期

莫迪执政后，中缅关系仍处于调整期。一方面，2015 年 11 月缅甸经历了选举，民盟上台执政，中国需要适应缅甸政权更迭所带来的冲击；另一方面，缅甸外交关系多元化趋势进一步凸显，中国的影响力被稀释。此外，缅甸北部边境军事冲突也给中缅边境造成麻烦。这些因素都导致中国因素在印缅关系中的推动作用进一步弱化。

事实上，在 2014 年以后发表的有关印缅关系的论文、研究报告中，学者们已经很少再讨论中国因素的作用。比如，2014 年拉维娜·李在其发表的论文“缅甸民主转型：印度的新机会还是障碍?”中提及中国因素时表示，在安全领域，印度能够被保证，缅甸没有成为中国的“卫星国”。[③] 长期关注印度东北部以及印缅关系的学者萨里

---

① Ravi. Bhoothalingam, China and its Peripheries: Beijing and BICM, *IPCS Issue Brief*, No. 216, May, 2013, p. 5.

② Subir. Bhaumik, Look East through Northeast: Challenges and Prospects for India, *ORF Occasional Paper*, No. 51, Jun., 2014, p. 4.

③ Lavina. Lee, Myanmar's Transition to Democracy: New Opportunities or Obstacles for India?, *Contemporary Southeast Asia*, Vol. 36, No. 2, 2014, p. 310.

罗在分析莫迪执政后印缅关系的前景时，分析了印度东北部的反政府武装、东北部与缅甸的互联互通工程、印度在缅甸的投资以及缅甸的罗兴亚难民问题，并没有讨论中国因素。[①] 2015 年高茨施里奇发表论文讨论印缅关系的新进展时指出印度现在已经认识到，印度必须跳出与中国竞争的思维，调整一个积极对缅的政策。[②]

总体而言，中缅关系的新变化以及印度崛起所提升的外交自信与外交自主性大幅削弱了中国因素在印缅关系中的推动作用。印度更愿意以自己的逻辑与方式来定义其对缅政策，而不是简单地对中国对缅政策进行被动反应，或者模仿中国的对缅政策。

---

① Laldinkima. Sailol, India-Myanmar Ties: New Hope, Old Despair, *ISAS Brief*, No. 351, Dec. 2014, pp. 1 – 4.

② Pierre. Gottschlich, New Developments in India-Myanmar Bilateral Relations?, *Journal of Current Southeast Asian Affairs*, No. 2, 2015, pp. 154 – 155.

第二章　印缅政治互动

1988年9月，缅甸军方接管政权。印度强烈批评缅甸军政府，双方政治互动停滞。1992年下半年，印度开始转变其对缅政策，双边关系解冻，政治互动重启。在拉奥及联合政府时期，印缅政治互动不多，级别也不高，处于缓慢改善阶段。人民党政府时期，双方的合作范围扩大，程度有所加深。国大党联盟时期，双方的政治互动频率加大，互动级别提高，机制化建设也得以开始。这是印缅政治互动取得长足进展的时期。莫迪执政后，双方继续保持积极的互动势头，并致力于建立更紧密的关系。

第一节　印缅关系开始解冻

1988年9月，缅甸军队接管国家政权后，印度公开支持缅甸民主派，批评军政府。印度驻缅甸使馆还为受军政府镇压的学生逃往印度提供安全通道，并给予政治庇护。[①] 同时，印度所有的广播电台都长时间且高频率地播出缅甸学生及缅甸民主运动领导人的公开声明，并强烈谴责缅甸军政府。此外，“自由昂山素季委员会”也在印

① Langpoklakpam. Suraj. Singh, Emerging Scenario of India's Myanmar Policy: The Manipur Dimension, *Asian Profile*, Vol. 36, No. 1, Feb., 2008, p. 40.

度成立，并按期召开会议，要求缅甸军政府将权力移交给缅甸人民。虽然这并不是一个官方机构，但印度国会议员（包括执政党成员）经常参加该机构的会议。1991 年，缅甸民主运动领导人昂山素季获得诺贝尔和平奖，印度总理公开表示祝贺。① 这一时期，一些亲民主的缅甸学生及克钦邦、钦邦的领导者也纷纷跨越边界来到印度东北部，并受到当地群众乃至新德里的欢迎。② 印度还授予缅甸民主运动领导人昂山素季“尼赫鲁和平奖”（Jawaharlal Nehru Peace Prize），但遭到缅甸军政府的强烈反对。

1992 年下半年，印度逐渐调整其对缅政策，不再公开支持缅甸民主运动，转而寻求与军政府进行接触，双方的官方往来开始启动。1992 年 8 月，应印度邀请，缅甸副外长吴巴斯威率代表团访问印度。双方就改善两国关系达成三点共识：第一，印度不应干涉缅甸的国内发展问题；第二，缅甸认识到印缅边界地区出现了一些问题，比如走私，准备与印度合作来解决这些问题；第三，缅甸希望与印度加强经济、技术合作。对于缅甸的第一条要求，印度给予了回应，并称“我们的目标不是干涉缅甸的内政。我们唯一的目的仅是强调这一事实：印度一直支持民主原则和民主机构”。对于其他两条要求，印度表示准备积极采取行动。③ 通过这次访问，两国就相互关心的问题交换了意见，达成一些共识，这对两国关系的改善起到了推动作用。更为重要的是，这次访问表明印度的对缅政策发生了转变，印度开始寻求与缅甸军政府进行接触。

1993 年 3 月，印度外交秘书迪克西特访问缅甸，两国签署了数

---

① Atish. Sinha & Madhup. Mohta, *Indian Foreign Policy-Challenges and Opportunities*, (New Delhi: Foreign Service Institute, 2007), p. 605.

② Langpoklakpam. Suraj. Singh, Emerging Scenario of India's Myanmar Policy: The Manipur Dimension, *Asian Profile*, Vol. 36, No. 1, Feb., 2008, p. 46.

③ Atish. Sinha & Madhup. Mohta, *Indian Foreign Policy-Challenges and Opportunities*, (New Delhi: Foreign Service Institute, 2007), p. 608.

项协议，包括：联合控制走私及毒品非法传播；加强经济与商业合作；同意建立外秘级访问机制来讨论彼此关注的问题。① 对于迪克西特的访缅举动，印度国内给予高度评价，认为这标志着印度对缅政策发生了重大转变，印度开始奉行与缅甸军政府进行接触的对缅政策。自那以后，印缅关系更为亲密。②

1994 年初，缅甸副外长对印度进行了为期 6 天的访问。在访问中，双方广泛讨论增进双边关系的问题。缅甸还公开要求新德里停止支持反军政府的活动。③ 1995 年，印度政府授予昂山素季“尼赫鲁促进国际理解奖”，缅甸军政府虽然对此表示不满，但两国关系仍然不断改善。④

1996 年，印度进入联合阵线执政时期，国内政局更迭频繁。1996 年 5 月至 1998 年 3 月，印度更换了三名总理，并且没有哪一届政府的执政时间足够长，以至于能够做出重要的对缅政策决定，因此印缅双边关系改善进程停滞。⑤

总体而言，自印度推行“建设性接触”的对缅新政策后，印缅关系开始解冻。1990 年至 1992 年年底，印度的对缅政策处于调整进程中，相继经历了三个阶段——批评缅甸军政府，公开支持缅甸民主运动；保持中立姿态，不再公开批评缅甸军政府但支持缅甸民主

---

① Atish. Sinha & Madhup. Mohta, *Indian Foreign Policy-Challenges and Opportunities*, (New Delhi: Foreign Service Institute, 2007), pp. 608 – 609.

② Daniel. Twining, India's Relations with Iran and Myanmar: “Rogue State” or Responsible Democratic Stakehold?, *India Review*, Vol. 7, No. 1, Jan. -Mar., 2008, p. 16.

③ The Situation of Burmese Refugees in Asia: Special Focus on India, South Asia Human Rights Documentation Centre, http://www.hrdc.net/sahrdc/resources/burmese_refugee.htm.

④ Langpoklakpam. Suraj. Singh, Emerging Scenario of India's Myanmar Policy: The Manipur Dimension, *Asian Profile*, Vol. 36, No. 1, Feb., 2008, p. 41.

⑤ K. Yhome, India-Myanmar Relations (1998—2008) – A Decade of Redefining Bilateral Ties, *OFR Occasional Report*, Jan., 2009, p. 3.

运动；与缅甸军政府进行接触，减少对缅甸民主运动的支持。

在这一过程中，印度的外交政策中理想主义与现实主义二元混合的特征显露无疑，两种思想相互交织、相互博弈，最终现实主义占据了相对优势地位。印度的对缅政策也随之发生重大改变，开始奉行“建设性接触”的对缅政策。此后，该政策得到历届印度政府的认可，并不断得到补充、强化，印缅关系随之改善。但应注意到，由于这一时期印度外交政策仍未完全定型，成熟度欠缺，加之缅甸军政府对印度支持民主运动心存疑虑，印缅关系的发展仍然缓慢。

第二节　印缅关系逐步改善

1998 年 3 月，印度人民党上台执政，奉行实力至上政策，积极主张进行核试验。5 月，印度连续进行了 5 次核试验，并宣布将致力于建立三位一体的核打击力量。此举遭到国际社会的强烈谴责，而缅甸选择了不予评论。① 缅甸的沉默态度反映出缅甸想维持与印度的友好关系，不愿因一些并未损及其核心国家利益的事件与印度交恶。而印度也继续实行“建设性接触”的对缅政策，以进一步巩固印缅关系，并寻求在更宽广的基础及更广泛的领域与缅甸进行接触和合作。②

在双方共同利益的推动下，印缅关系呈现出快速改善的态势。这一时期，两国高层官员互访不断，讨论的问题日益多样化，并签署多项协议。此外，两国继续定期召开高级别对话，及时就相互关

① K. Yhome, India-Myanmar Relations (1998—2008) - A Decade of Redefining Bilateral Ties, *OFR Occasional Report*, Jan., 2009, p. 15.

② Annual Report 1999—2000, India's Ministry of External Affairs, New Delhi, p. 7.

心的问题进行沟通。这些措施有力地促进了双边关系的快速发展。

2000 年 1 月 7—8 日，应印度陆军参谋长之邀，缅甸二号人物、和平与发展委员会副主席貌埃将军率领由众多缅甸部长及高级官员组成的代表团访问印度东北部城市西隆。这次访问为双方讨论众多双边问题，包括控制边境地区反政府武装、宗教极端势力的威胁、经贸关系、交通对接、旅游以及大面积跨界工程等提供了一个机会。[①] 通过这次访问，印缅两国同意进一步采取措施来强化经济、安全合作关系。

同年 11 月 14—21 日，貌埃又率领由副总理及七位部长组成的高级代表团访问印度。访问期间，貌埃与印度总统、副总统、总理、外交部长、内政部长及其他高级政府官员举行会谈，双方广泛讨论了经贸、跨境工程、国际反恐、毒品贩卖，以及文化、人力资源发展、科技等领域的合作。此外，双方还讨论了在孟加拉湾多层次经济合作机制框架内的合作以及印度—东盟对话伙伴关系。双方同意采取切实步骤来保证印缅边界地区的和平与安宁。[②]

2001 年 2 月 13—15 日，印度外长贾斯旺特・辛格访问缅甸。此行的最大亮点在于辛格出席塔穆—葛礼瓦（Tamu-Kalewa）高速公路的开幕式。该公路在两国之间构筑了一条跨界通道，将大大促进边境地区跨境贸易、经济以及旅游业的发展。此外，辛格在曼德勒及仰光访问时，还与缅甸和平与发展委员会主席丹瑞将军及缅甸总理纽钦将军举行了会谈，双方讨论了涉及双边关系的所有问题，包括边境贸易与基础设施工程。

通过这次访问，印度与缅甸的关系进一步加深，两国合作的领域逐渐拓展至边贸、跨境工程、非传统安全、科技、人文等领域，

① Annual Report 1999—2000, India's Ministry of External Affairs, New Delhi, p. 7.

② Annual Report 2000 - 2001, India's Ministry of External Affairs, New Delhi, p. 7.

其中经贸合作成为两国关系不断前行的巨大推动力。此后，两国官员互有往来，涉及的部门越来越多、领域越来越宽泛，有力地促进了两国关系的发展。

2003 年 1 月，缅甸外长访问印度。此访最重要的成果就是双方在《联合声明》中写入联合磋商协议，这是印缅双边关系机制化的开始。同年 11 月 2—5 日，印度副总统谢卡瓦特对缅甸进行了为期 4 天的国事访问。这是印度自 1987 年拉吉夫・甘地总理访问缅甸以来规格最高的一次访问，反映出两国政治互信不断加深，双边关系稳步推进。访问中，缅甸勾画出民主转型的七步走路线图。印度表示支持缅甸的国家和解以及民主转型。双方一致同意共同打击极端组织，以确保边界地区的和平、稳定与安宁。①

2003 年 10 月 7—10 日，第九届国家级会议在缅甸首都仰光召开，双方广泛讨论了与安全相关的问题，也讨论了毒品贩卖、联合检查界碑、边贸、银行协议、关押在缅甸的印度罪犯以及一些跨境工程等问题。②

值得注意的是，这一时期，印度国内也存在一些不利于印缅关系发展的因素。印度国防部长费尔南德斯甚至利用其住所为缅甸持不同政见者提供庇护，并热心支持他们的活动，这使得仰光极为恼火。

总的来看，印度人民党政府奉行更为彻底、强化的“建设性接触”对缅政策。这主要是由印度人民党外交理念的转变以及由此催生出的具体外交战略形成的。在这种强化的“建设性接触”对缅政策下，印缅合作范围日益扩大，程度日益加深。同时，也应注意到，印度外交思想中理想主义情结与现实主义取向的二元特征仍然存在。

① Annual Report 2003 - 2004, India's Ministry of External Affairs, New Delhi, pp. 24 - 25.

② Annual Report 2003 - 2004, India's Ministry of External Affairs, New Delhi, p. 26.

它并没有蜕变为一元特征，只是现实主义取向大大压倒理想主义情结。

第三节 印缅关系快速发展

2004 年印度国大党联盟执政后，印缅高层互访逐渐增多，政治互信不断加深。2004 年 10 月 24 日，缅甸和平与发展委员会主席丹瑞将军率高级代表团对印度进行国事访问。此访是时隔 24 年之久缅甸最高领导人对印度进行的首次国事访问，也是两国时隔 17 年之久首次进行的最高级别政府接触，因此具有重要的历史性意义。

本次访问中，两国最高领导人就双边、地区及全球问题进行了广泛讨论。缅甸重申了不允许反印度活动在其领土进行，支持印度成为联合国安理会常任理事国。此外，双方还就非传统安全问题签署合作协议，并一致决定加强两国在基础设施工程及能源领域的合作。① 印度总理辛格则表示，印度认为，尽管“民主转型复杂”，但它也“为解决政治稳定与经济发展问题提供了最好的可能性”。②

总体来看，这次访问对印缅关系的发展产生了积极影响。首先，两国最高领导人愿意进行接触，并就彼此关心的问题坦诚交换意见，说明两国有继续改善关系的愿望，这对于两国关系的发展具有积极推动作用。其次，从缅甸代表团的组成来看，其级别、规模都超过了以往的访问，这足以看出缅甸对本次访问的重视，也表明缅甸希望继续改善与印度的关系。再次，从双方讨论的问题来看，基本上

① Annual Report 2004 - 2005, India's Ministry of External Affairs, New Delhi, p. 12.

② G. Parthasarathy, MyanmarDeserves Attention-India's Dithering Has Helped China, The Tribune, http://www.tribuneindia.com/2006/20060420/edit.htm#4.

都是彼此关注的问题。比如，缅甸重申不允许其领土被用于从事反印度活动，事实上是在回应印度关于反政府武装利用缅甸领土从事反印活动的关切。而缅甸关于支持印度成为安理会常任理事国的表态，也回应了印度的入常诉求。印度方面则对缅甸一直以来最为关注的政治改革发表了看法，认为政改虽然复杂，但可以促进政治稳定与经济发展。此外，从双方签署的合作协议中可以看出，非传统安全、基础设施建设、能源合作成为两国进行重点合作的领域。这表明，经过多年的发展，两国已形成一些具体合作领域，并有意愿进一步加强这些领域的合作，这为两国关系的继续改善奠定了基础。

同时，也应看到，尽管本次访问对印缅关系的发展产生了积极影响，但这种影响仍然有限。首先，印度国大党联盟政府刚刚上台，其外交政策还有待调整。因此，本次访问为印度观察缅甸对其新政府的态度提供了机会，有利于印度更好地调整对缅政策。对于缅甸来说，其正面临国际制裁，承受着巨大的国际压力。因此，适时改善与印度的关系，可以打破外交孤立，拓展自身外交空间，促进自身发展。

其次，虽然两国对彼此关心的问题进行了讨论，但形式意义远大于实际意义。比如，缅甸虽表示不允许其领土被用于从事反印度活动，但事实上，这仅仅是表态，显然不能抑制印缅边境反政府武装利用缅甸领土从事反印活动。而印度对于缅甸政改的态度也具有一定的倾向性。从辛格的表态可看出，印度倾向于缅甸进行政改，只不过态度委婉。而缅甸军政府对于政改则一直讳莫如深。由于印度是民主国家且与西方社会积极交往，缅甸仍怀疑印度对于缅甸政改的态度。因此，两国在一些核心政治问题上的互信仍很缺乏。

总体而言，本次访问是印缅关系进入快速发展轨道的前奏，是为随后的快速发展做铺垫、打基础。自丹瑞将军访问印度后，两国外交部、工商业部、铁道部等部门高层官员的互访明显增多，两国关系改善步伐加快。

2006 年 3 月，印度总统卡拉姆访问缅甸，这是自印度总理拉·甘地 1987 年访缅以来，印度总统首次访问缅甸。本次访问中，双方签订了在遥感领域相互合作的协议框架，印度石油与天然气部与缅甸能源部相互合作的谅解备忘录，印度文化关系委员会与缅甸宗教事务部在佛教研究领域相互合作的谅解备忘录等合作协定。[①]

本次访问对印缅关系的推动作用并不明显。首先，本次访问虽级别高，但在印度总统没有实权，加之印度代表团规模较小，因此双方难以就一些重大问题达成协议。其次，双方回避了一些政治问题。再次，双方签订的协议合作面很窄，且都是一些宏观性的协议，并未制定具体的举措来保证这些协议的实施。但不可否认的是，卡拉姆的访问对维系印缅关系快速发展势头仍具有意义。自卡拉姆访缅后，印缅各级官员频繁互访，合作领域不断扩大，合作日趋深化，印缅关系快速发展势头得到巩固。

2006 年 5 月 27 日，缅甸将民主运动人士昂山素季的软禁期延长，国际社会不断向缅甸施压。印度认为，国际社会的对缅态度不会对印度的对缅政策产生大的影响，但印度也必须关注缅甸的局势。印度的对缅政策陷入“进退两难”的境地。新德里担心，如果印度不与缅甸进行接触，中国将会扩大在缅甸的战略空间。同时，印度又希望看到缅甸进行政治改革。[②] 这反映出印度对缅甸的复杂心态。

对于印度所处的这种两难境地，印度的一些学者大力提倡“双轨外交”，其实质即是，印度必须保持与缅甸军政府的接触，以保证印度的战略、经济、安全等利益，同时也应在缅甸的政治改革进程

---

① Annual Report 2006 - 2007, India's Ministry of External Affairs, New Delhi, p. 12.

② K. Yhome, Myanmar on UNSC's Agenda: Business as Usual for India?, *ORF Analysis*, Sep. 21, 2006, http: //www. orfonline. org/cms/sites/orfonline/modules/analysis/AnalysisDetail. html? cmaid = 2379&mmacmaid = 336.

中发挥作用，帮助缅甸进行政治改革，但前提是要保证缅甸的稳定。

事实上，印度的对缅政策也的确在向这一方向转变。2006 年 9 月 16 日，在缅甸问题被提上安理会议程的第二天，印度宣布将与缅甸深化在安全、毒品走私以及边境管理等相互关心的问题上的合作。在随后召开的第十二届印缅国家级会议上，双方发表联合声明称："两国围绕与安全相关的问题进行了详细的探讨。"[①] 这一时期，双方在跨境基础设施等领域的合作也并未受到影响。

2007 年 9 月，缅甸爆发了由僧侣领导的"袈裟革命"，反对军政府的统治。缅甸军政府予以镇压，引起国际社会的一片指责。对此，印度在保持一段时间沉默后，发表声明称，印度希望"各方通过对话和平解决问题"，缅甸的政治改革和民族和解进程应更加包容，并应扩大基础。[②] 这些举动反映出印度的对缅政策仍以积极接触为重点。对于缅甸的政治改革，印度的态度极为谨慎。

2008 年初，联合国代表团访问缅甸，积极推动缅甸军政府与昂山素季进行对话。但在进行五次对话后，昂山素季表示，她对与军政府的对话感到不满意，对话未能取得成功。在此背景下，缅甸国内频频发生炸弹袭击事件，反政府运动持续进行，军政府予以坚决镇压，再次引起国际社会的强烈不满。

为敦促缅甸军政府与反对派进行对话，推进和解进程，联合国派特使访问中国、印度，寻求支持。在访问印度时，联合国特使易卜拉欣·甘巴里表示，他希望印度支持联合国的行动，并帮助其访

① K. Yhome, Myanmar on UNSC's Agenda: Business as Usual for India?, *ORF Analysis*, Sep. 21, 2006, http://www.orfonline.org/cms/sites/orfonline/modules/analysis/AnalysisDetail.html?cmaid=2379&mmacmaid=336.

② K. Yhome, Monks Up in Arms in Myanmar, *ORF Analysis*, Sep. 28, 2007, http://www.orfonline.org/cms/sites/orfonline/modules/analysis/AnalysisDetail.html?cmaid=11083&mmacmaid=11084.

问缅甸的进程正常进行。[①] 从联合国特使访问中、印两国来看，印度在缅甸影响力的上升已日益得到国际社会的重视，且其影响力对于缅甸的政改不可或缺。这间接反映出，经过多年的“建设性接触”政策，印度在缅甸的战略存在已逐步提升。

对于国际社会的压力，印度总理辛格也重申了印度的立场：缅甸必须加速政治改革进程，且改革应包含所有的社会组成部分。[②] 相比2007年9月颇为和缓的表态，印度这次的表态显然更清晰、明确，反映出印度对缅甸政改的关注度不断提高。印度认为缅甸军政府必须进行政治改革，并对军政府政改进程迟缓及武力镇压反对派表示不满。此外，印度还不断强调缅甸改革应扩大基础，包括所有的社会组成部分。这反映出一方面，印度希望缅甸军政府与反对派达成和解，以便在未来缅甸的政治版图中民主派能占据一定地位；另一方面，印度也确实希望缅甸能与少数民族武装达成和解，从而消除印度东北部反政府武装的庇护所，维持该地区安全局势的稳定，加快该地区的发展，为印度的“东向”政策创造良好的环境。

值得注意的是，即使是在缅甸面临国际社会压力、欧美等国制裁，以及印度对缅甸政改日益关注的情况下，印度与缅甸在各领域的合作依然照常进行。这表明，印度仍积极加强与缅甸的战略、经济合作，这是印缅关系中的重点，也是印缅关系发展的主流方向。

2008年4月，缅甸二号人物貌埃访问印度。5月2日，缅甸遭龙卷风袭击，损失惨重。袭击共造成约13万人遇难，250万人无家可归。印度率先伸出援手，两艘印度海军舰船以及八架空军运输机

---

① K. Yhome, Time-Bound Dialogue Needed, *ORF-Myanmar Monthly Assessment*, Feb. 12, 2008, http://www.orfonline.org/cms/sites/orfonline/modules/analysis/AnalysisDetail.html? cmaid = 14135&mmacmaid = 14136.

② K. Yhome, Time-Bound Dialogue Needed, *ORF-Myanmar Monthly Assessment*, Feb. 12, 2008, http://www.orfonline.org/cms/sites/orfonline/modules/analysis/AnalysisDetail.html? cmaid = 14135&mmacmaid = 14136.

参与救灾物资的紧急调配。两个印度医疗小组奔赴受灾地区进行医疗援助超过两周。此外，印度还向缅甸提供了大量的救灾物资，并无偿提供20万美元的救灾现金。[①]

此次受灾恰好发生在缅甸反政府运动被镇压后不久，本来军政府镇压运动人士就引起国际社会及缅甸国内民众的不满，因此军政府在此次救灾行动中的迟缓表现以及拒绝国际援助的行为（后接受了部分援助）更是遭到了缅甸国内民众及国际社会的指责。尽管面临激烈的批评，缅甸政府还是于2008年5月10日按原计划启动了新宪法的公民投票程序，迈出了改革的第一步。但缅甸国内的反对派指责军政府运用恐吓、强迫等手段保证新宪法通过。[②] 国际社会也指责缅甸的新宪法受当局操控，并对缅甸军政府逮捕亲民主人士提出强烈抗议。联合国对于缅甸政治改革的努力收效甚微，因此国际社会日益看重缅甸邻国所发挥的作用，尤其是中、印两国。但囿于缅甸的战略重要性，印度在表达这些愿望时往往很谨慎。

2009年2月，印度副总统哈米德·安萨里访问缅甸。此时缅甸正值内外交困之际，急需国际社会对其政治改革计划的支持，印度副总统的到访为其提供了有力的政治支持。[③] 对于印度来说，经济、安全、战略利益仍是其对缅政策的优先任务。在缅甸与巴基斯坦、中国的关系不断加深的情况下，印度将继续强化与缅甸的关系，以保证其在东南亚的地缘政治利益。印度同样希望缅甸能够将天然气管道铺设到印度。印度还认为，缅甸对于印度东北部地区的发展以

---

① Annual Report 2008 – 2009, India's Ministry of External Affairs, New Delhi, p. 11.

② K. Yhome, Pressure Mounting on the Myanmar Junta, *ORF Analysis*, Jun. 9, 2008, http://www.orfonline.org/cms/sites/orfonline/modules/analysis/AnalysisDetail.html?cmaid=14688&mmacmaid=14689.

③ K. Yhome, Myanmar's Generals Attach Importance to Vice-President's Visit, *ORF Analysis*, Feb. 6, 2009, http://www.orfonline.org/cms/sites/orfonline/modules/analysis/AnalysisDetail.html?cmaid=15810&mmacmaid=15809.

及印度扩大在东南亚地区的经济影响力具有重要的战略意义。同时，印度也希望看到缅甸的政治改革稳步推进，并保证缅甸成为一个友好、稳定与繁荣的邻居。①

虽然分析人士指出此次访问的象征意义大于实际意义，但笔者认为，本次访问对于印缅关系的发展具有一定的促进作用，且不应贬低这种作用。首先，虽然副总统在印度是虚位职务，但毕竟也是印度的高级领导人之一，其出访一个国家本身就代表了印度政府的立场。印度在缅甸面临困境时出访缅甸，本身就表明了印度支持缅甸军政府的态度。而派副总统访问缅甸，实则是印度的无奈之举。一方面，印度需要在缅甸面临困境时向其提供支援，以便拉拢缅甸；但另一方面，印度本身也承受着来自国内外的压力，如果派出总理访问缅甸，则会招致国际社会的指责，与印度世界上最大的民主国家的形象不符。因此，印度派一个不掌握实权的高级官员访问缅甸，既可以声援缅甸，也可以减轻自身所面临的国内外压力。

其次，安萨里在缅甸与丹瑞、貌埃都举行了会谈，可见缅甸对于此访的重视。从所讨论的内容来看，主要以经济、安全领域的问题为主，反映出印度仍极为关注其在缅甸的经济、安全利益。而要维护印度的这些利益，就必须保证缅甸的稳定。因此，安萨里的本次访问是向缅甸表明印度的立场，即印度支持缅甸的政治改革计划，但改革应稳步推进，不要造成社会的混乱。

值得注意的是，在印度副总统访问缅甸后，一些印度学者提出，印度应与该地区其他国家（尤其是中国、东盟）一道帮助缅甸进行政治改革，支持缅甸大选。这反映出印度试图在缅甸的政治改革进程中发挥主动作用：一方面，可以借此扩大印度在缅甸的影响力，

---

① K. Yhome, Myanmar's Generals Attach Importance to Vice-President's Visit, *ORF Analysis*, Feb. 6, 2009, http://www.orfonline.org/cms/sites/orfonline/modules/analysis/AnalysisDetail.html? cmaid = 15810&mmacmaid = 15809.

弱化中国的影响力；另一方面，可以树立印度民主大国的形象。

进入 2010 年，缅甸的政治改革逐步推进，全国大选也即将举行。为获取友好国家对缅甸大选的政治支持，缅甸一号人物丹瑞于 2010 年 7 月 25 日访问印度，与印度总理辛格举行会谈，双方一致同意进一步强化印缅关系，扩大两国合作领域。这次访问无论是在印度还是国际社会都引起了广泛关注。笔者认为，这是多年来印缅关系不断改善的积极成果，表明印缅关系的发展已取得重要进展。

首先，在丹瑞访问印度之前，缅甸的政治改革进程一直受到国内民主人士以及西方国家的指责。缅甸国内反对派强烈批评新宪法以及 2010 年 3 月制定的选举法，并且希望印度重新审视其对缅政策。同时，美国东亚和太平洋事务助理国务卿也希望印度在缅甸的政治改革进程中发挥更加积极的作用。但印度的官方态度仍是缅甸需要加快其基础广泛的政治改革进程。分析人士认为，印度的表态不会超越这一底线。① 这表明，印度对缅甸政治改革持谨慎态度。寻求战略利益与民主人权之间的平衡将主导印度的对缅政策。

其次，缅甸领导人丹瑞在中国总理温家宝访问缅甸之后就马不停蹄地赶到印度进行访问，显然是想赢取印度对缅甸大选的支持。对于丹瑞的到访，印度认为，缅甸在中印之间执行了“战略中立”的政策。② 这表明，经过多年的发展，印度在平衡中国在缅影响力方面取得重要进展。而这正是印度一直希望看到的。再次，对于丹瑞的访问，印度是持欢迎态度的。双方不仅一致同意继续强化两国关系，还签订了一系列安全、经济合作协定，显示出印度继续发展印

---

① K. Yhome, Myanmar: Balancing India and China, *ORF Analysis*, Jul. 26, 2010, http: //www. orfonline. org/cms/sites/orfonline/modules/analysis/AnalysisDetail. html? cmaid = 19604&mmacmaid = 19605.

② K. Yhome, Myanmar: Balancing India and China, *ORF Analysis*, Jul. 26, 2010, http: //www. orfonline. org/cms/sites/orfonline/modules/analysis/AnalysisDetail. html? cmaid = 19604 & mmacmaid = 19605.

缅关系的强烈愿望。

2010 年 11 月 7 日，缅甸举行国家选举，军政府支持的巩发党获胜，反对派未参加选举，并呼吁国民拒绝接受选举结果。同时，缅甸部分少数民族武装也发生了叛乱，军政府随即派兵镇压。此外，缅甸大选对于缅甸国际形象的改善极为有限，国际社会对缅甸的压力也一直未曾消除。在缅甸处于内忧外患的艰难处境时，印度对缅甸表示了支持，并希望选举将迈出缅甸政治改革的第一步。①

2011 年 3 月 30 日，缅甸新政府成立，总统吴登盛与副总统丁昂敏乌、赛茂康宣誓就职。原缅甸国防军总参谋长敏昂莱上将被任命为国防军总司令，丹瑞退居幕后。对于缅甸新政府的成立，印度持肯定态度，并表示希望与缅甸新政府发展友好关系。

2011 年 6 月 20 日，印度外长克里希纳对缅甸进行访问，这是印度首次与缅甸新政府进行高层接触。他与吴登盛及其他官员举行会谈，双方重点讨论经济合作以及安全问题。对于这次访问，印度非常看重，并称这次会谈将为印缅两国带来新机遇，有利于印度与缅甸新政府建立良好关系。

事实上，缅甸新政府的建立从某种意义上并未使印度感到满意。首先，缅甸新一届政府的主要成员仍是军政府时期的官员；其次，新政府成立后，虽仍遭到西方国家的责难，但这种责难已有所减弱，新政府继续执政的局面短期内很难改变。虽然新政府表示将继续推进改革，并采取包括释放民主运动领导人昂山素季在内的改革措施，但新政府的改革意愿仍有待观察。

因此，此次访问缅甸是印度在认识到短期内缅甸新政府并不会倒台，并且其地位还将日异巩固的现实情况后做出的明智之举。通

---

① K. Yhome, Elections and Myanmar's Political Future, *ORF Analysis*, Nov. 10, 2010, http://www.orfonline.org/cms/sites/orfonline/modules/analysis/AnalysisDetail.html?cmaid=20511&mmacmaid=20512.

过此次访问，印度向缅甸新政府传达了继续与其发展友好关系的意愿，印度将继续强化与缅甸新政府的接触力度。

而对于缅甸来说，不管是军政府还是新政府，都会以缅甸的国家利益作为制定外交政策的唯一衡量标准。在此背景下，缅甸新政府仍需要从印度获取经济外交好处，其与印度发展友好关系的愿望同样强烈。因此，继续发展印缅关系仍将是印缅两国的现实选择。

克里希纳访缅行程结束不久，缅甸新政府的改革进程突然加快。缅甸总统吴登盛在2011年10月12—15日携13名部长访问印度。这一访问被印度认为是印缅关系寻求转变的里程碑事件。[①] 吴登盛会见印度总统帕蒂尔，与印度总理辛格、外长克里希纳举行会谈，并签署一系列协议。

从缅甸方面来看，首先，缅甸支持印度成为联合国常任理事国。其次，缅甸承诺全力配合印度打击和防范缅印边境的印度非法武装和恐怖组织，继续加强双方的情报交流和军事合作，还承诺“缅甸领土不允许从事对印度的武装行动”。随同出访的缅甸国防部长及负责边境事务的部长还专门与印度官员就此进行了磋商。印度承诺加快在印缅边境地区部署更多亲政府的阿萨姆准军事部队，并从印度在非洲的维和部队中抽调大量武装直升机直接部署到阿萨姆准军事部队中，以提升阿萨姆准军事部队的突击能力来应对克钦邦的战事。再次，缅甸正式承诺强化缅印双方在水利水电、石油天然气等能源开发领域的合作，并在双方签署的《联合声明》中予以规划。

从印度方面来看，首先，印度公开表示支持缅甸新政府。印度总统帕蒂尔在国宴致辞及印缅《联合声明》中均对缅甸新政府表示肯定和支持。《联合声明》还特别指出，印度总理向致力于民主政府

---

① Arvind. Gupta, Myanmar's Critical Role in Bolstering India's Look East Policy, *IDSA Comment*, Feb. 2, 2012, http://www.idsa.in/idsacomments/MyanmarsCriticalRoleinBolstering-IndiasLookEastPolicy_agupta_020212.

转型的缅甸总统表示祝贺，并且盛赞和欢迎缅方“正在进行中的政治、经济和社会改革”。①

其次，印度希望作为环孟加拉湾经济合作组织轮值主席国的缅甸，在任期内更加富有成果和有所作为，并支持缅方提出的主办该组织领导人峰会的倡议。印度重申，缅甸是印度与东盟间的“天然桥梁”，希望借助缅甸实现其“东向”政策。

再次，印度向缅甸提供经济援助以及技术项目支持。印度承诺延长3亿美元的对缅特殊项目贷款，并提供5亿美元的新贷款。双方还强化了科技领域的合作，细化了《印缅2012—2015年度科技合作规划》，印方承诺在缅甸设立科技和农业研究中心，双方还同意增设、增开边贸机构。②

吴登盛访印刚一结束，缅甸其他高层便纷纷到访印度。2011年12月，缅甸议长瑞曼率领高级议会代表团访问印度，学习印度的民主政治经验。2012年1月，缅甸外长也率团访印，并在印度智库发表演讲。

在缅甸高层的频繁访问下，印度总理辛格于2012年5月27日启动了为期3天的访缅行程。这是25年来印度总理首次访问缅甸，意义重大。首先，印缅共签署12份谅解备忘录，涉及边界发展、边界贸易、农业科技合作、信息科技等学术交流、文化交流、贸易投资以及信贷支持等领域。其中，加强印缅边界的交通连接将会带动两国之间以及印度与东南亚其他国家更深入的联系；农业、贸易、教育以及信息科技合作将会满足缅甸的发展需求；文化交流则是印

---

① 李志强：“缅甸总统访印两国各取所需”，人民网，2011年10月18日，http：//world. people. com. cn/GB/157278/15926803. html。

② Arvind. Gupta, Myanmar's Critical Role in Bolstering India's Look East Policy, *IDSA Comment*, Feb. 2, 2012, http：//www. idsa. in/idsacomments/MyanmarsCriticalRoleinBolstering-IndiasLookEastPolicy_ agupta_ 020212.

度拓展软实力的尝试。

其次，辛格会见了昂山素季。据悉，为了与辛格会面，昂山素季推迟了其被释放以来的首次出访泰国计划。[①] 这也是自印度转变对缅政策以来，印度高层首次公开与昂山素季接触，显示出印度对缅甸民主运动力量在缅甸未来政局中重要地位的看重。事实上，早在辛格访缅之前的 4 月，昂山素季领导的民盟便在议会补选中大获全胜，昂山素季本人也当选议员。民盟进入未来缅甸新政府已是板上钉钉的事实。在这种情况下，印度有急切的需求与昂山素季接触，以确保并提升印度在未来缅甸新政府中的影响力。辛格会见昂山素季后不久，昂山素季便在 11 月访问印度，并在新德里发表尼赫鲁纪念演讲。显然，昂山素季也在以尼赫鲁时代印缅亲密关系作为纽带，来获取印度政府对缅甸民主力量的支持。此后，印度政府与昂山素季之间的公开接触开始增多，并积极为民主力量进入缅甸未来政局的变化做准备。同年 12 月，缅甸总统出席在印度召开的东盟—印度峰会，并与印度高层会谈。

2014 年 3 月 3 日，印度总理辛格再次出访缅甸，参加第三届环孟加拉湾多部门技术与经济合作倡议峰会，峰会主席为昂山素季。在这次峰会上，辛格强调了提升成员国之间互联互通、贸易、旅游合作的重要性，尤其是应加强印度东北部与缅甸之间的道路交通联系。此外，由印度主导的这一区域经济合作组织在时隔多年之后再度召开峰会，显示出印度积极构建地区经济秩序的意愿。由于缅甸是此次峰会的东道主，印度表达了支持缅甸发挥更大作用的愿望。印缅在区域经济合作框架中的合作也将逐渐拓展。

总体而言，在国大党联盟执政时期，印缅政治互动呈快速发展、

---

① Udai. Bhanu. Singh, An Assessment of Manmohan Singh's Visit to Myanmar, *IDSA Issue Brief*, Jun. 2012, p. 3.

全面扩展的趋势。双方高层互访频繁，政府层面合作逐步推进。而且，合作的范围不断扩大，尤其是科技、教育、文化、医疗等民生领域的合作受到重视。同时，印度与缅甸民主力量的公开接触以及印缅议会交流也逐步展开。这些动向加深了印缅政治互动的程度，扩展了互动的层面。

第四节　印缅关系的新机遇

莫迪上台执政之初曾因未邀请缅甸总统吴登盛参加其就职典礼而遭到一些学者的批评，但印缅两国媒体根本就未报道此事。因此，这一瑕疵并未对莫迪时代的印缅关系产生不良影响。相反，在邻国外交的推动下，印缅高层之间的互动继续保持。2014 年 8 月 8 日，印度外长斯瓦拉吉访问缅甸，并与缅甸总统、议长及外长会谈。这次访问可以被看做是此后莫迪访问缅甸的前奏，是为莫迪访缅做准备。当年 11 月 11 日，莫迪在参加东盟—印度峰会以及第九届东亚峰会时访问缅甸。访缅期间，莫迪不仅会见了缅甸总统吴登盛，还与民盟主席昂山素季会面。会谈的主要议题有三：印缅互联互通、文化联系和经济联系。在互联互通方面，莫迪提到印缅泰跨境高速公路和卡拉坦交通项目，并讨论尽早开通印度阿萨姆邦英帕尔至缅甸曼德勒的巴士服务。在文化交流方面，双方主要讨论佛教交流。在经济联系方面，双方讨论了印度在缅甸一些经济特区的投资问题、印度中小企业赴缅投资、能源合作以及缅甸从印度获取农业援助议题。①

---

① Deepak. Nagpal, PM Modi Holds Talks with Myanmar Prez, Stresses on Cultural, Commercial Ties, Zee News, Nov. 12, 2014, http://zeenews.india.com/news/india/pm-modi-holds-talks-with-myanmar-prez-stresses-on-cultural-commercial-ties_1497070.html.

很明显，对于此次访问，莫迪做足了功课，所谈的大部分议题都是印度拓展在缅影响力的薄弱环节。比如，一直为外界所诟病的印缅边境道路联通工程，工期一拖再拖，建设进程缓慢，给印度在缅形象造成影响。执行力强的莫迪将边境道路建设提出来，无疑会营造印度积极推动这些工程的形象。在投资方面，中日都在争缅甸经济特区的投资权，印度要想扩展影响力，也必须想方设法挤进去。此外，印度占据优势的中小企业在非洲及其他地区非常活跃，但在缅甸却难觅其身影。提升印度中小企业在缅投资是印度“弯道超车”中、日、韩、泰等在缅投资大国的可行方式。“文化牌”更是莫迪上台后积极推行的软实力外交的重要组成部分。事实上，2012 年辛格访问缅甸时就已经与缅甸签署了文化交流协议。但是，辛格并未将文化上升到外交政策的重要成分层面。而莫迪已经向全世界展示其推广印度文化的决心，因此“文化牌”将是莫迪拓展印度在缅软实力的重要一环。由上可见，莫迪此次访缅并非走过场，也并非一味地巩固既往合作领域，而是着眼于提升印度在缅影响力短板。这与以往印度领导人访缅显然不同，更显示出莫迪推动印缅关系的决心。无怪乎，莫迪访问缅甸之后，印媒都认为印缅关系将更加紧密。

2015 年印缅关系因边境安全而出现波折。6 月 4 日，印度东北部反政府武装那加兰社会主义委员会（K 派）在曼尼普尔邦发动针对印度安全部队的袭击，造成至少 17 名印度士兵阵亡。三天后，印度安全部队越境袭击那加兰反政府武装在缅甸的营地，引起缅甸方面的不满。为此，缅甸还增兵缅印边境。11 日，印度国家安全顾问阿吉特·多瓦尔与缅甸总统吴登盛以及国防部高级官员举行会谈，商讨边境安全问题。之后，缅甸外长吴温纳貌伦访问印度。印度总理莫迪强调发展对缅关系是印度的“最优先事务”，印度愿意深化双边在政治、经济、安全和人文交流领域的合作。印度国家安全顾问多瓦尔、外长斯瓦拉吉都参与了会见。①

两周之后，缅甸三军总司令敏昂莱访问印度。莫迪再次强调致力于强化印缅关系，提升双方在所有领域，包括防务安全领域的全方位合作。莫迪还表达了印度对缅甸即将到来的和平、自由和公正的选举的最美好祝愿。敏昂莱则做出几项承诺：（1）深化与印度的防务安全合作，包括海洋安全合作；（2）支持印度的“东向”政策，并愿意发挥重要的平台作用。②

2015 年 11 月 8 日，缅甸举行全国大选，昂山素季领导的民盟获得议会多数席位。印度祝贺缅甸选举成功举行，并希望所有各方尊重选举结果。基于昂山素季与印度的历史联系，一些学者认为印缅关系将迎来新的发展机遇。正如印度学者辛格·麦里所言，由于昂山素季与印度的紧密联系，印度可以强化与缅甸在经济和互联互通领域的合作。③ 德国学者高茨施里奇也表示，缅甸的政治变化以及其致力于外交关系多元化的意愿将会为印度追求在缅利益创造新的机会。④

2016 年 3 月，缅甸民盟组建新政府，吴廷觉当选为总统，昂山素季担任国家顾问和外交部长。同年 8 月，缅甸总统吴廷觉访问印度，双方同意在农业、贸易、能源、医疗、通道建设、地区事务等多领域加强务实合作，并签署印度帮助缅甸修复塔穆—葛礼瓦公路

---

① PM Narendra Modi Conveys to Myanmar India's Commitment to Deepen Ties, NDTV, Jul. 2015, http://www.ndtv.com/india-news/pm-narendra-modi-conveys-to-myanmar-indias-commitment-to-deepen-ties-781857.

② India Committed to Strengthening Ties with Myanmar: PM Modi, The Economic Times, Jul. 2015, http://economictimes.indiatimes.com/news/defence/india-committed-to-strengthening-ties-with-myanmar-pm-modi/articleshow/48266539.cms.

③ Tridivesh. Singh. Maini, Myanmar's Post-Election Future With India, The Diplomat, Nov. 20, 2015, http://thediplomat.com/2015/11/myanmars-post-election-future-with-india/.

④ Pierre. Gottschlich, New Developments in India-Myanmar Bilateral Relations?, *Journal of Current Southeast Asian Affairs*, No. 2, 2015, p. 155.

沿线70架桥梁、升级印缅泰三方高速公路葛礼瓦—亚尔格路段、开展新能源合作、支持发展缅医等4个合作谅解备忘录。[①] 10月，缅甸国家顾问、外交部长昂山素季访问印度，两国签署能源合作协议。

总体来看，莫迪执政后进一步提升了缅甸在印度周边外交中的地位。奉行务实外交的莫迪注重印度在缅甸的实际利益，包括印缅互联互通建设、印度在缅甸的投资。莫迪上任后积极推动的文化外交则是莫迪以印度式的软实力提升印度在缅形象，促进印度在缅实际利益实现的长远战略的重要手段。

① 飞鸣："缅甸新总统访问印度的重要性被国际媒体忽视了?"，缅甸《金凤凰》中文报社，2016年8月30日，http://www.mmgpmedia.com/local-news/17070-%E7%BC%85%E7%94%B8%E6%96%B0%E6%80%BB%E7%BB%9F%E8%AE%BF%E9%97%AE%E5%8D%B0%E5%BA%A6%E7%9A%84%E9%87%8D%E8%A6%81%E6%80%A7%E8%A2%AB%E5%9B%BD%E9%99%85%E5%AA%92%E4%BD%93%E5%BF%BD%E8%A7%86%E4%BA%86%EF%BC%9F。

第三章　印缅经贸联系

印缅关系解冻后，双边贸易、边境贸易总额总体呈增长态势。印度在缅甸的投资，尤其是在能源、基础设施建设领域的投资也出现大幅增长。未来，印缅在贸易、投资领域的合作还将继续推进，但是缅甸投资环境欠佳以及印度行政效率低等因素将影响两国在经贸领域合作的成效。

第一节　印缅双边贸易

自印度转变对缅政策以来，双边贸易总体呈上升趋势。其中，印度对缅出口逐步增加，而缅甸对印出口增长乏力，这使得印度在双边贸易中的逆差逐步缩小。

一、双边贸易：拉奥及联合政府时期

印缅两国经济互补性较强，印度主要从缅甸进口木材、豆类、木炭、姜、姜黄根及坚果等，而缅甸主要从印度进口钢铁、药品、机械用具及配件等。[①] 冷战后，经济外交成为印度外交工作的重心，

① K. Yhome, India-Myanmar Relations (1998—2008) – A Decade of Redefining Bilateral Ties, *OFR Occasional Report*, Jan., 2009, p. 5.

加强与缅甸的经济合作成为印度政策制定者的共识。

1992 年 8 月，缅甸副外长吴巴斯威率代表团访问印度，双方就加强经济、技术合作达成共识。1993 年 3 月，印度外交秘书迪克西特访问缅甸，双方再次强调要加强经济与商业合作。

这一时期，印缅双边贸易总体呈上升态势。1990—1991 年度，印缅双边贸易额达 8911 万美元，其中印度对缅甸出口额为 591 万美元，进口额为 8320 万美元。1991—1992 年度，双边贸易额减至 7483 万美元，其中印度对缅甸出口额增至 2346 万美元，进口额缩减至 5137 万美元。① 此后，双边贸易额一路攀升，其中印度对缅甸的出口额、进口额总体上都处于上升态势。1997—1998 年度，双边贸易额增至 3.28 亿美元，② 是 1990—1991 年度的 3.68 倍。

二、双边贸易：人民党执政时期

表 3—1　1998—2003 年印缅双边贸易额（单位：百万美元）

年份	印度对缅甸出口额	缅甸对印度出口额	双边贸易总额	印度的贸易逆差
1998—1999	30. 12	173. 76	203. 88	143. 64
1999—2000	34. 10	171. 59	205. 69	137. 49
2000—2001	52. 71	181. 69	234. 40	128. 98
2001—2002	60. 89	374. 43	435. 32	313. 54
2002—2003	75. 07	336. 04	411. 11	260. 97
2003—2004	89. 64	409. 01	498. 65	319. 37

资料来源：根据印度商业部进出口银行（Department of Commerce Export Import Data Bank）资料整理所得，http：//commerce. nic. in/eidb/iecnt. asp。

---

① 李晨阳、瞿健文："试论 1988 年以来印度与缅甸关系的发展"，《南亚研究》2005 年第 2 期，第 22 页。

② Embassy of India in Myanmar，Economic and Commerce Relations，Bilateral Trade，http：//www. indiaembassy. net. mm/index. php? option = com _ content&view = article&id = 51&Itemid = 62&lang = en.

这一时期印缅双边贸易额总体呈上升趋势，且增幅较大。比如，1998—1999 年度，双边贸易额为 2. 0388 亿美元，2003—2004 年度增至 4. 9865 亿美元，增幅达 144. 58%。值得注意的是，这种增长呈阶段性。在 1998—2001 年以及 2002—2004 年这两个时间段，贸易额的增长幅度并不大，甚至在 2002—2003 年还出现反弹，有所下滑，不过下滑幅度并不大。2001—2002 年度，双边贸易额大幅增长，其原因主要是缅甸对印度的出口额大幅上升。由此可见，缅甸对印度的出口额对印缅双边贸易的影响是很大的。

这一时期，印度对缅甸的出口额稳步上升，上升幅度比双边贸易总额要大，这显示出印度出口能力增强。比如，1998—1999 年度，印度对缅甸的出口额为 0. 3012 亿美元，到 2003—2004 年度增至 0. 8964 亿美元，增幅达 197. 61%，超过双边贸易总额 144. 58% 的增幅。

同时，缅甸对印度的出口额也总体呈上升态势，增幅低于印度对缅甸的出口额以及双边贸易总额的增幅，显示出缅甸对印度的出口能力开始下降。1998—1999 年度，缅甸对印度的出口为 1. 7376 亿美元，2003—2004 年度增至 4. 0901 亿美元，增幅达 135. 39%，明显低于印度对缅甸出口额 197. 61% 以及双边贸易额 144. 58% 的增幅。

从上述分析来看，随着印度对缅甸出口能力的增强以及缅甸对印度出口能力的弱化，印度在印缅贸易中的地位日益增强。但这并不表明印度会在印缅贸易中占据优势，因为印度在印缅双边贸易中一直处于逆差地位，且逆差总体上呈上升趋势，增幅较大。如，1998—1999 年度，印度的逆差为 1. 4364 亿美元，而到了 2003—2004 年度则增至 3. 1937 亿美元，增幅达 122. 34%。此外，印缅两国相关部门还加强了交流与沟通，并签署了一系列合作协议，大大推动了印缅双边贸易的发展。

三、双边贸易：国大党及人民党再度执政时期

表 3—2　2004—2015 年印缅双边贸易（单位：百万美元）

年份	印度对缅甸出口额	印度自缅甸进口额	双边贸易总额	印度的贸易逆差
2004—2005	113. 19	405. 91	519. 11	292. 72
2005—2006	110. 70	525. 96	636. 66	415. 26
2006—2007	140. 44	782. 65	923. 09	642. 21
2007—2008	185. 82	808. 63	994. 45	622. 81
2008—2009	221. 64	928. 97	1150. 61	707. 33
2009—2010	207. 97	1289. 80	1497. 77	1081. 83
2010—2011	320. 62	1017. 67	1338. 29	697. 05
2011—2012	545. 38	1381. 15	1926. 52	835. 77
2012—2013	544. 66	1412. 69	1957. 35	542. 66
2013—2014	787. 01	1395. 67	2182. 68	608. 66
2014—2015	773. 24	1231. 54	2004. 78	458. 30
2015—2016	1070. 65	984. 27	2054. 92	-86. 38

资料来源：根据印度商业部进出口银行（Department of Commerce Export Import Data Bank）资料整理所得，http：//commerce. nic. in/eidb/iecnt. asp。

从表 3—2 可以看出，印缅双边贸易总额总体上呈上升趋势，只是在 2010—2011 财年以及 2014—2015 财年出现小幅缩减。从增长幅度来看，增速较小。不过值得注意的是，2009—2010 财年印缅双边贸易额比上一财年增加了 3. 4716 亿美元，增幅达 30. 17%，增速明显加快。2011—2014 三个财年，双边贸易额都处于上升态势，其中 2011—2012 财年较上一财年增加 5. 8823 亿美元，增幅达 43. 95%。

尽管2014—2015财年出现小幅下滑，但2015—2016年度又出现小幅上升。因而，印缅双边贸易总体处于上升趋势，反映出印缅双边贸易进入稳步提升的发展阶段。

从印度对缅甸的出口额来看，截至2011年，虽有所增长，但增速较慢。这反映出印度对缅出口的潜力还没有充分发挥出来。不过，这种增速仍超过双边贸易总额的增速，反映出印度对缅出口已经朝着好的方向发展。2011—2015三个财年，印度对缅甸的出口额总体呈增长趋势，其中2015—2016财年增长幅度较大。总体而言，印度对缅甸出口增长趋势明显。

从印度自缅甸的进口额来看，总体呈上升趋势。但自2010年出口额回落后，缅甸对印度的出口额徘徊在10亿美元左右，反映出缅甸对印度的出口出现增长乏力的颓势。自2010年以后，由于印度对缅甸的出口增长，而缅甸对印度的出口增长乏力，印度对缅甸的贸易逆差总体呈缩小趋势。总体而言，印度对缅甸的出口维持稳步增长趋势，缅甸对印度的出口出现增长乏力颓势，印度对缅甸的贸易逆差呈缩小趋势，印度在印缅双边贸易中的劣势在逐步削弱。

第二节 印缅边境贸易

自1995年印缅开通第一个边境贸易口岸以来，口岸建设不断推进，设施建设及管理水平均有所提升，同时边境贸易的货物交易种类也不断扩展，这些共同促进了边境贸易总额的上升及规模的扩大。但是，边境地区的非法贸易以及非传统安全问题使得印缅边贸的上升趋势难以持续稳定。

一、边贸口岸

1. 莫雷（Moreh）—塔穆（Tamu）

1994 年，印度与缅甸签署边境贸易协定，加强边境地区的经贸合作。1995 年 4 月 12 日，印度商业部长奇坦巴拉姆与缅甸商业部长联合出席了印缅第一个官方边贸口岸的开幕式。该口岸从印度曼尼普尔邦的莫雷到缅甸的塔穆。2008 年，印缅两国政府将莫雷—塔穆边境贸易提升为正常贸易，多数货物被允许在该口岸进行交易，并给予对方最惠国税率。[①]

2. 佐科达（Zokhawthar）—伊（Rhi）

印度指定位于米佐拉姆邦昌派县（Champhai）的佐科达作为边贸口岸，缅甸指定伊作为边贸口岸。2004 年，该边贸口岸正式运营。[②] 2008 年，印缅两国政府将佐科达—伊边境贸易提升为正常贸易，多数货物被允许在该口岸进行交易，并给予对方最惠国税率。[③] 但是，该口岸的官方贸易极少。自 2004 年口岸开放以来，截至 2013 年 1 月，通过该边贸口岸进行的官方贸易仅一项。阻碍该边贸口岸发挥作用的原因有：道路交通不畅；交易货物品种有限并且需要官方许可证；非法贸易。[④] 2015 年 2 月 17 日，印缅贸易委员会第五次会议在缅甸内比都召开，两国贸易部长同意出席印度佐科达口岸陆

---

① 杜富汉：“印度东北边境贸易潜力无穷”，台湾外贸协会驻加尔各答办事处，2013 年 9 月 25 日，http：//www. taiwantrade. com. tw/CH/bizsearchdetail/7262712/C。

② Apathy，Red Tape Hit Border Trade，The Telegraph，Jan. 31，2013，http：//www. telegraphindia. com/1130131/jsp/northeast/story_ 16501115. jsp#. VWFREk0w – Uk.

③ 杜富汉：“印度东北边境贸易潜力无穷”，台湾外贸协会驻加尔各答办事处，2013 年 9 月 25 日，http：//www. taiwantrade. com. tw/CH/bizsearchdetail/7262712/C。

④ Apathy，Red Tape Hit Border Trade，The Telegraph，Jan. 31，2013，http：//www. telegraphindia. com/1130131/jsp/northeast/story_ 16501115. jsp#. VWF-REk0w-Uk.

地通关站的开幕仪式。①

3. 阿拉克（Avakhung）—乐士（Leshi）

2008 年 10 月 14 日，印度商业和电力部长兰密施率团赴缅甸参加印缅贸易委员会会议，双方决定新开第三个印缅边境贸易口岸。印度那加兰邦的阿拉克（Avakhung）至缅甸实皆的乐士（Leshi）。②但是截至目前，该口岸并未正式通关进行官方贸易。

4. 比合岸（Behiang）边贸口岸

2006 年，印缅达成在印度曼尼普尔省与缅甸钦邦边境地区的交界处开设新边贸口岸的协议。印度计划在印度曼尼普尔省与缅甸钦邦边界连接处的比合岸村（Behiang）设立一个印缅新边贸口岸。该口岸位于印缅边界第 43 里程和第 42 里程之间，占地面积为 25 平方公里。③ 口岸由印度中央政府投资兴建，曼尼普尔邦政府负责建设相关道路。据缅甸钦邦行政长官及商务部官员透露，工程将分两期建设，包括边境市场和边贸区，建成后缅印将缩短两国贸易通道约 112 公里。④ 目前，印度正就此事同缅甸政府进行协商。

---

① India-Myanmar 5th Joint Trade Committee Meeting, Business Standard, Feb. 17, 2015, http: //www. business-standard. com/article/government-press-release/india-myanmar-5th-joint-trade-committee-meeting－115021701193_ 1. html.

② Mizzima News: India, Burma Agree to Expand Border Trade-Mungpi, Burma Net News, Oct. 17, 2008, http: //www. burmanet. org/news/2008/10/17/mizzima-news-india-burma-agree-to-expand-border-trade-% E2% 80% 93-mungpi/.

③ "缅印拟新增一边贸口岸新口岸将设在钦邦边境地区"，缅甸《金凤凰》中文报社，2015 年 2 月 16 日，http: //www. mmgpmedia. com/business/9400 －% E7% BC% 85% E5% 8D% B0% E6% 8B% 9F% E6% 96% B0% E5% A2% 9E% E4% B8% 80% E8% BE% B9% E8% B4% B8% E5% 8F% A3% E5% B2% B8 －% E6% 96% B0% E5% 8F% A3% E5% B2% B8% E5% B0% 86% E8% AE% BE% E5% 9C% A8% E9% 92% A6% E9% 82% A6% E8% BE% B9% E5% A2% 83% E5% 9C% B0% E5% 8C% BA。

④ "印度曼尼普尔邦拟建印缅边贸区"，中国商务部，2015 年 2 月 12 日，http: //www. mofcom. gov. cn/article/i/jyjl/j/201502/20150200897047. shtml。

二、边贸货物种类

1995 年印缅在边贸协议下进行贸易的商品有 22 种，分别为芥末、豌豆、水果、大蒜、洋葱、辣椒、香料、竹制品、小件林木产品（不包括柚木）、槟榔、烟草、蕃茄、芦苇帚、芝麻、树脂、胡荽、大豆、烤制瓜子、本地食品、儿茶和生姜。2008 年增加 18 种，分别为印度香薰、自行车零部件、叶片、灯泡、化妆品、棉面料、肥料、仿珠宝、杀虫剂、皮鞋、药物、薄荷醇、蚊香、油漆和清漆、香料、不锈钢餐具、糖和盐、X 射线照片纸。2012 年，印度政府新增加 22 项商品：食用油、电器、钢铁产品、药品、茶叶、饮料、摩托车及其零部件、宝石半制成品、缝纫机与低于 100cc 的三轮车和汽车。① 自此，印缅边贸商品种类达到 62 种。

三、贸易形式及政策

目前在莫雷口岸开展的贸易有以下三种形式：（1）对于边境地区出产的，总价值不超过 1000 美元，且是边境地区人民（居住在距边境线各 40 公里的范围内）通过非机动车辆进行运输的产品，仅需简单的相关文件就可以通关进行交易，不需要取得进出口许可证、偿付保证书等正式的商务文件；（2）对于指定的 22 种（后增加至 62 种）本地出产的农产品和林产品，总价值不超过 2 万美元的，可以以易货贸易方式进行交易；（3）按印缅两国政府各自的有关进出口政策规定的以信用证进行结算的正常贸易。除以上规定外，印度政府

---

① Indo-Myanmar Border Trade, Ministry of Commerce & Industry, Government of India, Nov. 16, 2012, http://dgft.gov.in/Exim/2000/PN/PN12/pn3012.htm.

还有其他一些限制，如从缅甸进口的大米每年不能超过5万吨。① 不过，莫迪在2014年访问缅甸时决定放松印度对缅甸的大米进口量。

为促进边境贸易的发展，提高经济合作水平，印缅成立了边境贸易委员会，在边贸点定期举行官员和商人联席会议；建立了由双方商业人士和政府官员组成的“联合贸易和投资论坛”，定期审查贸易和投资情况；签署了“双边投资促进和保护协议”（BIPA）与“避免双重征税协议”（DATT）；印度还向缅甸提供“免关税优惠计划”（DFTP）。②

四、边境贸易：人民党政府时期

表3—3 1998—2003年印缅边境贸易（单位：千万卢比）

年份	印度对缅甸出口额	缅甸对印度出口额	边贸总额	印度的贸易逆差
1998—1999	5.06	3.74	8.80	-5.06
1999—2000	3.26	3.68	6.94	-16.53
2000—2001	5.29	0.19	5.48	12.63
2001—2002	1.25	8.3	9.55	-1.32
2002—2003	3.66	12.15	15.81	0.42
2003—2004	8.74	8.06	16.8	-5.1

资料来源：雷著宁：“印缅边贸现状与印度东向贸易通道的选择对区域经济合作的影响”，《东南亚南亚研究》2008年第Z2期，第34页。

从表3—3中可看出，印缅边贸总额呈两个截然相反的发展阶段：在1998—2001年，印缅边贸呈下降趋势，但幅度较小；2001—2004年，边贸呈上升趋势，且幅度较大。2001—2002年度，边贸总

① 雷著宁：“印缅边贸现状与印度东向贸易通道的选择对区域经济合作的影响”，《东南亚南亚研究》2008年第Z2期，第34—35页。

② 李昕：“印度与缅甸互联互通发展探析”，《南亚研究》2014年第1期，第66页。

额急剧增长至0.955亿卢比，增幅达74.27%；2002—2003年度，总额再次攀升至1.581亿卢比，增幅达65.55%；之后的2003—2004年度，总额小幅上升至1.680亿卢比，增幅达6.26%，显示出边贸总额增速逐步放缓。此外，印度对缅甸的出口以及进口额有升有降，且升降幅度都不小，呈不稳定的发展态势，表明印缅边贸的发展仍缺乏稳定性。

总的来看，自2001年起，印缅边贸总额呈上升趋势，增幅较大，增速逐渐放缓。这反映出印缅边贸总体上进入快速发展时期，但这种快速发展势头有减缓趋势，并且其发展仍缺乏稳定性。

五、边境贸易：国大党联盟及人民党再度执政时期

表3—4　2004—2015年印缅边境贸易（单位：百万美元）

年份	印度自缅甸进口额	印度对缅甸出口额	边贸总额	印度的贸易逆差
2004—2005	1.24	1.10	2.34	0.14
2005—2006	11.28	4.13	15.41	7.14
2006—2007	11.02	4.75	15.77	6.27
2007—2008	10.91	3.92	14.83	6.99
2008—2009	5.49	4.43	9.82	1.05
2009—2010	7.79	5.95	13.73	1.84
2010—2011	8.30	4.50	12.80	3.80
2011—2012	8.87	6.54	15.41	2.33
2012—2013	26.96	11.67	38.63	15.20
2013—2014	30.92	17.71	48.63	13.21
2014—2015	42.61	18.11	60.72	24.50
2015—2016	53.02	18.62	71.64	34.40

资料来源：根据印度驻缅甸大使馆数据整理所得，http://www.indiaem-bassyyangon.net/index.php?option=com_content&view=category&layout=blog&id=21&Itemid=122&lang=en。

从表 3—4 可看出，印缅边境贸易总额呈不规则变动，有大幅上升，大幅下降，也有缓慢上升。如，2005—2006 财年，印缅边贸总额达 1541 万美元，大大超过上一财年的 234 万美元，而 2008—2009 财年则又大幅降至 982 万美元。这种不规则变动反映出印缅边境贸易发展不稳定，受到诸多因素的制约。不过，总体而言，自 2010 年开始，印缅边贸总额总体上处于上升趋势，增幅不断扩大。印度对缅甸的出口额在 2005—2012 年基本上维持在 400 万—700 万美元之间，自 2012 年之后开始快速上升。印度自缅甸的进口在 2005—2012 年在 500 万—1100 万美元之间波动。2012 年，印度自缅甸的进口急剧上升，之后增幅降低。

总体来看，印度自缅甸的进口呈上升趋势，但仍不稳定。印度在印缅边贸中处于逆差地位。逆差额度在 2012 年急剧上升，之后有所回落，而后又提升，呈现不稳定状态，反映出边境地区仍存在诸多不稳定因素影响印缅边贸的稳步发展。印度智库观察家基金会在 2015 年 11 月发布的一项报告中列举出印缅边境贸易的诸多制约因素：缅甸政府要求印度从缅甸的进口额要超过对缅出口额；可供贸易的商品种类有限；两国政府都对一些商品禁止贸易；曼尼普尔境内频繁的罢工和封路；反政府武装强迫性征税；边境基础设施落后。[①] 此外，非官方贸易在印缅边境地区很活跃，所占比例超过官方贸易。另外，边境地区走私横行、毒品贩卖猖獗等因素也制约了印缅边贸合作的健康发展。

---

① Rakhahari. Chatterji & Anasua. Basu. Ray. Chaudhury & Pratnashree. Basu, India-Myanmar Connectivity: Possibilities and Challenges, *ORF Report*, Nov. 2015, p. 90.

第三节　印度在缅投资

除了加强贸易往来外，印度也颇为注重对缅甸的投资，以期更好地拓展印度在缅影响力。这其中，边境互联互通工程、海上直飞直航以及电信网络建设是双方努力推动的合作领域。

一、互联互通项目建设

互联互通项目建设是印度与缅甸进行经济合作的重点领域。印度欲借此打破其东北部与外界隔绝的状态，加强该地区与外界的接触，促进该地区与外界的经济联系，为东北部的发展以及加强印度与东南亚之间的联系构筑一架坚实的桥梁，使其更好地融入地区经济合作进程之中。此外，建立更好的跨境联系将有助于印度进入缅甸及其他东南亚地区，从而提升印度在该地区的战略影响力。①

1. 印缅友谊公路

1997 年，印缅签署了《关于印度援助缅甸修建从塔穆—葛礼瓦（Tamu-Kalewa-Kalemyo）高速公路协议》。根据协议，该公路自印度曼尼普尔邦的塔穆（距离印缅边贸口岸莫雷 5 公里）到达缅甸亲敦江的铁路交叉点葛礼瓦，再经过一段路即可进入钦邦丘陵山区，到达该地区的军事重镇古灵庙（Kalemyo）。该公路在两国之间构筑一条跨界通道，将大大促进该地区跨境贸易、经济以及旅游业的发展。

① Anushree. Bhattacharya, Linking South East Asia and India-More Connectivity, Better ties, *IPCS Special Paper*, No. 50, Feb., 2008, p. 7.

修建所需的3600万美元资金由印度承担，工程全由印度边界公路委员会负责实施。

1998年5月，印度进行核试验。缅甸关闭了与印度所有的边境口岸，印度政府也终止了《关于印度援助缅甸修建从塔穆—葛礼瓦高速公路协议》。[①] 2000年夏天，该公路开始动工修建。[②]

2001年2月13—15日，印度外长贾斯旺特·辛格访问缅甸。此行的最大亮点在于辛格出席了塔穆—葛礼瓦高速公路的开幕式。该公路的建成将使缅甸这一资源丰富但落后封闭的山区打开通向外部世界之门。[③] 同时，这使得印度东北部与缅甸的联系更为紧密，有助于双边边境贸易的进一步发展，也有助于改善印缅边界少数民族山区落后的经济、社会发展状况。另外，卡里至塔穆（Kaly-Tamu）的公路已在2001年2月完成升级改造。塔穆至古灵庙的公路于2009年9月完工。[④] 不过，沿着这条公路有70座需要缅甸政府修复或者升级的桥梁，截至目前，缅甸政府只修复了一座。[⑤] 为了加快进程，印度宣布帮助缅甸修复或者升级这些桥梁。

2. 印—缅—泰高速公路

2003年12月23日，印度、缅甸和泰国三国的外长在新德里举

---

① "印缅关系大事记"，美国之音，2012年3月28日，http://www.voachinese.com/content/article-20120328-burma-india-timeline-144648335/949663.html。

② ［印］B·G. 维尔吉斯著，傅超等译：《重新确定印度的方向——亚洲的新地缘政治学》，四川国际友好联络会南亚与东南亚研究中心及四川大学南亚与中国西部合作发展研究中心，2005年，第245页。

③ ［印］B·G. 维尔吉斯著，傅超等译：《重新确定印度的方向——亚洲的新地缘政治学》，四川国际友好联络会南亚与东南亚研究中心及四川大学南亚与中国西部合作发展研究中心，2005年，第245页。

④ Kyaw Min Htun, Nu Nu Lwin, Tin Htoo Naing and Khine Tun, "ASEAN-India Connectivity: A Myanmar Perspective" in Kimura, F. and S. Umezaki (eds.), ASEAN-India Connectivity: The Comprehensive Asia Development Plan, Phase II, (Jakarta: ERIA, 2010), p. 184.

⑤ Rakhahari Chatterji & Anasua Basu Ray Chaudhury & Pratnashree Basu, India-Myanmar Connectivity: Possibilities and Challenges, *ORF Report*, Nov. 2015, p. 31.

行重要会谈，三国一致决定加强相互间的交通运输联系，以促进贸易、旅游和人员交往。会谈时，三国外长就修建印—缅—泰公路做了详尽的计划。2005 年，在恒河—湄公河经济合作组织会议上，修建印—缅—泰高速公路成为一项重要的跨境工程。该公路全长 1360 公里，工程花费高达 1.4 亿美元。该公路的起始点位于印度境内的莫雷，而后通过缅甸的蒲甘（Bagan）抵达泰国的茂索（Maw Sot）。但是，在具体的路线上有两项选择：经过缅甸的曼德勒还是绕过曼德勒。因为印度阿萨姆邦英帕尔至缅甸曼德勒的巴士服务即将开通，因此选择经过曼德勒的路线更值得考虑。① 此外，该工程还承担了建造从泰国北碧府（Kanchanburi）到缅甸达维（Dawei）的公路以及在达维建造深水港的任务。② 印—缅—泰高速公路工程竣工之后，印度与缅甸、泰国的联系将更为紧密，印度还可从泰国到达柬埔寨、越南，构筑印度与东南亚的交通网。

2012 年 9 月，在新德里召开的联合工作组会议上，印缅泰三国对项目进行了分工：印度负责跨印缅边境地区路段的新建、改造或升级；缅甸境内的中间路段由缅甸政府负责，印度提供部分优惠贷款；缅甸东南至泰国边境路段将由泰国政府出资建设。③ 目前，印度已完成大约 132 公里的路段，还有近 30 公里尚未开工。④ 工程原计划于 2016 年竣工，此后延长至 2020 年。此外，印缅泰公路运输合作协议已签署。

---

① Rakhahari Chatterji & Anasua Basu Ray Chaudhury & Pratnashree Basu, India-Myanmar Connectivity: Possibilities and Challenges, *ORF Report*, Nov., 2015, p. 29.

② Anushree. Bhattacharya, Linking South East Asia and India-More Connectivity, Better Ties, *IPCS Special Paper*, No. 50, Feb., 2008, p. 4.

③ 李昕："印度与缅甸互联互通发展探析"，《南亚研究》2014 年第 1 期，第 63 页。

④ Indrani Bagchi, India fails to walk the "Act East" talk, The Times of India, Feb. 15, 2015, http://timesofindia.indiatimes.com/india/India-fails-to-walk-the-Act-East-talk/articleshow/46248292.cms?.

3. 新德里—河内铁路

2003年6月20日，湄公河—恒河合作组织外交部长会议召开，缅甸外长温昂呼吁印度修建一条从印度新德里到越南河内的铁路，以密切湄公河—恒河合作组织成员的关系。印度外长辛哈积极回应，表示印方将尽快对该计划做可行性研究并早付诸实施。根据湄公河—恒河合作计划，这条线路将从印度首都新德里开始，通过缅甸、泰国、老挝、柬埔寨，河内将是终点。

印度之所以提出这项雄心勃勃的计划，主要是考虑到以下现实。首先，它将极大地增加印度与东盟之间的贸易。其次，柬埔寨、老挝、越南和缅甸这四个国家都是东盟的新成员，它们在印度与东盟之间的密切关系中起到重要的推动作用。其中，缅甸在印度向东南亚进军中还扮演着重要的战略门户角色。① 再次，目前在越南、老挝和柬埔寨之间没有铁路连接，在东南亚只有一条单一的铁路连接马来西亚、泰国和新加坡、中国以及越南。这条铁路在距离孟加拉国和印度边界大约几百公里处的缅甸境内便中断。而印度拟议中的连接铁路计划将改变目前东南亚各地区孤立的状态，为新德里超越湄公河开辟一个新贸易走廊，使其能够与更大范围的泛亚铁路网相连，并在很大程度上改变印度与中国在湄公河领域竞争中的劣势。②

2006年，新德里—河内铁路已完成初步可行性研究。③ 印度一侧的建设路线为：迪普（Diphu）—卡戎（Karong）—英帕尔（Imphal）—莫雷（Moreh）。其中基里巴姆—英帕尔全长98公里的路段于2003年

---

① 唐璐："同中国角力，印度欲将铁路铺到河内"，《国际先驱导报》2003年9月16日，http://news.sina.com.cn/w/2003-09-16/15141754110.shtml。

② 唐璐："同中国角力，印度欲将铁路铺到河内"，《国际先驱导报》2003年9月16日，http://news.sina.com.cn/w/2003-09-16/15141754110.shtml。

③ Tin Htoo Naing, Myanmar and Regional Connectivity, Fame Myanmar, http://www.famemyanmar.com/news_5.html.

4 月开工。基里巴姆—杜浦尔（Tupul）路段计划于 2014 年 3 月完成，但目前尚未完工，预计 2017 年投入使用。[①] 杜浦尔-英帕尔路段计划于 2016 年 3 月完工，但目前尚未完工。同时，印度已向缅甸提供 5600 万美元的信贷支持缅甸升级从曼德勒至仰光的全长 640 公里的铁路线路。[②]

4. 卡拉坦多模式交通运输工程

2001 年 7 月，印度代表团赴缅甸就在卡拉坦河修建交通工程进行了讨论，两国同意针对该工程采取初步措施。这一工程具体包括：升级史迪威港；重建卡拉坦河至古灵庙的航道；将古灵庙的高速公路延伸至印缅边境的米佐拉姆邦。[③]

2008 年 4 月 3 日，缅甸和平与发展委员会副主席貌埃访问印度，与印度副总统安萨里在新德里签署了卡拉坦多模式交通运输工程合作协议框架。按照协议规定，印度将获准开发缅甸卡拉坦河（Kaladan River）并维护河道的畅通，改善缅甸实兑港的基础设施。该工程耗资约 1. 054 亿美元，印度将出资 0. 954 亿美元，并将向缅甸政府提供 0. 1 亿美元的信贷援助，以帮助缅甸修建该工程。[④]

该工程分为四个步骤：（1）实兑港基础设施升级，以适应大吨位船只停泊，预计完成日期为 2014 年 6 月；（2）清理卡拉坦河 160 公里范围内的河道，建造缅甸钦邦帕特里瓦浮动码头，预计完成日期为 2014 年 6 月；（3）建造从缅甸帕特里瓦至印缅边界米佐拉姆邦

---

① Jiribam-Tupul Railway Line to Become Functional by 2017, Youtube, Mar. 23, 2015, https: //www. youtube. com/watch? v = r0MrWoqIPbk.

② Prabir. De, ASEAN-India Partnership in Building Regional Connectivity in Asia, ASEAN Community, Jul. 19, 2013, http: //www. mfa. go. th/asean/contents/files/news - 20130730 - 151850 - 662210. pdf.

③ Annual Report 2001—2002, India's Ministry of External Affairs, New Delhi, p. 9.

④ Anushree. Bhattacharya, Linking South East Asia and India-More Connectivity, Better Ties, *IPCS Special Paper*, No. 50, Feb. , 2008.

罗马苏（Lomasu）的双车道高速公路，全长 130 公里，预计完工日期为 2015 年；（4）建造从米佐拉姆邦罗马苏连接印度 54 号国家高速公里至米佐拉姆邦隆特莱县（Lawngtlai）的双车道高速公路，全长 100 公里，以及建造米佐拉姆邦佐力普里（Zorinpui）路上海关关口，预计完工日期为 2014 年初。①

作为印缅之间最为重要的一项基础设施工程，卡拉坦多模式交通运输工程具有重要的战略意义。首先，一旦该工程完工，处于内陆的印度东北部地区将经过帕里特瓦，利用卡拉坦河与海洋相连接，从而可不再仅依靠西里古里走廊与印度其他邦进行贸易。从缅甸进口大豆将不再经新加坡运抵印度，可直接通过轮船运抵印度，将大大缩短运输距离，降低运输费用。米佐拉姆邦境内的道路交通状况将得到大幅改善，从而促进该地区商品的流动，印缅双边贸易将因此加速发展。米佐拉姆邦可通过向其他邦出售大量的竹子获益，并可直接从加尔各答购买需要的商品（比如大米），而不需要转道阿萨姆邦。②

其次，缅甸的天然气主要集中在西南部的孟加拉湾，而实兑港的扩建和印缅公路的完工将有利于维持印度东北部和缅甸之间交通要道的畅通，加速两国间天然气的输送，以避免印度因能源缺乏而对经济造成负面影响。③

再次，由于印度是亚太国家通往中东、中亚与欧洲的必经之地，

---

① About the Kaladan Multi-Modal Transit Transport Project, Kaladan Movement, http: //www. kaladanmovement. org/index. php/about-the-kaladan-multi-modal-transit-transport-project.

② C. S. Kuppuswamy, Indo-Myanmar Relations: Visit of Senior General Maung Aye, *SAAG*, Apr. 9, 2008, http: //www. southasiaanalysis. org/papers27/paper2664. html.

③ 台湾远景基金会研究助理：“印缅签署交通运输协议之评析”，台湾远景基金，http: //www. pf. org. tw: 8080/FCKM/DownloadFileService? file _ id = 811&user _ id = hyweb&passwd = Qe567tB9&STATUS = 0&ERRCODE = 00。

印度和缅甸之间的交通建设不但可使印度扩大对外交通网，成为亚太与中东等地的货物转运与资金流通中心，更可加强其与亚太国家的关系，发挥印度左（中东、中亚与欧洲）右（亚太）逢源的地缘战略优势，避免印度的南亚邻国倒向中国。[①] 此外，具有重要战略意义的史迪威公路也日益引起印度的注意，尤其是在中国赢得了史迪威公路缅甸段的修建权之后。

该工程于2010年12月开工，预计于2013年6月完工，后来延长至2014年6月。主要原因在于实兑港以及帕里特瓦土地置换延期。[②] 截至2014年12月，该工程尚未全部完工，延期至2016年，但截至目前并未完工。除了工程延期外，该工程还存在一个后勤运输的障碍。因为货船在卡拉丹河只能在缅甸钦邦的帕勒特瓦（Paletwa）停靠，然后卸载货物经过陆路运输到达印度东北部的米佐拉姆邦，再进入东北部其他邦以及印度内陆。因此，要想让这一工程发挥实效，良好的运作和设施建设必须跟上。另外，非法贸易、毒品走私以及来自缅甸的非法移民将会威胁这一交通路线的畅通。[③]

5. 伊（Rhi）—提蒂姆（Tidim）—法勒姆（Falem）

2006年，印度边界公路委员会与缅甸提出建设伊（Rhi）—提蒂姆（Tidim）以及伊（Rhi）—法勒姆（Falem）公路的报告。该公路起点位于缅甸钦邦的伊，一边通过缅印边贸口岸提蒂姆，再通过蒙育瓦到达曼德勒；另一边到达靠近印度米佐拉姆邦与缅甸钦邦边境

---

① 台湾远景基金会研究助理，“印缅签署交通运输协议之评析”，台湾远景基金，http：//www.pf.org.tw：8080/FCKM/DownloadFileService? file_ id = 811&user_ id = hyweb & passwd = Qe567tB9&STATUS = 0 & ERRCODE = 00。

② Kaladan Multi-Modal Transit Transport Project, Ministry of Development of North Eastern Region, Government of India, Apr. 25, 2014, http：//mdoner.gov.in/content/introduction - 1.

③ Rakhahari. Chatterji & Anasua. Basu. Ray. Chaudhury & Pratnashree. Basu, India-Myanmar Connectivity：Possibilities and Challenges, *ORF Report*, Nov. 2015, pp. 25 - 26.

地区缅方一侧的法拉姆。公路全长225公里。2008年，印度技术团队与缅甸就项目实施进行了讨论。2009年，印度政府派遣技术人员考察该项目。[①] 2012年12月，印度外长访问缅甸，双方签订了关于修建伊—提蒂姆公路的谅解备忘录。2014年1月18日，《印度东北部发展：问题与前景报告》中称，要建造伊—提蒂姆—法拉姆公路。[②] 该公路建成后，印度米佐拉姆邦的贸易中心昌派将首先受益，同时也将提升印缅两国的双边贸易以及旅游联系。[③] 目前从伊（Rhi）到缅甸内陆的道路未铺，且路况差。从印度东北部米佐拉姆邦佐克哈沙尔（Zokhawthar）通向缅甸仅有一条小路，且仅在旱季通畅，[④] 因此急需升级佐克哈沙尔到缅甸伊的道路。该工程目前正在进行，预计将于2018年完工。

6. 英帕尔（Imphal）—曼德勒（Mandalay）巴士服务

从印度东北部阿萨姆邦英帕尔到缅甸第二大城市曼德勒的巴士服务计划最早于2009年提出。2012年印缅签署英帕尔—曼德勒巴士服务的谅解备忘录，并在2014年召开第二次科技委员会会议来讨论这一项目。该项目有三条线供选择：（1）从英帕尔到印缅边境口岸塔穆，到缅甸钦邦卡里，再到缅甸北部的甘高（Gangaw）、佩拉（Pela）、蒙育瓦，最后到曼德勒；（2）从英帕尔到印缅边境口岸塔穆，再到缅甸葛里瓦、亚基（Yagyi）、蒙育瓦，最后到曼德勒；（3）从英

---

① Tin Htoo Naing, Myanmar and Regional Connectivity, Fame Myanmar, http://www.famemyanmar.com/news_5.html.

② Marudavanan S, India's North East Development: Issues and Perspectives, North East Development, Jan. 18, 2014, http://marudavanan.blogspot.hk/2014/01/north-east-development.html.

③ Rakhahari. Chatterji & Anasua. Basu. Ray. Chaudhury & Pratnashree. Basu, India-Myanmar Connectivity: Possibilities and Challenges, *ORF Report*, Nov. 2015, p. 32.

④ Rakhahari. Chatterji & Anasua. Basu. Ray. Chaudhury & Pratnashree. Basu, India-Myanmar Connectivity: Possibilities and Challenges, *ORF Report*, Nov. 2015, p. 33.

帕尔到印缅边境口岸塔穆，再到缅甸钦邦卡里、甘高（Gangaw）、蒲甘、密铁拉（Meikila），最后到曼德勒。三条线路中，第二条线最短，第一条线次之，第三条线最长。但是第二条线在雨季不能使用，而第一、第三两条线全年均可使用。不过，第一条线需要修复或者升级亚基到葛里瓦之间多达70座桥梁。2014年，路线一最终被选中，整条路全长579公里，耗时14小时。[①] 预计当年10月通车，但未预期实行。2014年11月印度总理莫迪访问缅甸时也提到该项目。

总体来看，印度对修建跨境基础设施工程极为重视，这既是受经济利益的驱动，也是受战略利益的驱使。印度认为，通过与缅甸政府持续接触来修建印缅跨境基础设施，印度能为缅甸发展提供印度的理念、培训技术以及一个透视全球的窗口。[②] 如此，印度可以更好地拓展在缅甸的影响力。因此，在区域经济迅猛发展、印度对亚太地区战略重要性日益重视的背景下，印缅之间在基础设施工程领域的合作必将进一步深化。

但是，基础设施建设是印度最为人所诟病的。经常拖延工程、一些旗舰项目不能按时完工已给印度在缅甸的形象造成负面影响。如果印度不能重新思考其在缅甸的战略投资，尤其是在基础设施及水电工程领域，印度将错失扭转自身国有企业在缅甸负面形象的时机。[③] 甚至有分析认为，道路基础设施建设的拖延将严重阻碍印度“东向”政策的有效实施。此外，相关配套设施的建设以及管理水平的提高都是印度强化印缅边境道路交通建设需要努力的方面。最后，

---

① Rakhahari. Chatterji & Anasua. Basu. Ray. Chaudhury & Pratnashree. Basu，India-Myanmar Connectivity：Possibilities and Challenges，*ORF Report*，Nov. 2015，pp. 34 – 35.

② Renaud. Egreteau，A Passage to Burma? India，Development，and Democratization in Myanmar，*Contemporary Politics*，Vol. 17，No. 4，2011，p. 470.

③ Renaud. Egreteau，A Passage to Burma? India，Development，and Democratization in Myanmar，*Contemporary Politics*，Vol. 17，No. 4，2011，p. 472.

印缅边境地区的非法贸易、毒品走私、非法移民等非传统安全问题，以及印度东北部一些部落封路、罢工现象，也严重影响到该地区的基础设施建设。

二、海上直航直飞联系

为加快海上互联互通建设，印缅成立了“联合工作组”，对建立海上直航联系的商业可行性进行评估。两国还定期召开港口管理部门和船运公司参加的联席会议，根据具体商业需求确定直航运输服务的线路和规模。目前，除了重点打造卡拉坦多模式交通运输工程外，印度还积极参与缅甸土瓦深水港建设，并投资打造土瓦经济特区，使这两大港口成为“湄公河—印度经济走廊”上的经济中心和交通枢纽。[①] 2014 年 10 月，印度航运集团投资兴建从印度金奈到缅甸曼德勒的货载渡船服务。该服务将显著缩短货物通过陆路抵达缅甸的运输时间，并将有利于双边贸易的提升。[②]

目前，印缅建立金奈至仰光的定期直航货运服务。2012 年印度总理辛格访问缅甸期间，印缅签署了新的航空协议。新的航空协议将飞往缅甸的航班与飞往东南亚其他目的地的航班整合起来，使缅甸成为印度与东南亚航空联系的中转站。目前，印度航空公司和缅甸国际航空公司开通每周两次的加尔各答至仰光、每周一次的仰光和曼德勒至加雅岛之间的定期航班。印度还计划开通德里、金奈、孟买和古瓦哈蒂与仰光、曼德勒的直飞航线联系。[③] 此外，在印度东北部，阿萨姆邦的英帕尔机场已经成为国际化机场，从英帕尔到曼德勒的航线也在被考虑。从印度东北部米佐拉姆邦首府艾扎尔

---

① 李昕：“印度与缅甸互联互通发展探析”，《南亚研究》2014 年第 1 期，第 65 页。

② Rakhahari. Chatterji & Anasua. Basu. Ray. Chaudhury & Pratnashree. Basu, India-Myanmar Connectivity: Possibilities and Challenges, *ORF Report*, Nov. 2015, p. 42.

③ 李昕：“印度与缅甸互联互通发展探析”，《南亚研究》2014 年第 1 期，第 65 页。

（Aizawl）到缅甸古灵庙再到曼德勒的航线也将提升印缅双边贸易。[①]

由此可见，印度对于加强缅甸的海空联系比较重视。由于印度与缅甸以及其他东南亚国家的贸易大部分都是通过海路完成的。因此，加强印缅海路运输合作是印度提升与缅甸及东南亚经贸联系的重要一环。同时，这也与印度在其东北部印缅边境加强跨境基础设施建设相呼应，可以更为均衡地打造陆海双重贸易通道，整体提升印度与缅甸以及通过缅甸与东南亚国家加强经贸的便利性。就目前而言，考虑到缅甸并非印度在东南亚的主要贸易伙伴，加强印缅海路运输通道建设对印缅双边贸易的促进作用并不明显。但是，印度以缅甸为跳板或中转站，可更为便捷地加强它与其他东南亚国家的经贸联系。在通航方面，近年来印缅虽取得一些进展，但主要是印度东部沿海大城市与缅甸主要城市的通航，印度东北部与缅甸的通航联系需要提升。这不仅是考虑到促进印度东北部与缅甸的经贸联系，也是方便来自印度东北部的在缅侨民更便捷地回家。

三、电信网络联系

目前，印度电信咨询公司（TCIL）已完成在缅甸 32 个城市的“非对称数字用户环路”（ADSL）项目建设。印度计划帮助缅甸在整个边境地区建设光纤通信网络，然后与中老泰越联网，打造“湄公河-印度经济走廊”的“信息超高速网络”（ISN），构建商业化的信息和通信平台，为缅甸等国提供远程教育、医疗、电子政务和商务服务。自 2012 年 12 月起，缅甸民众可获得印度专家提供的远程医疗服务。[②]

---

① Rakhahari. Chatterji & Anasua. Basu. Ray. Chaudhury & Pratnashree. Basu, India-Myanmar Connectivity: Possibilities and Challenges, *ORF Report*, Nov. 2015, p. 43.

② 李昕：“印度与缅甸互联互通发展探析”，《南亚研究》2014 年第 1 期，第 65 页。

在电信科技领域，印度具有很大的优势。但很显然，印度的电信企业并未将目光投向东部邻居缅甸。即便印度已开始在印缅边境铺设光纤，但在缅甸腹地的电信投资却未开始，这是电信科技发达、电信企业众多的印度需要认真思考的问题。

第四节　印缅互联互通对中国“一带一路”战略的影响

近年来，印缅互联互通建设不断提速。基于经济和战略利益的考虑，印度对修建印缅跨境工程极为重视。而缅甸希望通过这些跨境基础设施来促进其西部边境地区的经济社会发展，并提升缅甸在印度与东南亚以及东亚国家经贸合作中的重要作用。这也将对中国“一带一路”战略的推进产生重要影响。

一、积极影响

印缅互联互通建设的推进对中国“一带一路”战略推进的积极影响主要表现为以下两点。第一，印度东北部与缅甸西北部道路连接的通畅将进一步提升缅甸在南亚与东南亚国家贸易中的中转站地位。换言之，缅甸将成为中国与印度以及其他南亚国家陆路贸易的重要中转站。这有利于中国商品通过缅甸输入到印度市场，从而为中国商品进入印度打开另一条通道。由于中印边界问题悬而未决，加之中印边境地区的交通设施建设滞后，中印进行直接的、大规模的陆路贸易受到严重影响。此外，更为重要的是，目前中印边贸口岸货物吞吐量有限，无法满足中印大幅增加贸易总量的需求，同时也无法扩大中国西南省份对印度的贸易规模。而缅甸与印度边境道路交通设施的改善将为中国途经缅甸与印度进行陆路贸易提供极大的便利，并将显著提升中印陆路贸易的规模，极大地促进中国西南省份对印贸易。事实上，自缅甸军政府加强与中国的经济合作后，就有大量的中国商品经云南通过边贸进入缅甸，再通过缅甸西部边境出口到达印度东北部地区。一旦印缅边境道路建设取得实质性进展，中国商品就可以更加便利地进入印度东北部市场，从而有效改善中印直接陆路贸易不足的窘境，并大幅扩大中国西南省份对印贸易规模。

此外，缅甸贸易中转站功能的充分发挥也可适度降低缅甸在中缅贸易中的巨额逆差。一直以来，中缅贸易中就存在严重的贸易不平衡现状，这也屡次引起缅甸的担忧与不满。尽管这一贸易失衡状况是由双方的贸易结构所致，短期内难以妥善解决，但为了中缅关系的长期稳定发展，有必要尽可能降低缅甸所面临的贸易逆差。在这方面，缅甸完全可以借助贸易中转站的有利地缘地位从中印贸易中获益，从而适度降低自身所面临的对华贸易逆差。最后，印缅互联互通并不限于双边跨境道路建设，而是延伸至跨越多国的地区跨境道路网络，尤其是穿越整个湄公河地区的跨境道路网络。这也有利于中国通过缅甸与其他东南亚国家进行陆路贸易。尽管中国已在西南方向重点建设若干边贸口岸，并加快建设若干跨境交通设施，以增加对湄公河流域国家的经贸和人员往来，但印缅跨越湄公河流域的交通网络也能为中国提供另一种选择，从而在一定程度上继续促进中国与湄公河流域国家的经贸及人员往来。总体而言，印缅互联互通的逐步推进将促进缅甸贸易中转站功能的充分释放，催生中国西南地区，主要是云南对南亚及东南亚贸易的增长态势，更加有效地发挥云南辐射南亚、东南亚的“桥头堡”作用，并带动中国西南地区对外贸易，促进“一带一路”战略在西南方向的顺利实施。

第二，印缅互联互通的逐步推进将适度减轻印度对中国威胁的担忧，从而有助于中印缅孟经济走廊的建设。事实上，正是由于对中缅紧密关系的担忧，印度对加大东北部开放力度，促进印缅互联互通持谨慎态度。印度试图通过延缓东北部与缅甸的地理连接，来隔离中国影响力在印度东北部的扩展。但是，随着近年来中缅关系中的矛盾逐步凸显，印度对中缅关系的评估出现变化。印度认为，中国在缅甸优势地位的削弱将减轻自身对中缅紧密关系的担忧。2015 年 11 月民盟赢得选举之后，缅甸外交关系多元化趋势进一步凸显。此外，缅北边境军事冲突也对中缅关系造成影响。中缅关系的新变化有助于印度减轻对中国的疑虑，从而使得印度有更多的自信来主动参与中印缅孟经济走廊建设。

二、不利影响

尽管印缅互联互通项目的推进对中缅关系以及中国“一带一路”战略西南方向的推进产生积极影响，印度在缅甸影响力的扩展也将对中国拓展西南方向的影响力产生不利影响。首先，印度建设印缅跨境道路交通基础设施本来就存在与中国竞争的战略意图。因此，尽管印缅互联互通建设能够为中国西南地区推进“一带一路”战略带来积极影响，但这些基础设施中所蕴含的战略竞争元素也会对中国“一带一路”战略在西南方向的推进形成潜在竞争。

只是由于印度自身的原因，这种潜在竞争仍维持在一定范围内，难以对中国“一带一路”战略产生实质性威胁。首先，印缅跨境工程大多面临工程延期的困扰。这不仅直接影响了工程的进度，延缓了印度影响力的扩展速度，同时也破坏了印度在缅甸的形象，制约了缅甸对加快跨境工程建设的热情与信心。相较于印度的拖拉与低效，缅甸显然更愿意与中国合作建设基础设施工程。其次，除了工期延长之外，印度工程公司在项目配套设施建设方面滞后。再次，印缅边境地区非法走私活动、跨境犯罪及非法移民等非传统安全问题也影响印缅跨境交通通道的顺畅运行。

此外，从地区视角来看，印缅互联互通的逐步推进将提升印度在缅甸及东南亚的经济及战略影响力，从而在地区层面对中国“一带一路”战略形成竞争。事实上，印度加强与缅甸的互联互通建设只不过是转换了一种与中国打交道的方式。以往印度希望通过封闭印缅边境来阻隔中国影响力的渗透。但这种消极的应对方式在近年来发生了转变，印度开始主动开放东北部推动印缅边境发展，并以此来提升自身在该区域的影响力，增强自身与中国在该地区的竞争能力。正如长期研究印缅关系的印度观察家基金会研究员尤姆所指出的，印度加强与缅甸的跨境道路建设，积极融入东盟，乃是希望为地区国家提供除中国之外的另一种地区选择。[①]这就完全超越了对中国“一带一路”战略在西南方向的局部竞争意涵，而是扩展至整个东南亚地区的全面竞争。但是，由于印度自身低效的行政效率，印度在建设跨越缅甸的跨境道路工程上面临一系列问题。同时，印度与缅甸以及其他东南亚国家的关系虽有很大改善，但距离紧密关系仍有相当差距。因此，无论是从印度自身行政效率低下，还是从印度与东南亚国家关系持续改善来讲，印度尚缺乏与中国在缅甸及更广阔的东南亚竞争的实力。因此，印度在该地区影响力的扩展对中国“一带一路”战略所形成的全面竞争还有限。

---

① K. Yhome, “The Burma Roads: India’s Search for Connectivity through Myanmar”, *Asian Survey*, Vol. 55, No. 6, 2015, p. 1222.

第四章　印缅能源合作

印度能源短缺，而缅甸能源资源丰富，这为印缅开展能源合作奠定了基础。自双方开展能源合作以来，能源逐渐成为双边关系的重要合作领域。随着缅甸能源市场的进一步开放、投资环境的逐步改善以及印度对缅甸能源市场的持续关注，印缅能源合作将继续推进。不过，一些重要障碍仍将持续影响双方的能源合作。

第一节　印缅能源合作的动力

印度国内能源资源匮乏，能源供给远不能满足自身能源需求，这一现状持续增大印度对外部能源资源的依赖程度，并促使印度积极开展能源外交。在印度的能源外交中，缅甸因丰富的能源储备和便利的地理优势而占据重要地位。

一、印度的能源外交

随着经济的快速增长，印度对能源的需求急剧上升。由于印度石油、天然气储量低，国内所能提供的能源产量远远不能满足需求。

据估计，到2020年，印度能源消耗总量的80%将依赖进口。[①] 根据《印度碳氢化合物构想—2025》（India Hydrocarbon Vision－2025），到2024/25 年，印度天然气需求将达391 亿立方米，而天然气产量同期却只有200 亿立方米，供需差额达191 亿立方米。[②] 根据《印度能源安全情形2047》（India Energy Security Scenario 2047）的数据显示，到2047 年，印度的总体能源进口依赖将达60%。其中煤炭的进口约62%，石油的进口则攀升至接近90%，天然气的进口也接近50%。[③] 由此可见，未来印度对进口能源的需求将呈不断攀升的趋势。

面对严峻的能源短缺形势，印度认识到必须制定有效的能源战略，积极寻求稳定的能源供应地，扩大能源供应的多元化。否则，能源短缺将不仅影响到能源部门的正常运行，还将对印度追寻国内外战略目标产生影响。[④] 事实上，由于严重缺乏天然气，印度的许多电厂不能满负荷生产以满足电力需求。一些地方官员认为，"尽快增加天然气来源，是摆在中央政府面前一个亟待解决的难题"。[⑤] 此外，天然气短缺迫使印度更加依赖煤炭资源。而煤炭资源的大量使用会严重污染环境。这一方面会对印度民众的日常生活产生重要影响，同时也会给印度的外部形象造成影响。毕竟印度已在2015 年10月宣布，自2015 年至2030 年，减少温室气体排放33%—35%，以

---

① Srinjoy Bose，Energy Politics：India-Bangladesh-Myanmar Relations，*IPCS Special Report*，No. 45，Jul.，2007，p. 1.

② Anoop Singh，The Economic of Iran-Pakistan-India Nature Gas Pipeline，*Economic and Political Weekly*，Vol. 43，No. 37，2008，p. 58.

③ Rakhahari Chatterji & Anasua Basu Ray Chaudhury & Pratnashree Basu，India-Myanmar Connectivity：Possibilities and Challenges，*ORF Report*，Nov. 2015，p. 50.

④ Dhiraj Srivastava，*India's Foreign Policy and Its Neighbors*，（Jaipur：ABD Publishers，2007），p. 201.

⑤ 周珺："近四年印度电力缺口持续增大"，中国国家电网公司，2007 年4 月23 日，http：//www. sgcc. com. cn/gjhz/gjdldt/50603. shtml。

实现联合国应对全球气候变化的目标和可持续发展。①

2005年2月，印度开始与伊朗、阿富汗、巴基斯坦、缅甸、孟加拉国以及土耳其就修建油气管道计划谈判，能源外交开始成为印度外交政策中的重要组成部分。② 能源安全考量也成为印度外交政策中仅次于孤立巴基斯坦的第二大议题。③ 在能源外交的推动下，印度对缅甸丰富的能源储备颇为重视。对于印度而言，缅甸与印度在地理上相邻，从缅甸进口石油、天然气不仅便利，而且经济划算。同时，如果从缅甸进口天然气，印度东部对能源的需求将会得到有效满足，从而促进该地区的发展。④ 更为重要的是，能源合作还将对印缅双边关系产生积极影响，夯实印缅关系持续发展的基础。正如从油气管道外交视角研究印缅关系的玛丽·拉尔所言："印缅关系改善的最大好处就是通过天然气管道将两国联系在一起。"⑤ 在此背景下，印度积极与缅甸加强能源合作，试图将缅甸打造成印度一个稳定的能源供应地。

二、缅甸稳定的能源供应

目前缅甸已探明的石油储量为1.6亿桶，天然气储量为20.11

---

① 肖楠："印度公布减排计划"，《中国能源报》2015年10月12日，http://paper.people.com.cn/zgnyb/html/2015-10/12/content_1621350.htm。

② Marie Lall, Indo-Myanmar Relations in the Era of Pipeline Diplomacy, *Contemporary Southeast Asia*, Vol. 28, No. 3, 2006, p. 428.

③ Sascha Müller Kraenner, China's and India's Emerging Energy Foreign Policy, Discussion Paper, *DTE Discussion Paper*, 2008, p. 11, http://edoc.vifapol.de/opus/volltexte/2011/3282/pdf/DP_15.2008.pdf.

④ Srinjoy Bose, Energy Politics: India-Bangladesh-Myanmar Relations, *IPCS Special Report*, No. 45, Jul., 2007, p. 5.

⑤ Marie Lall, Indo-Myanmar Relations in the Era of Pipeline Diplomacy, *Contemporary Southeast Asia*, Vol. 28, No. 3, 2006, p. 437.

万亿立方米。[1] 随着勘探的继续，缅甸未来还将发现更多石油、天然气储量。更为重要的是，无论是当前还是未来一段时间，缅甸天然气的出口需求皆超过其国内消费需求。2013 年，缅甸国内对天然气的消费为 71 亿立方米，而出口需求达 126 亿立方米；2015 年，消费需求为 86 亿立方米，出口需求为 147 亿立方米；2020 年，消费需求为 138 亿立方米，出口需求为 7678 亿立方英尺；2025 年消费需求为 223 亿立方米，出口需求为 319 亿立方米；2030 年，消费需求为 360 亿立方米，出口需求为 469 亿立方米。[2] 根据数据分析可知，2013 年缅甸出口需求与消费需求的差额为 55 亿立方米；2015 年为 61 亿立方米；2020 年为 78 亿立方米；2025 年为 95 亿立方米；2030 年为 108 亿立方米。由此可见，未来 15 年内，缅甸天然气的出口需求与消费需求之间的差额将不断扩大。这表明，缅甸可供实际出口的天然气额度将处在不断增长的态势中，缅甸具有在中长期内为印度提供稳定能源供应的潜力。

由于缅甸的勘探、开采技术有限，不少田未进行开发，缅甸急需外来资本技术的投资，将其丰富的天然气储量转变为实际的经济利益，为其经济改革和社会发展做贡献。此外，油气合作还将带动上下游产业的联动发展，提升缅甸在能源发展领域的能力。最重要的是，引入外来资本进入缅甸能源领域，还能在一定程度上缓解缅甸被西方制裁的困境。[3] 而印度强劲的能源需求、较为成熟的石油勘探及提炼技术、日益增长的外交影响力以及地理便利，为缅甸寻求

① “缅甸已探明天然气储量全球排名 41”，中国驻缅甸大使馆经济商务参赞处，2014 年 6 月 18 日，http：//mm. mofcom. gov. cn/article/jmxw/201406/20140600630338. shtml。

② Rakhahari Chatterji & Anasua Basu Ray Chaudhury & Pratnashree Basu, India-Myanmar Connectivity：Possibilities and Challenges, *ORF Report*, Nov. 2015, p. 51.

③ Vibhanshu. Shekhar, Myanmar's Energy Sector：Inviting the World to its Shore, *IPCS Article*, Apr. 2014, http：//www. ipcs. org/article/myanmar/myanmar-energy-sector-inviting-the-world-to-its-shore－4368. html.

与印度的能源合作奠定了坚实的基础。

第二节 印缅能源合作的进展

自 1998 年印度与缅甸正式签署能源合作协议以来，印缅能源合作不断推进。双方高层互访屡次谈及能源合作，也相继签订了一些能源合作协议。印度已成功地从缅甸购买天然气，并投资开发油气田。印度也与缅甸讨论建设油气管道的可能性，还在缅甸境内外兴建或修复陈旧炼油设施。此外，印度还在缅甸投资修建水电工程。总体而言，能源合作已成为印缅关系的重要合作领域，但规模有限。

一、印缅能源合作协议

印缅能源合作自 1993 年起就已开始进行规划，但直到 1998 年才开始付诸实施。1998 年，印度天然气管理有限公司（GAIL）与两家经缅甸政府授权核准的外国石油开采企业签署一项谅解备忘录，商定缅甸每天输送印度 28 万立方米天然气，供西孟加拉邦和奥萨里邦使用。输气方式将使用铺设陆路输气管道或浅海输气管道。后来，米佐拉姆邦也列入输气线路之内。[①]

2002 年 1 月，印度政府控股的石油天然气有限公司（ONGC）和印度天然气管理有限公司与韩国大宇国际天然气公司（Korea Gas，Daewoo International）、缅甸石油天然气公司（MOGE）联合开

① ［印］B·G. 维尔吉斯著，傅超等译：《重新确定印度的方向——亚洲的新地缘政治学》，四川国际友好联络会南亚与东南亚研究中心及四川大学南亚与中国西部合作发展研究中心，2005 年，第 246 页。

采位于若开邦（Arakan）、靠近史迪威港（Stilwell）的瑞天然气项目A－1气田。瑞天然气项目由位于孟加拉湾的A－1、A－3的瑞（Shwe）、皎漂（Shwe Phyu）以及米雅（Mya）海上油气田组成。此后至2005年，缅甸开放了更多的油气田，但是印度石油公司未能抓住机会。[①] 总体来看，2005年之前印缅能源合作还处于初级阶段，合作的项目少，力度也不大。但随着印度对能源需求的不断上升以及能源外交的推进，能源合作逐渐成为印缅合作的重点领域。

2005年1月11日，印度石油和天然气部长艾亚尔访问缅甸，与缅甸石油部门相关官员会谈，并签署了印缅碳氢化合物双边合作备忘录。[②] 同年7月5日，缅甸能源部长伦哲访问印度，他强调了缅甸将优先向印度出口天然气的意愿，双方还讨论了将天然气从缅甸运往印度的多种线路。10月3日，缅甸能源部长出席孟加拉湾多层次经济合作机制能源部长会议，再次访问印度。2006年3月，印度总统卡拉姆访问缅甸，两国签署缅甸石油部门与印度石油天然气部门的合作备忘录。备忘录再次强调印度天然气管理有限公司为瑞气田天然气的“优先买主”。

2007年7月25日，缅甸国家和平与发展委员会主席丹瑞访问印度，能源合作再次成为两国讨论的重点问题，双方就巩固和提升能源合作关系达成许多共识。印度希望与缅甸加强在能源方面的合作，扩大在缅甸能源领域的投资，缅甸对此表示欢迎，并希望印度投资发展上下游项目，包括在建的兰里天然气管道。同年9月23日，印度石油和天然气部长迪欧拉访问缅甸，双方继续讨论能源合作。访问期间，印度石油天然气有限公司的海外投资子公司（OVL）与缅甸石油天然气公司签署了天然气生产共享合同。合同规定印度石油

---

① Rajiv Bhatia, *India-Myanmar Relations: Changing Contours*, (New Delhi: Routledge, 2016), p. 179.

② Annual Report 2004－2005, India's Ministry of External Affairs, New Delhi, p. 12.

天然气公司在缅甸的三个深海气田 AD－2、AD－3 和 AD－9 与缅甸共享该地区天然气的产出。①

2010 年 3 月，印度石油天然气有限公司的海外投资子公司和缅甸石油天然气公司（MOGE）、缅甸国家石油公司（NOCM）以及机器解决方案有限公司（Machine and Solutions Co. Ltd.）就缅甸陆地气田中的两块气田签署油气共享合同。② 此外，印度石油天然气有限公司的海外投资子公司和印度天然气管理有限公司还共同出资 2.5 亿美元参与修建中缅天然气管道，并分别取得该管道 8.34% 和 4.17% 的股权。随后，缅甸政府也发表声明称："欢迎印度对缅甸天然气资源和前期开发再投入 11 亿美元。两国政府同意继续加强能源领域的合作。"③ 此后，随着缅甸开放更多的油气田，印度石油企业在缅甸的投资活动开始增多，但规模有限。2014 年，印度石油有限公司及其合作伙伴墨卡托石油公司（Mercator Petroleum and Oilmax Energy）在缅甸取得两块油气田 M－4、YEB。④

二、缅—孟—印天然气管道计划

在印缅能源合作中有一个重要项目，即缅—孟—印天然气管道计划。2004 年，印度石油部长提议修建 1000 公里长的跨境输气管道，从缅甸进口天然气。双方讨论了三种路线：一是从缅甸到印度的深海管道；二是缅甸—孟加拉国—印度管线；三是从印度东北部进入印度。2004 年 6 月，孟加拉国表示对印度提出的缅—孟—印管

---

① Annual Report 2007—2008, India's Ministry of External Affairs, New Delhi, p. 31.

② Rakhahari Chatterji & Anasua Basu Ray Chaudhury & Pratnashree Basu, India-Myanmar Connectivity: Possibilities and Challenges, *ORF Report*, Nov. 2015, p. 52.

③ "印度投资 13.5 亿美元开发缅甸天然气"，《光明日报》2010 年 3 月 9 日，http://finance.jrj.com.cn/2010/03/0916127078511.shtml。

④ Rajiv Bhatia, *India-Myanmar Relations: Changing Contours*, (New Delhi: Routledge, 2016), p. 180.

道提议感兴趣。11 月，孟加拉国同意印缅天然气管道经过孟加拉国。之后，三方部长举行会议，并成立工作组，签署了谅解备忘录。① 尽管签署了备忘录，但双方仍存在分歧。印度认为，孟加拉国从该管道项目获益过多（每年获益 1.25 亿美元），而孟加拉国则认为这样的利益分配不公平。因此，2005 年 7 月孟加拉国又提出三项要求：印度为从尼泊尔、不丹经印度到达孟加拉国的水利电力运输提供交通便利；印度允许孟加拉国过境印度与尼泊尔和不丹进行贸易；采取措施减少孟加拉国对印度逆差，具体额度为 20 亿美元。但是印度反对孟加拉国提出的这三项条件，认为孟加拉国不能借助三边协议解决印孟双边问题。随后，缅—孟—印三国管道计划被搁置，印度开始考察从缅甸通过印度东北部米佐拉姆邦、阿萨姆邦，然后到达西孟加拉邦的总长为 1400 公里的替代路线。②

2005 年 12 月，缅甸与中国石油天然气集团公司签订从瑞气田向中国供气的谅解备忘录。尽管缅甸政府表示缅甸有足够的天然气满足中印两国的需求，但印度依然感受到巨大压力，并随即加紧计划绕道孟加拉国天然气管道的可行性研究。2006 年 3 月，印度总统卡拉姆访问缅甸专门就瑞气田能源合作与缅甸政府签订谅解备忘录。同年 6 月中旬，印度天然气管理有限公司完成绕道孟加拉国从缅甸铺设天然气管道的计划，并提交印度政府参考。同年 8 月，缅甸开始对瑞气田 A－1 和 A－3 油气田的管道天然气进行公开招标，印度天然气管理有限公司提交申请。但是 10 月，缅甸改变了希望通过管道路径出售天然气的想法，并暗示印度出价没有达到其期望。随后

---

① Anoop. Singh, The Economic of Iran-Pakistan-India Nature Gas Pipeline, *Economic and Political Weekly*, Vol. 43, No. 37, 2008, p. 60.

② Marie. Lall, Indo-Myanmar Relations in the Era of Pipeline Diplomacy, *Contemporary Southeast Asia*, Vol. 28, No. 3, 2006, p. 439.

缅甸再次招标，印度天然气管理有限公司也再次提交申请。[①] 然而，2007年3月，缅甸政府宣布不准备通过管道向印度出口天然气，甚至液化天然气也不再考虑，而是倾向于修建一条长达900公里的通往中国边境的管道。[②] 8月，缅甸正式宣布与中石油签订瑞气田供气协议，印度失去了从缅甸进口天然气的希望。[③] 尽管如此，印度还是决定加强对缅甸的能源外交力度。印度外长随即访问缅甸，再次提出孟—印—缅天然气管道计划。缅甸表示，如果印度能与孟加拉国成功解决彼此的政治、经济分歧，缅甸愿意从其他油气田向孟—印—缅天然气管道提供天然气。[④] 孟加拉国外长随后重提孟—印—缅天然气管道计划，并表示："如果缅甸愿意提供天然气，印度愿意购买的话，孟加拉国同意就该天然气管道进行谈判。"但正式谈判并未启动。

2011年5月6日，孟加拉国总理能源顾问乔杜里表示，孟正就从缅甸进口天然气与缅进行谈判，孟、缅、印三国天然气管道项目可能重启。尽管此后孟方官员数次提到重启三国天然气管道项目谈判，但并无实质性进展。2014年印度总理莫迪曾于访孟期间与孟方讨论过三国天然气项目。2015年7月，孟加拉国驻印度副高级专员罗曼·乔杜里表示，孟、印、缅三国政府正在就三国天然气项目进行官方对话。[⑤] 2016年1月，孟加拉国能源部官员再次在孟媒体上

---

① 龙佳："中石油可能获缅甸天然气供应"，新浪网，2007年9月14日，http：//finance. sina. com. cn/chanjing/b/20070914/01593977362. shtml。

② 龚明："在石油天然气地缘政治角力中的中印缅甸关系研究"，《当代经济》2011年2月（下），第80页。

③ Rakhahari Chatterji & Anasua Basu Ray Chaudhury & Pratnashree Basu, India-Myanmar Connectivity: Possibilities and Challenges, *ORF Report*, Nov. 2015, p. 57.

④ Srinjoy. Bose, Energy Politics: India-Bangladesh-Myanmar Relations, *IPCS Special Report*, No. 45, Jul. 2007, p. 4.

⑤ Official Talks on Myanmar-India-Bangla Pipeline to Start Soon, The India Express, July 3, 2015, http://indianexpress.com/article/business/business-others/official-talks-on-myanmar-india-bangla-pipeline-to-start-soon/.

表示三国天然气项目将重启，但截至目前三国并未达成具体协议。

三、印度私营石油企业在缅投资

印度开拓缅能源市场的主力军一直由国有能源企业占据。但近年来越来越多的印度私营石油公司也开始进入缅甸能源市场。2008年之前，一家名为阿达尼的印度私营石油公司与缅甸政府就承接在仰光及内比都的天然气项目进行了商谈。[①] 2010 年，印度埃萨石油有限公司（ESSAR）在缅甸获得总价达 1 亿美元的石油勘探工程。[②]

2011—2012 年，缅甸能源部在第一轮执照发放中提供了 18 个陆上气田供竞标，印度朱比兰特能源公司（Jubilant Energy）成功中标其中一块气田，拥有该油田 77.5% 的利益分成。[③] 2013 年，缅甸能源部再次开放 18 个陆上气田和 30 个海上气田竞标。印度最大的私企——信实工业集团（Reliance Industries Ltd.）成功竞标两块位于缅甸马达班（Moattama）盆地浅水区的海上油气田 M－17、M－18。信实工业集团还与缅甸石油天然气公司就两块位于缅甸德林达依（Tanintharyi）盆地的海上油气田签署了产品共享合同。根据该合同，信实占有 96% 的收益，余下部分为缅甸联合国家资源发展有限公司（UNRD）所有。[④]

---

① K. Yhome, "India-Myanmar Relations (1998—2008) – A Decade of Redefining Bilateral Ties", *OFR Occasional Report*, Jan. 2009, p. 9.

② Rakhahari Chatterji & Anasua Basu Ray Chaudhury & Pratnashree Basu, India-Myanmar Connectivity: Possibilities and Challenges, *ORF Report*, Nov. 2015, p. 56.

③ Rajiv Bhatia, *India-Myanmar Relations: Changing Contours*, (New Delhi: Routledge, 2016), p. 180.

④ Rakhahari Chatterji & Anasua Basu Ray Chaudhury & Pratnashree Basu, India-Myanmar Connectivity: Possibilities and Challenges, *ORF Report*, Nov. 2015, p. 55.

四、印缅石油冶炼合作

除了签署协议从缅甸进口油气，计划修建从缅甸到印度的油气管道外，印缅在石油冶炼领域的合作也具有潜力。印度目前是世界第四大炼油中心，仅次于美国、中国和俄罗斯。根据测算，到2017年3月，印度每年的石油冶炼量将增至每年3亿吨。而且，印度每天的石油冶炼量超过其国内需求量，这说明印度有足够的能力为缅甸提供石油冶炼合作。根据印度观察家基金会2013年的统计显示，印度目前每天只能精炼412.5万桶成品油，其国内消费需求为329.2万桶，余下的83.3万桶供出口。[①] 此外，印度最大的炼油中心位于其东海岸，距离缅甸较近。因此，印度强大的石油冶炼能力以及与缅甸的临近地理地位可为缅甸冶炼原油提供重要合作。

对于缅甸而言，尽管其油气资源丰富，但缺乏大规模的石油冶炼中心，无法将大量原油提炼为成品油。这一方面会制约缅甸石油化工行业的长远发展，另一方面也无法满足缅甸的国内需求。根据印度观察家基金会2013年的统计显示，缅甸目前每天只能精炼16700桶成品油，但其国内消费需求为40600桶，余下的23900桶需要进口。[②] 缅甸不仅冶炼能力有限，能源利用率也低于40%，[③] 这严重制约着其生产成品油的能力。因此，缅甸目前的冶炼能力根本不能满足其国内需求，缅甸需要与外国合作来提升冶炼能力。在这方面，印缅已展开合作。2007年，印度为缅甸仰光市区东北的丁茵炼

---

① Rakhahari Chatterji & Anasua Basu Ray Chaudhury & Pratnashree Basu, India-Myanmar Connectivity: Possibilities and Challenges, *ORF Report*, Nov. 2015, pp. 58 – 60.

② Rakhahari Chatterji & Anasua Basu Ray Chaudhury & Pratnashree Basu, India-Myanmar Connectivity: Possibilities and Challenges, *ORF Report*, Nov. 2015, p. 60.

③ Burma (Myanmar), EIA Analysis, Aug. 2016, https://www.eia.gov/beta/international/analysis.cfm?iso=MMR.

油中心提供了2000万美元的信贷支持，用于其翻修工程。[①]

五、新能源及再生能源合作

在新能源及再生能源领域，近年来印度取得长足进展。印度已设立新能源及再生能源发展部，专门负责制定及实施新能源及再生能源领域的重大项目，协调新能源和再生能源技术的培训。印度致力于发展再生能源，一方面是迫于国内能源匮乏、节能减排任务重的现实，另一方面也希望在再生能源领域占得先机，助力印度开拓国际市场。而缅甸则具有丰富的再生能源资源，尤其是境内众多河流蕴藏着丰富的水电资源。缅甸能源计划部估计，缅甸的水电潜力为10万兆瓦，但是缅甸目前的产能仅为2520兆瓦。[②] 由于印度对水电工程的兴趣越来越浓，加之缅甸需要外资来发展水电事业，水电领域将成为印缅经济合作中的重要领域。[③]

2004年，印度与缅甸签订了修建发电量为1200兆瓦的德曼迪（Tamanthi）水电工程的协议。该工程位于靠近印缅边境地区的钦敦河。2008年9月16日，印度国有水力能源公司与缅甸签署一项谅解备忘录，商定继续在缅甸实皆省钦敦河流域进行合作，包括修建两座大型水电站。一座是位于德曼迪的装机容量为1200兆瓦的水电大坝，这也是印度在缅甸最大的水电工程项目。该项目建成后，85%的发电量将输往印度。[④] 另一座是位于实拉耶（Shwezaye）的装机容

---

① Rajiv Bhatia, *India-Myanmar Relations: Changing Contours*, (New Delhi: Routledge, 2016), p. 179.

② Rakhahari Chatterji & Anasua Basu Ray Chaudhury & Pratnashree Basu, India-Myanmar Connectivity: Possibilities and Challenges, *ORF Report*, Nov. 2015, p. 59.

③ K. Yhome, "India-Myanmar Relations (1998—2008) - A Decade of Redefining Bilateral Ties", *OFR Occasional Report*, Jan. 2009, p. 11.

④ Brennan O'Connor, Thousands Displaced by Myanmar Dam, Aljazeera, Mar. 31, 2013, http://www.aljazeera.com/indepth/features/2013/03/2013313165427804481.html.

量为642兆瓦的大坝。印度将为这两个工程提供财政援助，还打算修建输电线将该大坝的电力输往印度境内的曼尼普尔邦。① 2012年年底，关于德曼迪大坝的一份详细报告指出，如果没有印缅两国政府追加资金，大坝建设将无法开展。截至2013年4月，大坝还未开始修建，不过大坝周围村民已开始被搬迁，引发村民抗议。② 2013年6月，印度政府决定停止饱受争议的德曼迪大坝工程。③

此外，2007年10月29日，印度进出口银行与缅甸外贸银行签署协议，向其提供6000万美元的信贷援助，用于修建位于缅甸若开邦勒姆拉河萨泰昌（Tha Htay Chaung）的水电大坝。该工程装机容量为111兆瓦。2008年，印度政府宣布，该项目已由印度巴拉特重型电力有限公司修建，预计于2010年完成。但是2009年1月缅甸第一电力部长梭敏称，该项目将在未来数年完成。④ 目前，该工程已完工。

第三节　印缅能源合作的障碍

经过十几年的发展，印缅能源合作虽取得一定进展，但缅甸并

---

① K. Yhome, "India-Myanmar Relations (1998—2008) – A Decade of Redefining Bilateral Ties", *OFR Occasional Report*, Jan. 2009, p. 10.

② Brennan O'Connor, Thousands Displaced by Myanmar Dam, Aljazeera, Mar. 31, 2013, http://www.aljazeera.com/indepth/features/2013/03/2013313165427804481.html.

③ Burma Rivers Network Welcomes India's Cancellation of Tamanthi Dam, Urges China and Thailand to Take Similar Environmental Responsibility, Burma Rivers Network, Sep. 3, 2013, http://burmariversnetwork.org/index.php/actions/press-releases/907-burma-rivers-network-welcomes-indias-cancellation-of-tamanthi-dam-urges-china-and-thai-land-to-take-similar-environmental-responsibility.

④ Tha Htay Chaung Hydropower Dam, Arakan Rivers Network, http://www.arakanrivers.net/?page_id=182.

未成为印度的主要能源供应国，因而缅甸在缓解印度能源短缺困境方面发挥的作用亦有限。同时，印缅能源合作规模还未达到印度的预期需求。此外，能源合作也并未显著改善印度东北部的能源短缺状况。造成这一窘境的原因如下：印度对缅政策缺乏规划、缅甸投资环境欠佳、印缅边境混乱以及印孟关系不顺畅。

一、印度对缅政策缺乏规划

尽管印度早在20世纪90年代中期就已逐步转变对缅政策，并将经贸、能源、互联互通以及战略安全置于新的对缅政策的中心地位，但其对缅政策仍缺乏具体规划。首先，印度国内不同部门之间相互竞争，均力图主导印度的对缅政策，从而延误了印度决策层制定具体的对缅政策。对于印度安全部门来说，印缅边界安全局势以及来自中国的威胁是其主要关注点，因而印度安全部门主张积极与缅甸军政府及军方接触。同时，印度军方对提升印度东北部与缅甸之间的道路交通网建设持谨慎立场。而对于印度国会议员、外交官员及自由主义学者来讲，他们更愿意支持昂山素季领导的缅甸民主力量，不愿意看到印度政府积极接触缅甸军政府。[1] 此外，印度东北部各邦对中央政府长期忽视东北部经济社会发展不满，指责印度“东向”政策未能给东北部发展带来明显效应。因而，印度东北部各邦政府要求新德里制定以东北部为中心的对缅政策，加强东北部与缅甸的联系。这些不同部门间的利益分歧使得印度难以形成一个清晰完整的对缅政策规划。

在印缅能源合作领域，印度外交部与石油天然气部之间的分歧是导致印度失去瑞油气田合约的首要原因。正如印度前驻缅甸大使

---

① Renaud Egreteau, A Passage to Burma? India, Development, and Democratization in Myanmar, *Contemporary Politics*, Vol. 17, No. 4, 2011, pp. 479 – 80.

巴哈蒂亚所言："缅甸政府决定将天然气卖给中国触发了印度外交部与石油和天然气部之间围绕'谁失去了缅甸?'的丑陋的公开争吵。"[1] 事实上，早在2004年，印度就已分别与缅甸以及孟加拉国进行谈判，并签署备忘录。但在接下来一年多的时间里，由于印度与孟加拉国存在分歧，双方签署的备忘录并未转化为正式协议，而绕道孟加拉国的替代方案又迟迟未能准备充分。这导致缅甸对该项目的兴趣大幅下降，并直接促成缅甸与中国签署协议。印度前驻缅甸大使戈帕拉普拉姆·帕塔萨拉蒂就此指出："我们没有一个战略准备从缅甸跨越印度东北部修建天然气管道，或者以液化天然气的形式从缅甸输入天然气。而中国则敏捷地抓住机会，通过修建一条从缅甸到云南的天然气管道'抢走'了所有天然气。"[2] 尽管印孟分歧是造成这一失误的重要原因之一，但归根结底却是印度各部门之间的不协调关系导致了这一结果。参与谈判的印度石油和天然气部长艾亚尔指责印度外交部将能源安全置于首位，不信任孟加拉国政府会确保管道的安全性，因而未能赶在缅甸政府失去耐心之前与孟加拉国签署正式协议。[3]

其次，印度政府各部门及国有企业执行能力欠缺，导致多项签约项目延误乃至停工。在缅甸有一个流行的看法"印度政府承诺很多但实现很少"，因而印度在能源及其他领域的口碑已被严重破坏。[4] 印度在缅甸承建的跨境基础设施工程、水电工程无一例外地面

---

① Rajiv Bhatia, *India-Myanmar Relations: Changing Contours*, (New Delhi: Routledge, 2016), p. 179.

② Pierre. Gottschlich, New Developments in India-Myanmar Bilateral Relations?, *Journal of Current Southeast Asian Affairs*, No. 2, 2015, p. 151.

③ Marie Lall, India-Myanmar Relations-Geopolitics and Energy in Light of the New Balance of Power in Asia, *ISAS Working Paper*, No. 29, Jan. 2008, p. 22.

④ Pierre. Gottschlich, New Developments in India-Myanmar Bilateral Relations?, *Journal of Current Southeast Asian Affairs*, No. 2, 2015, p. 152.

临工期延长，甚至是停工的窘境。如果印度不重新思考其在缅甸的战略投资，尤其是在基础设施及水电工程领域，新德里可能无法扭转其国有企业在缅甸的负面形象。印度将失去在缅甸的大部分工程，除非印度的合同方能够提供更好、更高效的工作。[①] 缅甸地质学家乔伊也指出，尽管印度石油公司被认为更专业，但是中国却更高效快捷。[②]

二、缅甸的投资环境欠佳

1988 年军政府上台后，缅甸对外资准入制定严格标准。同时，法治缺失、官商勾结及贪污腐败使得缅甸的投资环境极为恶劣。2011 年缅甸成立文官政府后推进经济改革，致力于改善投资环境，吸引外资推动缅甸经济社会发展。尽管这些改革取得了一定成效，但制约外商投资热情的顽疾并未去除。正如澳大利亚学者拉维娜·李在分析缅甸民主转型对印缅经济发展的机遇时所指出的：尽管民盟表示将致力于推进经济自由化改革，并为外资准入创造更多的机会，但印缅经济关系的实质性增强仍有很长的路要走。毕竟缅甸需要一些时间去改善法治和地方腐败。[③] 而亚洲开发银行在分析缅甸再生能源开发的障碍时也表示，缅甸在勘探、部署及发展资源方面缺乏透明的机制和法律框架是主要障碍之一。[④]

在印缅能源合作中，印度能源公司就面临缅甸法治缺失和贪污

---

① Renaud Egreteau, A Passage to Burma? India, Development, and Democratization in Myanmar, *Contemporary Politics*, Vol. 17, No. 4, 2011, pp. 72 – 74.

② Marie Lall, India-Myanmar Relations-Geopolitics and Energy in Light of the New Balance of Power in Asia, *ISAS Working Paper*, No. 29, Jan. 2008, p. 22.

③ Lavina. Lee, Myanmar's Transition to Democracy: New Opportunities or Obstacles for India?, *Contemporary Southeast Asia*, Vol. 36, No. 2, 2014, p. 311.

④ Rakhahari Chatterji & Anasua Basu Ray Chaudhury & Pratnashree Basu, India-Myanmar Connectivity: Possibilities and Challenges, *ORF Report*, Nov. 2015, pp. 59 – 60.

腐败的困扰。比如在瑞气田项目中，即便印度先于中国与缅甸签署了合作协议，但缅甸政府却依然可以放弃与印度的协议转而与中国签署协议。在印度投资缅甸的大坝工程中，缅甸地方政府一方面强行征收当地村民的土地，另一方面又贪腐土地赔偿款，未向当地居民支付或者减少支付土地赔偿金。缅甸人权人士就曾强烈批评地方政府强行征地，未向当地居民支付赔偿金。[①] 地方政府的这些行为促使当地居民联合起来反对印度投资项目的正常施工，迫使部分项目停工。

随着缅甸政治改革的逐步推进，政府不断放松对境内非政府组织的管控力度，缅甸境内关注环保、人权及民主的非政府组织迅速增长。以非政府组织为重要组成部分的公民社会组织已成为缅甸的“第三股政治力量”。[②] 由于缅甸能源资源丰富，外资的投资领域也集中在能源领域，缅甸境内众多关注环保的非政府组织时刻对这些能源合作项目加以关注。2013 年 6 月，印度在缅甸钦敦河投资的最大水电项目德曼迪大坝因当地环保组织的不断施压而被迫停工。同时，位于钦敦河实拉耶的另一座大坝也饱受缅甸境内环保组织不断增长的政治压力以及过高建设费用的困扰。[③] 而缅甸的瑞天然气项目也因未能在建设之前公布环境影响评估报告而受到缅甸环保及人权组织的批评。

最后，随着缅甸经济社会的发展，民众对能源消费的需求日益提升，要求缅甸减少油气出口，优先满足国内需求的呼声也不断出

① Rakhahari Chatterji & Anasua Basu Ray Chaudhury & Pratnashree Basu, India-Myanmar Connectivity: Possibilities and Challenges, *ORF Report*, Nov. 2015, p. 53.

② Michael Lidauer, Democratic Dawn? Civil Society and Elections in Myanmar 2010 – 2012, *Journal of Current Southeast Asian Affairs*, Vol. 31, No. 2, 2012, p. 93.

③ Shebonti Ray Dadwal, Myanmar Opens to Business Opportunities, But it is Sustainable?, *IDSA Comment*, Jun. 14, 2013, http://www.idsa.in/idsacomments/MyanmarOpenstoBusinessOpportunities srdadwal 140613.html.

现，尤其是在与印度接壤的能源短缺的西部山区。而缅甸政府也做出回应，表示新发现的油气田将首先满足国内消费，余下的才供出口。[①] 尽管缅甸油气产出与国内消费之间存在不断扩大的余额，但这并不能保证这些余额均可以出口，尤其是在能源短缺的贫困地区。这显然制约了缅甸向印度出口油气、电力资源的规模与稳定性。

三、印缅边境混乱

印缅边境的混乱局势是制约印缅能源合作的另一个重要因素。印缅边境地区不仅存在数量众多的反政府武装，毒品军火走私等非传统安全问题也很突出，这共同促成印缅边境混乱的安全局势，直接阻碍了印度东北部与缅甸之间的能源合作，尤其是削弱了油气管道途经该地的可行性。根据南亚反恐网站的数据统计显示，2005—2009 年，印度东北部地区恐怖暴力事件死亡人数维持较高水平，最高时超过 1000 多人，最低时超过 600 多人。2010—2015 年死亡人数大幅下降，但也维持在 200 多人以上的水平，其中最高时还达到 465 人。[②] 这说明，反政府武装的小股袭击仍对该地区的安全局势产生持续消极影响。除此之外，印度东北部境内部落地区频繁封锁道路、罢工游行也大大降低了油气管道途经该地区的安全性。在缅—孟—印三国天然气管道项目的替代方案中，印度试图穿越其东北部修建缅甸至印度的天然气管道。但该替代方案最终未能成功。这一方面是因为印度需要增加投资费用，但更重要的是该地区混乱的安全局势。正如拉维娜所指出的，印度将会扩大在缅甸能源领域的投资，

---

① Shebonti Ray Dadwal, Myanmar Opens to Business Opportunities, But it is Sustainable?, *IDSA Comment*, Jun. 14, 2013, http://www.idsa.in/idsacomments/MyanmarOpenstoBusinessOpportunities srdadwal 140613.html.

② South Asia Terrorism Portal, http://www.satp.org/satporgtp/countries/india/database/fatalitiesnorteast2006.htm.

但是保护印度东北部的天然气运输通道以及电力供应所需付出的巨额代价已使得新德里回避了（通过东北部运输缅甸天然气的可能性），这很大程度上是因为该地区的局势难以控制。①

2014 年莫迪上台执政后，印度东北部的反政府武装袭击不降反增，对该地区的安全威胁显著上升。2015 年 6 月，印度东北部反政府武装那加兰社会主义委员会（K 派）在曼尼普尔发动针对印度安全部队的袭击，造成 18 名士兵阵亡，成为印度史上最为血腥的暴力恐怖事件。在此背景下，通过印度东北部铺设缅甸至印度的天然气管道未得到中央政府的重视。不仅如此，印度还重新开始与孟加拉国讨论重启缅—孟—印三国天然气管道项目。由此可见，在尽可能的情况下，印度仍然倾向于过境孟加拉国来铺设缅甸至印度的天然气管道，除非印缅边境安全局势显著改善。

四、印度与孟加拉国的分歧

由于印度通向主要能源供应地的陆路要经过巴基斯坦、阿富汗以及孟加拉国等国，印度与这些邻国关系的好坏就直接影响到印度能源战略的成效。在印孟关系中，印度希望孟加拉国给予印度过境便利，但孟加拉国出于安全和主权考虑不与印度签署过境协议。因而，印孟关系遭受孟加拉国不给予印度货物过境的困扰。② 在缅—孟—印天然气管道项目中，印孟之间的分歧不仅延误了印度与缅甸就该天然气管道签署协议，还直接为缅甸与中国签署天然气管道协议

① Lavina. Lee, Myanmar's Transition to Democracy: New Opportunities or Obstacles for India?, *Contemporary Southeast Asia*, Vol. 36, No. 2, 2014, p. 311.

② Y M Bammi, *India Bangladesh Relations: The Way Ahead*, (New Delhi: Vij Books India Pvt Ltd., 2010), p. 180.

“创造”了机会。[①]

莫迪就任印度总理后致力于推行邻国外交，并主动访问孟加拉国，解决了长期困扰两国关系的飞地问题，印孟关系显著改善。不仅如此，两国还修改了印孟贸易协议，允许孟加拉国过境印度与尼泊尔和不丹等第三国开展贸易；加强道路网络建设，开通印度古瓦哈蒂至孟加拉国首都达卡的巴士服务；签署协议允许双方货船在两国货运码头运载货物。[②] 在此背景下，双方也释放出重启缅—孟—印三国天然气管道项目的积极信号。由此可见，印孟关系的改善对印缅能源合作非常重要。

第四节　印缅能源合作对中国的影响

印缅能源合作的推进既会对中国在缅甸能源市场的优势地位形成竞争，同时也可以为中印缅孟四国开展能源合作提供机会。

一、中印在缅甸的能源竞争

首先，缅甸能源储量丰富，又紧邻中印。因此，依赖能源进口的中印都试图将缅甸打造成稳定的能源供应地。这不可避免地会导致竞争，即使中印能源公司在国际能源市场已达成类似“互不侵犯”

① Rakhahari Chatterji & Anasua Basu Ray Chaudhury & Pratnashree Basu, India-Myanmar Connectivity: Possibilities and Challenges, *ORF Report*, Nov. 2015, p. 57.

② Beyond Neighbors: India-Bangladesh Relations Between 2009 And 2015, Bangladesh Awami League, Jun. 3, 2015, http://www.albd.org/index.php/en/resources/special-reports/2581-beyond-neighbours-india-bangladesh-relations-between-2009-and-2015.

的条约。[①] 其次，缅甸东南部的两大油气田耶德那（Yadana）和耶德贡（Yetagun）主要出口泰国以及供其国内消费，中印均难以涉足。这导致中印必须在其他油气田寻找机会。由于距离较近，中印均将目光放到缅甸中南部若开邦近海地区的油气田，希望扩大已方所占份额。事实上，早在2002年印度就已开始参与瑞油气田的投资活动，2004年也提出缅—孟—印三国天然气管道计划。但2007年中国却以后来者居上的姿态将瑞油气田的合同拿下。这被认为是印度在缅甸能源外交中的重大挫折。2009年中缅油气管道协议签署后，中国在缅甸能源市场的优势继续巩固。中国在缅甸的能源影响力远大于印度。与中国竞争是印度对缅能源外交的“推拉”因素。[②]

2011年9月缅甸政府单方面宣布暂停中国在缅甸投资修建的密松大坝后，缅甸国内针对中缅油气管道等中国在缅能源投资项目的抗议持续。印度认为，中国在缅能源优势的削弱会为印度拓展在缅能源影响力提供机会。印度国防战略分析所研究员达德沃尔就曾指出，近期在缅甸（2013年）的油气田招标中，只有一家中国公司在竞标名单中，而印度则有多达七家公司。印度的境况远比中国好。[③] 莫迪上台后，明确提出要将“东向”政策落实为“东行”政策，希望藉此提高政府决策效率，以更强有力的承诺来实施项目工程。[④] 在此背景下，印缅能源合作加速推进。随着缅甸能源市场的进一步开

---

① Sascha MüllerKraenner, China's and India's Emerging Energy Foreign Policy, *Discussion Paper*, *DTE Discussion Paper*, 2008, p. 12, http://edoc. vifapol. de/opus/volltexte/2011/3282/pdf/DP_ 15. 2008. pdf.

② Rajiv Bhatia, *India-Myanmar Relations: Changing Contours*, (New Delhi: Routledge, 2016), p. 180.

③ Shebonti Ray Dadwal, Myanmar Opens to Business Opportunities, But it is Sustainable?, *IDSA Comment*, Jun. 14, 2013, http://www. idsa. in/idsacomments/MyanmarOpenstoBusinessOpportunities srdadwal 140613. html.

④ Pierre. Gottschlich, New Developments in India-Myanmar Bilateral Relations?, *Journal of Current Southeast Asian Affairs*, No. 2, 2015, p. 152.

放及其能源投资环境的逐步改善，印度将持续提升其在缅甸能源市场的份额。此外，印孟关系的改善将为印度过境孟加拉国与缅甸开展能源合作提供切实的可行性。这些都将削弱中国在缅能源市场的优势地位。

最后，印缅能源合作的深化还会提升缅甸在中缅能源合作中的博弈筹码。作为能源供给方，缅甸把油气资源作为多边外交的新手段，对中国、印度、泰国等邻国，以及区域外的俄罗斯等国推行以油气资源为重要内容的多边外交，并利用各国相互制衡，以保持自身内政外交的独立自主。[①] 印缅能源合作的深化将会提升印度在缅能源市场的影响力，从而促使其他能源需求国增加成本投入，以保持在缅能源市场中的地位。

二、中印缅孟能源合作

尽管中印在缅甸能源市场中存在竞争关系，但这并不表明两国没有合作机会。首先，从该地区能源市场供需状况来看，中印是能源需求方，缅孟是能源供给方，因此四国可以形成一个能源交易市场。既然有交易，就会存在竞争与合作。其次，从各方的比较优势来看，中国有充足的资金、成熟的技术、良好的设施和高效的管理，但缅甸社会对中国的能源投资存在一定程度的抵制。印度也有成熟的技术和配套的设施，但资金短缺且效率低下。缅甸和孟加拉国都有丰富的能源资源、大量的劳动力以及关键的地理位置，但缺乏资金及技术。因此，各方可通过多边合作进行优势互补，既各取所需，又降低投资风险，最终达成多方共赢的能源合作格局。而在多个利益相关国之间合作开发能源资源将会产生高额利润，特别是在能源

---

① 刘务、贺圣达："油气资源：缅甸多边外交的新手段"，《南亚研究》2012 年第 3 期，第 15 页。

生产、加工、营销和分销方面。因此，在中印缅孟内部形成这样一种共享、分配和利用机制也将带来高额利润，特别是对于中国和印度的邻近地区更是如此。[1] 事实上，早前印度入股中缅石油管道项目就是中印缅多边能源合作的初步尝试。

再次，能源合作是“孟中印缅经济走廊”的重要潜在合作领域。作为该地区重要的次区域合作框架，“孟中印缅经济走廊”承载着加强地区经济整合、政治互信及文化繁荣的重要功能。建立一个作为孟中印缅经济走廊框架基石的能源网络的愿景，可以作为一种理想而又实际的实现区域合作，并加强四国相互利益和相互依存的渠道。[2] 随着经济利益的产生、相关设施的完善以及各种目标的实现，四国将更加依赖这种能源网络进行合作。而且，当四国共同构建的能源网络成熟后，其还能成为连接东南亚、南亚及中东的能源交易枢纽。

在这方面，中国应发挥引领作用，优先强化与缅甸在“孟中印缅经济走廊”合作框架下的能源合作，通过与缅甸的合作来开拓孟加拉国和印度能源市场。[3] 此外，更为重要的是，中国应利用这种优势在“孟中印缅经济走廊”的合作框架内设置能源合作议题，提出多边能源合作倡议和具体的能源合作项目，通过已形成的能源优势来主导设置地区能源网络，并通过制度安排来吸引印度、缅甸及孟加拉国参与，共享制度红利。尽管印度加强与缅甸的能源合作存在与中国竞争的因素，但印度并不试图，也没有能力改变中国在缅甸能源市场中占优的现状。因此，印度对于中国所提出的制度安排很

---

① 朱翠萍、斯瓦兰·辛格：《孟中印缅经济走廊建设：中印视角》，社会科学文献出版社 2015 年版，第 217 页。

② 朱翠萍、斯瓦兰·辛格：《孟中印缅经济走廊建设：中印视角》，社会科学文献出版社 2015 年版，第 229 页。

③ 邹春萌、杨祥章：“东盟‘N－X’机制及其对‘孟中印缅经济走廊’建设的启示”，《南亚研究》2016 年第 3 期，第 137 页。

难产生完全的抗拒。毕竟，在成熟的制度安排下，印度既可以更为便捷地加强与中、缅、孟的能源合作，又可以减少合作成本，还可以提升印度在该地区的影响力。而且，从印度的视角来看，孟中印缅经济走廊将在“东向”政策的范围将印度东部和东北部置于次区域合作的中心地位。[①] 因此，在地区能源网络建设中，印度东北部也可以成为一个区域能源中心。对于缅、孟等能源供给方而言，保持中印在其能源市场的竞争能够最大化自身收益，但“零和博弈”就会打破缅孟能源外交的平衡性，从而损害缅孟的国家利益。因此，缅孟也有理由促进中印之间的合作。总体而言，中国应利用其相对能源优势，联合印缅孟合作建设地区能源网络。在这一过程中，各方进行能源合作的成本不仅会降低，四国还会逐步培育起区域合作意识，从而巩固并保障地区能源网络的顺畅运行。

---

① Subir. Bhaumik, Look East through Northeast: Challenges and Prospects for India, *ORF Occasional Paper*, No. 51, Jun. 2014, p. 4.

第五章　印缅军事安全合作

冷战结束后，军事安全合作成为印缅关系的重要合作领域，两国联合打击边境地区的反政府武装，共同应对边境非传统安全问题。印度还不断加大与缅甸海军的合作交流力度，对缅出售军事武器，提升印度在缅甸的军事影响力。

第一节　印缅联合打击反政府武装

自20世纪90年代开始，印度东北部地区的暴力活动日益升级，平民及安全人员的伤亡数字一路攀升，安全局势不断恶化。印度急需加强与缅甸的政策协调来打击藏匿在缅甸境内的印度反政府武装。在此背景下，联合打击反政府武装成为印缅军事合作中的重要组成部分。

一、联合打击反政府武装：拉奥及联合政府时期

1993年3月，印度外交秘书迪克西特访问缅甸时表示，两国将利用这次重要机会来讨论边境地区的军事合作问题。[1]

---

[1] Renaud. Egreteau, India's Ambitious in Burma-More Frustration than Success?, *Asian Survey*, Vol. 48, No. 6, November/December, 2008, p. 941.

1994年1月21日，印度与缅甸签署谅解备忘录，旨在加强边境地区的合作以阻止“非法移民与反政府武装的活动”。[①] 1994年5月9—13日，印度陆军参谋长乔希访问缅甸，双方讨论了反政府武装及其他战略问题。同年，缅甸情报部长钦纽将军访问印度，双方讨论了联合打击边境地区反政府武装的问题。事实上，双方高级军事官员的频繁互访是在为即将展开的联合军事行动做准备。

1995年4月12日，印缅两军联合展开代号为“金鸟”的军事行动，联合打击印度东北部反政府武装及藏匿在印度境内的缅甸反政府武装。阿萨姆团结解放阵线（ULFA）、人民解放军（PLA）、那加兰民族社会主义委员会（K派，NSCN-K）、那加兰民族社会主义委员会（IM派，NSCN-IM）以及钦邦国民阵线（UNF）被列为此次军事行动的打击对象。

钦邦国民阵线成为打击对象是因为印度认为其与印度国内的阿萨姆团结解放阵线及人民解放军有联系，但阿萨姆团结解放阵线军事指挥官帕瑞希·巴卢拉却予以否认。南亚人权文档中心认为，钦邦国民阵线之所以被列为打击对象，是因为印度与缅甸军政度达成协议：印度希望缅甸军政府打击位于印缅边界缅方一侧的印度东北部反政府武装，作为回报，印度同意每周至少驱逐30名缅甸难民，作为两国根除反政府武装合作努力的一部分。而钦邦国民阵线是一个亲民主的组织，它反对缅甸军政府，因此要被打击。[②] 这凸显了印度与缅甸进行联合军事行动的诚意，表明印度的确想解决其东北部反政府武装问题。因此，在军事行动初期，双方的打击给反政府武装组织造成

---

① Soe Myint, India and Burma: Working on Their Relationship, The Irrawaddy, Vol. 7, No. 3, Mar., 1999, http://www.irrawaddy.org/article.php?art_id=1170&page=1.

② The Situation of Burmese Refugees in Asia: Special Focus on India, South Asia Human Rights Documentation Centre, http://www.hrdc.net/sahrdc/resources/burmese_refugee.htm.

较大损伤。一些反政府武装组织被破坏，领导人逃往国外，其成员或被击毙，或被捕，余下的成员纷纷逃往山区躲避政府军的打击。

但就在军事行动即将取得更大成效时，印度政府授予缅甸民主运动领导人、缅甸全国民主联盟总书记昂山素季“尼赫鲁促进国际理解奖”，缅甸军政府停止军事行动，双方的联合军事行动就此停止。双方在军事领域的合作未有大的进展，此后印度加大打击反政府武装的力度，但其东北部安全局势仍未得到有效改善。因此，1997 年 3 月，印度陆军参谋长乔杜里上将对缅甸进行了为期 6 天的访问，双方就开展军事合作与人员交流，以及两国军队联合对边境地区反政府武装采取军事行动等问题进行了协商。①

总体而言，这一时期印缅军事、安全领域的合作仍局限于打击印度东北部反政府武装这一狭小范围，由于印度国内对与缅甸军政府进行接触仍存有不同意见，加之印度为缅甸民主运动成员提供庇护，双方联合打击反政府武装的成效仍未得到显著体现。此后，印度国内政局更迭频繁，加之联合阵线政府将民主置于对缅政策优先考虑的地位，印缅军事合作少有进展。

二、联合打击反政府武装：人民党时期

1998 年，印度人民党上台执政后，奉行与缅甸军政府进行“建设性接触”的对缅政策，印缅关系持续改善，联合打击反政府武装被再次提上日程。

2000 年 2 月，印缅再次发起联合军事行动，打击反政府武装组织。7 月 3 日，印度陆军参谋长马利克应缅甸和平与发展委员会副主席貌埃将军之邀，对缅甸进行了为期 4 天的访问。访问期间，双方

① 李晨阳、瞿健文：“试论 1988 年以来印度与缅甸关系的发展”，《南亚研究》2005 年第 2 期，第 23 页。

讨论了联合打击反政府武装的军事行动。2001 年 5 月，联合军事行动结束。此次军事行动由于事先做过充分准备，加之没有政治因素的干扰，取得了较好战绩。不过，尽管此次军事打击消灭了大量反政府武装的有生力量，但并未产生整体成效，大部分印度的反政府武装，比如阿萨姆团结解放阵线、人民解放军、那加兰民族社会主义委员会（K 派）及那加兰民族社会主义委员会（IM 派）等，仍从缅甸西部山区向印度境内发动袭击。由于这些组织的营地仍旧存在且充满灵活性，加之信息依然通畅，它们仍具有发动袭击的能力。①

三、联合打击反政府武装：国大党及人民党再度执政时期

2007 年，缅甸军方发起针对印度反政府武装的军事围剿行动。此次军事打击的目标主要是在缅甸建立营地的一些印度反政府武装，比如阿萨姆团结解放阵线、那加兰民族社会主义委员会（K 派）。此外，其他一些印度东北部地区的反政府武装组织也遭到缅甸军队的打击。

军事围剿结束后，印度国防部称，阿萨姆团结解放阵线在缅甸军队的打击下遭受重创。但一名印度高级安全官员却称，打击的具体效果还不太清楚。他还称，虽然缅甸向印度许诺过不允许印度东北部反政府武装利用缅甸领土从事反印活动，但由于一些缅甸低级别军官为这些反政府武装组织提供庇护，它们仍继续在缅甸建立营地。②

此后，双方极少举行联合军事行动打击反政府武装。印度转而寻求通过与缅甸合作，建立长效化的管理机制来压缩反政府武装的

---

① Renaud. Egreteau, India's Ambitious in Burma-More Frustration than Success?, *Asian Survey*, Vol. 48, No. 6, November/December, 2008, p. 947.

② K. Yhome, India-Myanmar Relations (1998—2008) – A Decade of Redefining Bilateral Ties, *OFR Occasional Report*, Jan., 2009, p. 15.

活动空间。为此，印缅之间建立了一系列制度性机制来应对这一问题。这些机制包括：年度外交部磋商会议、年度国家级会谈、部门级会谈、一年两次的陆军边境联络会议。

2011 年 6 月，缅甸政府军与克钦独立军重燃战火。10 月，缅甸总统吴登盛访问印度，与印度达成秘密军事合作协议。协议规定，印度将为缅甸提供包括轻重武器弹药在内的军事援助，组建由一名印度陆军副总参谋长级别领导的军事顾问团，以帮助缅甸政府军进一步打击克钦独立军。作为回报，缅甸政府军将继续加强与印度国防军的军事合作，共同打击活跃在缅印边境的印度反政府武装组织阿萨姆民族解放阵线武装组织，以消除其对印度国家安全的威胁。

2012 年 8 月，印缅边境第 46 次联络会议在印度英帕尔举行，印缅两军讨论多种方式尝试将印度东北部的叛军从缅甸领土赶出去。印度安全部队已在靠近印缅边境的曼尼普尔的昌德尔（Chandel）、乌克如（Ukhrul）以及楚拉昌普（Churachandpur）建立监视设施。①2014 年 5 月，印度与缅甸签署印缅边境合作协议，为两国安全机构在安全领域的合作与情报共享奠定了基础。该协议规定，由两国边防部队在各自国境线和海域线一侧执行协同巡逻任务。

2015 年 6 月 4 日印度军队遭遇东北部反政府武装的袭击，至少 17 名印军士兵在袭击中丧生，另有 18 名士兵受伤。这是印军近年来遭遇的最严重的叛军袭击事件。6 月 7 日，为实施报复，印军在黎明前实施跨境军事行动，深入缅甸境内数公里，打击反政府武装那加兰社会主义委员会（K 派）以及曼尼普尔拯救革命运动组织营地。17 日，印度国家安全顾问阿吉特·多瓦尔与缅甸总统吴登盛及国防部高级官员举行会谈，共同商讨边境安全合作事宜。

---

① Insurgency Discussed in India-Myanmar Liaison Meet, The Times of India, Aug. 22, 2012, http://timesofindia.indiatimes.com/india/Insurgency-discussed-in-India-Myanmar-liaison-meet/articleshow/15593395.cms.

四、联合打击反政府武装的障碍

印度东北部地区是进入缅甸的门户，该地区的任何麻烦都将严重影响印缅双边关系发展。如果印缅想加深两国间关系，就必须确保一个稳定与合作的东北部地区。① 从目前来看，印度东北部地区不仅是印度从缅甸输入能源的必经之地，还是印度实行“东向”政策的最前沿。因此，确保该地区的稳定对于印度的能源供应、挺进东南亚至关重要。但是，该地区民族武装集团林立，反政府武装活动频发，严重影响印缅两国的正常交往。为此，印度积极寻求缅甸的帮助来打击反政府武装，虽取得一定成效，但问题犹存。

首先，印度积极寻求缅甸的合作来打击境内的印度反政府武装，但缅甸对于打击其境内的印度反政府武装并不热心，有时甚至采取默许、容忍的态度。印度前驻缅甸大使拉吉夫·巴蒂亚指出：缅甸军方一方面向印度表明打击其境内反印武装的意愿以及为此付出的积极努力；另一方面，缅军又帮助其境内反印武装，以此作为向印度施压的杠杆。② 此外，基于经济利益的考虑，缅甸当地军官也不热心打击其境内反印武装。③ 其次，印度向缅甸提供军事武器，寻求合作打击其境内的反印武装，但缅甸却将这些武器用于镇压国内的游行示威者，这使缅甸民众对印度产生了厌恶感，引起印度的不满。再次，缅甸军方集中精力打击北部少数民族武装，对印缅边境的军力部署有限，这显著制约了缅军打击境内反印武装的成

---

① K. Yhome, India-Myanmar Relations (1998—2008) – A Decade of Redefining Bilateral Ties, *OFR Occasional Report*, Jan., 2009, p. 20.

② Rajiv. Bhatia, *India-Myanmar Relations: Changing Contours*, (New Delhi: Routledge, 2016), p. 163.

③ Lavina. Lee, Myanmar's Transition to Democracy: New Opportunities or Obstacles for India?, *Contemporary Southeast Asia*, Vol. 36, No. 2, 2014, p. 302.

效。正如拉维纳所指出的，印度东北部反政府武装对缅甸的安全威胁不如北部缅甸反政府武装大，因此缅甸政府不想在东北部投入军事资源。①

总体而言，缅甸不会完全按照印度的意愿大力打击境内的反印武装，而印度也将继续敦促缅甸军方打击其境内的反印武装，并采取多种措施寻求双方在这一问题上的合作。

五、印度曼尼普尔与缅甸边境领土纠纷

2013 年 7 月印度在曼尼普尔与缅甸边境地区修建隔离带引起曼尼普尔当地官员以及民众的不满，并引发游行示威。抗议者称，印度中央政府准备在位于边界 79 号与 81 号标界、长达 10 公里的区域修建隔离带。由于缅甸政府反对，印度打算在原有边界的基础上向印度一侧后移数米修建隔离带。曼尼普尔民众认为这意味着印度割让一部分领土给缅甸，因此要求新德里在修建隔离带之前先解决与缅甸的领土纠纷。②

2013 年 8 月 22 日，由于缅甸军队准备在曼尼普尔邦昌德尔区莫雷警察局以南 3 公里的德霍伦帕伊村庄设立临时营地，曼尼普尔民众的抗议爆发到顶点。缅甸指挥官称，霍伦帕伊是缅甸领土，并表示除非得到上级指示，否则不会停止工作。缅甸内政部也否认入侵印度。而负责印缅边界保卫的阿萨姆步枪队未就该事件发表任何官方声明，不过印度士兵已加强了在霍伦帕伊地区的巡逻。考虑到民众的愤怒情绪，曼尼普尔邦政府也决定成立一个委员会，评估在昌

① Lavina. Lee, Myanmar's Transition to Democracy: New Opportunities or Obstacles for India?, *Contemporary Southeast Asia*, Vol. 36, No. 2, 2014, p. 301.

② Pushpita. Das, India-Myanmar Border Problems: Fencing not the Only Solution, *IDSA Comment*, Nov. 15, 2013, http: //www. idsa. in/idsacomments/IndiaMyanmarBorderProblems_ pdas_ 151113. html.

德尔地区修建印缅边境铁丝网的工程。①

不过，印度政府的这些措施并未平息当地民众的不满，对于修建隔离带，当地民众仍持反对立场。而缅甸军队在该地区的越境行为也并未停止。2015 年 4 月 24 日，缅甸军队越境进入印度曼尼普尔乌克如县 3 公里区域。此前的 2014 年 6 月，缅甸军队还在曼尼普尔昌德尔县莫雷附近占领了印度一部分领土。②

第二节 印缅应对边界非传统安全问题

除了联合打击反印武装，边境地区的非法贸易、毒品走私、军火贩卖、疾病传播以及种族冲突等非传统安全问题也日益凸显。为此，印缅两国采取多种措施加强边境管理。

一、非传统安全问题突出

在拉奥、联合政府以及人民党政府时期，印度主要寻求缅甸的协助来打击反政府武装，对边境地区的非传统安全问题并没有予以特别关注。此外，这一时期边境地区的开放程度有限，从而限制了人员的自由流动，非传统安全问题并不突出。但是在国大党联盟时期，印缅边境地区的开放程度不断提升，边境地区的贸易、投资活动逐渐增多，人员往来也日益频繁。这使得非法贸易、毒品走私、

① 印度媒体："缅甸军队'越境'进入印度"，新浪网，2013 年 8 月 24 日，http：//dailynews. sina. com/bg/news/int/phoenixtv/20130824/18114901173. html。

② Myanmar Soldiers "Intrude on Indian Territory", Mizzima, Apr. 25, 2015, http：//www. mizzima. com/news-international/myanmar-soldiers –% E2% 80% 98intrude-indian-territory% E2% 80% 99.

军火贩卖、疾病传播以及种族冲突等非传统安全问题日益突出。

非法贸易在印缅边境地区长期存在。首先，印缅边境地区长期存在以货易货的边贸传统，这种货物贸易不计入官方贸易。即便贸易口岸开通，以货易货的贸易方式仍然被允许，但交易商品价值必须低于20000美元，并且商品种类只限于豆类、香料、竹子、森林产品（不包括柚木）、烟草等当地商品。不过，印度政府在2015年12月1日禁止了边境地区的以货易货。① 由于以货易货在边境地区颇为盛行，印度政府的禁令严重影响了印缅边贸。

其次，边贸口岸建设迟缓也是非官方贸易兴盛的重要原因。事实上，直到1994年，印缅官方才开始正式讨论开设边境贸易口岸。1995年，第一个边贸口岸开通。尽管如此，通过边贸口岸进行的官方贸易仍不及通过非官方渠道进行的非法贸易。这与边贸口岸的设施建设落后大有关联。一则，边贸口岸数量有限，不能完全满足边贸需求。事实上，印度政府也意识到这一问题，并在近些年开始与缅甸政府讨论在印度东北部米佐拉姆及曼尼普尔邦建设新的贸易口岸。二则，边贸口岸交易系统不完善。由于缅币汇率变动较大，缅甸商人与印度商人进行贸易时要么使用印度卢比，要么使用美元。但是印度在边境地区的银行系统并不完善，通过正规银行兑换卢比或美元都不方便。在此情况下，通过黑市兑换卢比或美元就很盛行。而且，在黑市交易时，其汇率有时是官方交易市场的31倍，② 这更加刺激了黑市交易的繁荣。

此外，在印缅边境地区还存在一种古老的货币交换方式，被称

---

① 黄贤超："易货贸易终结扼杀印度缅甸边境贸"，中国国际贸易促进委员会驻新加坡代表处，2015年12月17日，http://www.ccpit.org/Contents/Channel_4012/2015/1217/539544/content_539544.htm。

② Julien. Levesque & Mirza. Zulfiqur. Rahman, Tension in the Rolling Hills: Burmese Population and Border Trade in Mizoram, *IPCS Research Paper*, Apr., 2008, p. 13.

做哈瓦那（hawala）。这种交易方式建立在绝对信任的基础之上。比如，缅甸商人可通过抵押资产将一定数额的缅币汇给缅甸境内的哈瓦那代理人。代理人会给缅甸商人验证码。当该商人进入印度境内进行贸易时，可直接找印度境内的哈瓦那代理人取经过汇率交易之后的印度卢比。这种交易方式避免了在银行排队兑换钱币的繁琐，简单方便。

再次，非法贸易获利颇丰。据印度官方 2006 年统计，通过两国边境的年均走私贸易额达到 10 亿美元。[①] 由于边境地区管理水平有限，加之印度东北部地区安全局势欠佳，政府对打击非法贸易心有余而力不足，非法贸易在印缅边境地区较为兴盛。

除了非法贸易，印缅边境地区的毒品走私也不断增多。印度国防战略分析所研究员普施比塔·达斯在 2012 年的一份研究报告中指出，强有力的跨境民族联系、犯罪网络以及 1994 年开通莫雷为边贸口岸，使得越来越多缅甸境内的毒品流入印度东北部，并通过东北部销往加尔各答及新德里等印度大城市。[②] 印度国防战略分析所另一位长期关注印度边境问题的研究员纳米拉塔·戈斯瓦米则指出，近年来，在印度东北部曼尼普尔邦发现大量在印度制造的毒剂前体，然后通过印缅边界走私到缅甸用于制造海洛因等毒品。[③] 目前，印度东北部那加兰邦、曼尼普尔邦以及米佐拉姆邦是走私毒品最为严重的地区。造成印缅边界毒品走私猖獗的主要原因在于：（1）边境开放程度提高，货物人员往来增多，但边境管理水平滞后，造成对毒

① “缅印边境将开新口岸”，中国商务部亚洲司，2006 年 6 月 21 日，http：//yzs. mofcom. gov. cn/article/zcfb/200606/20060602500131. shtml。

② Pushpita. Das，Drug Trafficking in India：A Case for Border Security，*IDSA Occasional Paper*，No. 24，May，2012，pp. 24 –26.

③ Namrata. Goswami，Drug and the Golden Triangle：Renewed Concerns for Northeast India，*IDSA Comment*，Feb.，2014，http：//www. idsa. in/idsacomments/DrugsandtheGolden-Triangle_ ngoswami_ 100214.

品走私的查处力不从心；（2）活跃在印缅边境地区的反政府武装需要通过毒品走私来获取财政支持；（3）该地区居民也存在个人消费毒品的需求。普施比塔·达斯指出，自印缅边境走私到印度东北部的小剂量海洛因主要供当地居民消费。①

非法进入印度东北部的缅甸难民不断增多也引发外来移民与本地居民的冲突。首先，缅甸国内民族和解问题未得到妥善解决，一些少数民族地区还战火连绵，这使得缅甸难民人数上升。此外，靠近印缅边界的缅甸若开邦一直存在严重的佛教徒与穆斯林之间的种族冲突，大量穆斯林被迫逃入印度东北部避难。尤其是在印度东北部的米佐拉姆邦，自1988年缅甸军政府接管政权以来，就有大量缅甸难民及政治异见人士涌入，并且人数还在继续上升。② 其次，印度政府并不承认这些缅甸非法移民的难民身份，也不允许国际难民组织在印度东北部开展援助难民的活动。这导致当地缅甸难民无法获得正当职业，被迫从事犯罪活动，引发了当地人的不满。再次，印度东北部本身就存在印度教徒与穆斯林之间的严重种族冲突。逃到印度东北部的缅甸难民大部分又为穆斯林，这自然会引发当地印度教徒的不满。最后，边境地区的军火走私以及艾滋病传播等非传统安全问题也存在。根据印度观察家基金会2015年的一份报告显示，在印缅边境地区的莫雷边贸口岸，印度边防部队设置多重关卡来检查过往车辆是否进行军火走私。③ 显然，这些非传统安全问题的凸显使得边境管理成为印缅安全合作中的另一个重点合作领域。

---

① Pushpita. Das, Drug Trafficking in India: A Case for Border Security, *IDSA Occasional Paper*, No. 24, May, 2012, p. 25.

② Rakhahari. Chatterji & Anasua. Basu. Ray. Chaudhury & Pratnashree. Basu, India-Myanmar Connectivity: Possibilities and Challenges, *ORF Report*, Nov. 2015, p. 95.

③ Rakhahari. Chatterji & Anasua. Basu. Ray. Chaudhury & Pratnashree. Basu, India-Myanmar Connectivity: Possibilities and Challenges, *ORF Report*, Nov. 2015, p. 95.

二、边境管理的具体措施

2004 年 10 月，缅甸和平与发展委员会主席丹瑞访印期间，两国签署了《非常规安全事务合作谅解备忘录》，双方一致表示要加强在反恐等领域的合作。在这份备忘录中，双方表示将共同打击“基地”组织设在缅境内的反印武装，提高两国 1600 多公里边境线的安全警戒，联手对付恐怖主义、洗钱、毒品走私、国际经济犯罪和网络犯罪。[①] 印度还承诺向缅提供必要的军事援助，成立一个由政府高级官员组成的专家咨询小组，定期举行会议。此后，双方通过年度国家级会议、年度外交磋商会议、不定期边境联络会议、地区边界委员会、边贸委员会等机制讨论边境管理问题。

2005 年 10 月，第十一届印缅国家级会谈在缅甸首都仰光举行，印度内政部长率团出席会议。双方重点讨论了边境安全问题、毒品走私、联合检查及维护界碑、边境贸易以及跨境工程。[②] 2008 年 3 月，缅甸内政部副部长访问印度，并出席印缅第十四届国家级会谈。边界安全问题、毒品走私、边界管理问题以及边贸、跨境项目再次被讨论。[③] 2009 年 2 月，第三十五次印缅边境联络会议在缅甸召开。[④] 2012 年 5 月，印度总理辛格访缅期间与缅甸签署了边界发展协议，并成立地区边境委员会不定期召开会议讨论边境管理问题。[⑤] 2013 年 7 月及 2014 年 1 月，第三、四届地区边境委员会相继召开。[⑥] 2014 年 7 月，第五届地区边境委员会在印度曼尼普尔召开。除了中

① 马燕冰：“印缅关系的发展及对中国的影响”，《亚非纵横》2009 年第 6 期，第 15 页。

② Annual Report 2005—2006, India's Ministry of External Affairs, New Delhi, p. 12.

③ Annual Report 2008—2009, India's Ministry of External Affairs, New Delhi, p. 10.

④ Annual Report 2009—2010, India's Ministry of External Affairs, New Delhi, p. 12.

⑤ Annual Report 2012—2013, India's Ministry of External Affairs, New Delhi, p. 8.

⑥ Annual Report 2013—2014, India's Ministry of External Affairs, New Delhi, p. 9.

央级别的会议，印缅边境地区政府以及边防机构之间的定期会晤也不断举行。此外，印缅还签署了包含边境安全合作以及两国边防部队情报交换的边界合作备忘录。①

三、边境管理存在的问题

总体而言，自国大党联盟执政后，印度逐步与缅甸建立中央、地方层面的多种合作机制来讨论边界管理问题，也相继出台了一些重要举措。尽管双方保持频繁沟通，但在应对边界非传统安全问题方面仍缺乏实质性成效。印度国防战略分析所研究员达斯直言，印度政府未能与缅甸成功合作来管理边界。印缅建立的多种合作机制未能结出硕果。②

确实，当前边境地区的非法贸易依然兴盛，毒品走私势头也未得到有效遏制，艾滋病等疾病传播缺乏及时有效的应对。更为紧迫的是，印度政府对大量融入其东北的缅甸非法移民缺乏有效应对。这些都对印缅关系的长期稳定发展造成了负面影响。

究其原因主要有：（1）印度政府的主要精力放在打击反政府武装以及促进边境地区互联互通项目建设上，对边境地区的非传统安全问题重视程度不够；（2）印度中央政府在边境管理问题上具有决策权，地区政府对决策的影响力较小，而且其执行力较低，也制约了相关边境管理措施的治理成效；（3）印度东北部的反政府武装仍具备发动暴力袭击的能力，造成该地区总体安全局势欠佳，给政府官员执行边境管理政策带来干扰；（4）印度与缅甸的不完全接触以及印度早期对缅甸民主运动的支持，使缅甸政府不愿全心全意与印

① Annual Report 2014—2015, India's Ministry of External Affairs, New Delhi, p. 14.

② Pushpita. Das, India-Myanmar Border Problems: Fencing not the Only Solution, *IDSA Comment*, Nov. 15, 2013, http://www.idsa.in/idsacomments/IndiaMyanmarBorderProblems_pdas_151113.

度合作来管理边境问题;① （5）缅甸国内民族和解问题未得到妥善解决，缅甸当地政府治理水平有限，造成越来越多的缅甸难民被迫离开家园涌入印度；（6）印缅边境地区民族成分复杂，历史联系悠久，难以有效管理。

第二节　印缅海上军事合作

随着印度对印度洋安全战略关注度的提升，缅甸在印度洋战略中的地位逐渐凸显。在此背景下，印度不断加强与缅甸的海军军事合作关系，海洋安全合作成为印缅防务合作的重要一环。

一、印缅海上军事安全合作的动力

印缅强化海上军事安全合作的动力是多方面的，主要包括缅甸在印度洋战略地位的提升、印度对中国印度洋战略的关注及缅甸多样化军事合作伙伴。

缅甸海岸线漫长，南部一直延伸至安达曼海，与印度一道对孟加拉湾形成合围之势。因此，缅甸对于马六甲海峡的尼科巴群岛及安达曼海具有重要的战略意义。正如长期研究印缅关系的印度观察家基金会研究员尤姆所指出的，孟加拉湾一直很闭塞，但缅甸的开放为孟加拉湾增添了新的战略价值。他还将孟加拉湾置于印度洋—太平洋的更广阔海域进行考察，认为孟加拉湾在印度洋—太平洋地

---

① Pushpita. Das, India-Myanmar Border Problems: Fencing not the Only Solution, *IDSA Comment*, Nov. 15, 2013, http: //www. idsa. in/idsacomments/IndiaMyanmarBorderProblems_ pdas_ 151113.

区的战略地位日益重要，孟加拉湾对于大国来说具有重要的战略地位。[①] 正是因为认识到缅甸的重要战略价值，印度开始与缅甸开展海上军事安全合作，增强自身在缅甸海洋安全战略中的影响力，以防止一个允许外国海军存在，且对印不友好的缅甸对印度的海上安全构成威胁。[②]

早在20世纪90年代末期，就有一些学者通过所谓的“珍珠链”战略来分析中国的印度洋战略。在这一战略中，缅甸、斯里兰卡等印度洋沿岸国家被视为关键支点。近期，印度学者戈斯瓦米将中国透过缅甸拓展在印度洋的影响力称为中国的“第二海岸”战略。她认为，中国控制从缅甸北部史迪威港到南部马兰岛、勃生等“第二海岸”的军事设施能够增强中国的反介入能力，制约了印度海军在孟加拉湾海域的操控能力。[③] 尽管她的这一说法并不符合事实，但印度仍怀疑中国在这些港口的活动。因此，为抵消中国的影响力，近年来印度与缅甸发展紧密关系，并帮助缅甸提升海军军事能力。[④]

尽管中国是缅甸海上军事安全合作的最主要合作伙伴，但是缅甸并不愿意完全依赖中国。[⑤] 也就是说，缅甸不愿意将自身置于大国在印度洋角逐的旋涡之中。正因如此，缅甸逐步多样化其军事合作伙伴，这其中就包括印度。对缅甸而言，印度强大的海军实力以及

---

① K. 尤姆：“缅甸对孟加拉湾地缘政治的影响”，《印度洋经济体研究》2014年第2期，第41—42页。

② CS Kuppuswamy, “Myanmar: Sandwiched between China and India and Gaining from Both”, *SAAG Paper*, Jan. 31, 2008, http://www.southasiaanalysis.org/papers26/paper2574.html.

③ NamrataGoswami, “China's Second Coast: Implications for Northeast India”, *IDSA Analysis*, Jun., 2014, http://www.idsa.in/idsacomments/ChinasSecondCoast_ngoswami_190614.

④ Maung Aung Myoe, Myanmar's China Policy since 2011: Determinants and Directions, *Journal of Current Southeast Asian Affairs*, No. 2, 2015, p. 27.

⑤ David I Steinberg and Hongwei Fan, *Modern China-Myanmar Relations: Dilemmas of Mutual Dependence*, (Copenhagen: NIAS Press, 2012), p. 304.

在孟加拉湾的海军优势能够帮助缅甸提升海军军力。而主导孟加拉湾的印度海军也有训练缅甸海军官员的意愿，因此与印度海军拉近距离也是一个理想的目标。①

二、海洋安全合作的进展

印缅海上军事安全合作主要集中于高级官员互访、军舰互访、联合军演、装备提升以及培训交流等领域。表5—1列出了冷战后印缅海军高层互访的具体情况。

表5—1　印缅海军高层互访一览表

年份	高层访问
2001年1月	印度海军参谋长库马尔（Sushil Kumar）访问缅甸
2001年11月	缅甸海军中将姬敏（Kyi Min）访问印度
2003年9月	印度海军参谋长辛格（Madhvendra Singh）访问缅甸
2005年2月	缅甸海军参谋长梭登（Soe Thein）访问印度
2005年4月	印度东方司令部（即安达曼—尼科巴司令部）参谋长苏丹（RP Suthan）访问缅甸
2005年12月	印度东方舰队司令巴辛（Sanjeev Bhasin）访问缅甸
2006年1月	印度海军参谋长普拉卡什（Arun Prakash）访问缅甸
2007年5月	印度海军参谋长（Sureesh Mehta）访问缅甸
2007年7月	印度东方司令部参谋长贾姆瓦尔（KS Jamwal）访问缅甸
2009年8月	印度东方司令部参谋长戈尔（PK Goel）访问缅甸
2011年8月	印度海军参谋长乔希（DK Joshi）访问缅甸
2013年7月	缅甸海军参谋长德瑞（De Shwe）访问印度
2016年1月	印度海岸警卫队司令比什特（HCS Bisht）访问缅甸

数据来源：作者根据印度外交部年度报告整理。

① Renaud Egreteau, India's Ambitious in Burma-More Frustration than Success?, *Asian Survey*, Vol. 48, No. 6, November/December, 2008, p. 952.

除了频繁的海军高级官员互访外，军舰互访也成为印缅拓展海军军事合作的重要领域。2002 年 12 月，一支印度小型舰队首次获准在缅甸仰光迪拉瓦港停泊。2003 年 5 月，两艘印度海岸警卫队舰船也在该港停泊。2005 年 7—8 月，缅甸海军编队访问印度军舰，印度海军编队随后回访。同年 12 月，印度东方舰队访问缅甸。2010 年，11 个印度军方代表团相继对缅甸进行访问。其间，3 艘印度海军海岸警卫舰成功出访缅甸。[①] 2015 年 1 月，一艘印度海岸警卫舰访问缅甸。同年 5 月，两艘印度军舰访问缅甸。2016 年 2 月，两艘印度军舰再次访问仰光迪拉瓦港。

除了海军高层以及军舰频繁互访外，缅甸也持续参与印度主导的联合军演。2003 年，首次印缅联合海军演习在安达曼海举行。2006 年 1 月，缅甸“阿奴律陀”（Anawrahta）号军舰参加印度在布莱尔港举行的“米兰”（MILAN）军演。2012 年 2 月，缅甸海军派出军舰参与印度海军主导的 14 国海军联合演习。2013 年 3 月，两国海军在孟加拉湾举行首次联合军演。同年 7 月，缅甸海军参谋长德瑞访问印度，双方同意“进一步加强海军在联合作战、培训、后勤供应方面的合作，将现有关系提升到新水平，促进能力建设和能力提升”。[②] 2016 年 1 月 6 日，印度海岸警卫队司令比什特访问缅甸，双方讨论进行联合军事训练以及打击走私犯罪的可能性。一个月之后，印缅签署了《印缅孟加拉湾联合巡逻标准操作程序》协议。这是印度首次与第三国签署正式协议进行海军联合巡逻，反映出印缅海军军事合作关系的加深。[③]

① Annual Report 2010－2011, India's Ministry of External Affairs, New Delhi, p. 10.

② K·尤姆：“缅甸对孟加拉湾地缘政治的影响”，《印度洋经济体研究》2014 年第 2 期，第 42 页。

③ India-Myanmar Sign SOP on Joint Patrol, The Hindu, Feb. 19, 2016, http://www.thehindu.com/news/cities/Visakhapatnam/indiamyanmar-sign-sop-on-joint-patrol/article8256109.ece.

自2002年开始，印度开始向缅甸出售武器装备。多年来，印度向缅甸提供了包括海上巡逻机、海军舰炮、电子设备和雷达在内的军事装备。2013年7月，缅甸海军参谋长德瑞访问印度，寻求印度提供海上巡逻艇以及海军军用传感器等海军装备，以建设强大缅甸海军。① 2015年7月，缅甸外长访印，印度承诺继续为缅甸海军现代化提供援助。7月27日，缅甸国防军司令敏昂莱率由海军参谋长等组成的代表团访问印度。访印期间，敏昂莱赴印度果阿造船厂参观，并对该厂生产的海上巡逻艇及反水雷艇极为感兴趣。果阿造船厂厂长米塔尔称，他告知敏昂莱该厂生产的海上巡逻艇可供出口，并表示对缅出口海上巡逻艇只是时间问题。②

最后，印度还帮助缅甸培训海军官兵。2009年9月，印度军事训练部门官员曾率团访问缅甸。2012 年 8 月，缅甸国防军司令敏昂莱访印时，印度再次提出要帮助缅甸培训军事人员。2013年7月，缅甸海军参谋长德瑞访印期间，印度表示将对缅甸海军官兵进行培训。2014年9月，第三届海军官员年度对话在新德里召开，双方讨论了进一步加强海军官员培训及海洋安全合作的问题。③ 2015年11月，第四届海军官员年度对话在仰光举行。

三、印缅海上军事安全合作的阻碍

自20世纪90年代末以来，印缅海上军事安全合作取得一些成效。尽管如此，印缅两国海上军事安全合作仍存在制约因素。

---

① N·C. Bipindra, Myanmar Navy seeks arms from India, The New India Express, Jul. 30, 2013, http: //www.newindianexpress.com/nation/Myanmar-Navy-seeks-arms-from-India/2013/07/30/article1708731.ece.

② Prashanth Parameswaran, India, Myanmar Eye Future Defense Cooperation, The Diplomat, July 28, 2015, http: //thediplomat.com/2015/07/india-myanmar-eye-future-defense-cooperation/.

③ Annual Report 2014 –2015, India's Ministry of External Affairs, New Delhi, p. 14.

首先，印度自身仍在缓慢成长的国防工业及有待提升的管理指挥水平与缅甸对先进海战装备及先进作战经验的获取之间依然存在差距。此外，印度在与缅甸进行海上军事安全合作时也存在说得多、做得少的弊病。印度战略学者莫汉就曾指出，对印度而言，真正的挑战是印度如何改善其防务能力以满足缅甸日益增长的防务需求，并在一些关键领域成为缅甸可信赖的合作伙伴。[①] 比如，2013 年缅甸海军参谋长德瑞访印，寻求印度的帮助来建造海上巡逻艇，但到目前为止，印度政府并未批准相关协议。因而，尽管缅甸已从印度获取平台、装备和培训，但成效并不显著，尤其是海上巡逻方面。[②] 此外，由于欧盟及美国均未解除对缅甸的武器禁运，印度对缅出售那些从欧美进口的军事武器自然也面临欧美的压力。此前，印度向缅甸出售自英国进口的 BN－2 海上侦察机时就曾受到英国的指责。

而缅甸经济发展落后，对海军军事建设的资金投入有限，这也制约了缅甸购买印度先进海军武器装备的能力。更重要的是，印度对缅甸武器装备需求的承诺多于实现的窘境既削弱了缅甸对印度的信任感，也影响了缅甸与印度进行海上军事安全合作的积极性。再者，考虑到中印在印度洋的竞争态势，缅甸也因此适度控制了与印度海军的合作范围与力度。

四、印缅海上军事安全合作的前景

可以预见，未来印缅海上军事安全合作将继续围绕高级官员互访、舰艇互访、联合军演、武器装备提升、人员培训以及机制建设

---

① CRMohan, India's Security Cooperation with Myanmar: Prospect and Retrospect, *ISAS Working Paper*, No. 166, Feb. 2013, pp. 11－12.

② Prashanth Parameswaran, "India, Myanmar Eye Future Defense Cooperation", The Diplomat, July 28, 2015, http://thediplomat.com/2015/07/india-myanmar-eye-future-defense-cooperation/.

等六个层面展开。印度将继续保持海军高级官员互访以及舰艇互访的频率，同时也将寻求把和缅甸海军的联合军演常态化。双方联合军演的主要内容将集中在打击海上犯罪、救灾演练及联合巡逻等非传统安全领域，演习的区域将集中在孟加拉湾海域。此外，印度也将继续加大对缅甸海军军事装备的提升力度，尤其是缅甸感兴趣的海上巡逻艇。印度还将提升对缅甸海军军官的培训力度。一方面，印度会继续邀请缅甸海军官员赴印度海军基地进行训练；另一方面，印度也会继续帮助缅甸建设训练中心，并强调海军军事交流的机制建设等。

第六章　印度对缅甸的公共外交

印缅历史文化联系紧密，又互为邻国，这为印度开展对缅公共外交奠定了坚实的基础。通过与缅甸开展科技培训合作、举行文化交流活动、进行教育医疗合作以及提供发展援助等方式，印度逐步推进对缅公共外交，不断塑造并提升自身在缅甸的国家形象。

第一节　印度对缅公共外交的动力

进入 21 世纪以来，亚洲各国纷纷加大了对公共外交的实施力度，以期更好地拓展本国在该地区的影响力，更好地维护并增进本国在该地区的国家利益。在公共外交竞赛的刺激下，印度也逐步重视公共外交，并在南亚及东南亚邻国大力推行公共外交。在此背景下，印度不断深化对缅甸的公共外交，持续扩大在缅影响力，并制衡中国在缅影响力的扩展。

一、公共外交的定义

作为国际关系研究的新领域，学界对公共外交的定义存有争议。公共外交研究重镇——美国南加州大学公共外交研究中心认为，从传统视角来看，公共外交主要指一国与他国公众的交流，其目的在于影响他国民众，促进本国利益和外交目标的实现。新兴的观点认为，公共外交乃是一种关键机制，通过这种机制，一国可以强化与他国的互信，并促进双边关系发展，同时也有助于建设一个更安全的全球环境。[①] 本章认为，公共外交是一种旨在促进一国在他国影响力扩张，并推进双边关系发展的重要机制。通过政府与政府、政府与非政府组织、非政府组织与非政府组织在文化、科技、教育、医疗及媒体之间的多轨道交往以及提供发展援助，公共外交得以有效推行。因此，本章的考察重点放在印度政府及非政府组织在科技、文化、教育、医疗及发展援助领域与缅甸政府及非政府组织的交流方面。

二、亚洲的公共外交竞赛

进入21世纪后，亚洲各国对公共外交的重视力度不断加强。传统经济强国日本及韩国通过多种方式大力推行公共外交。日本通过“日本基金会”重新布局海外语言和文化中心，改革学生和文化交流项目。韩国则计划到2015 年将分布在全球的研究韩国文化和语言的世宗学院数量从35 个扩展到150 个。[②] 新兴大国中国在公共外交领域的推进力度更是突飞猛进，仅孔子学院就已遍布全球主要地区及国家。就连东南亚国家新加坡、马来西亚及印度尼西亚也在不断推进公共外交。

在亚洲各国日益青睐公共外交，并不断借助公共外交提升国家形象的背景下，印度也不甘落后。自21 世纪开始，印度也开始逐步重视公共外交。2006 年，印度外交部成立公共外交司专门推行公共

① What is PD?, Center on Public Diplomacy, University of Southern California, http://uscpublicdiplomacy.org/page/what-pd.

② 时宏远：“日趋活跃的印度公共外交”，《国际问题研究》2015 第1 期，第44 页。

外交。[①] 多年来，通过加强与相关国家，尤其是与邻国的科技合作、人文交流、教育医疗合作、资金援助等，印度大力推进公共外交，取得一定成效，其影响力不断扩大，国际形象有所提升。2014 年 5 月，莫迪当选印度总统后，更加重视公共外交，尤其是借助文化资源扩展印度的软实力。为此，莫迪特意提出文化外交的口号，试图将文化资源打造成软实力政策工具来实现国家利益。[②] 莫迪上任后首访佛教国家不丹，利用文化纽带促进印度与不丹的友好关系。之后，莫迪在访问日本期间参观东京的佛教建筑，以及中国国家主席习近平访印时被安排参观佛教艺术展览，都是莫迪以文化资源推进公共外交的积极尝试。

三、扩大印度在缅影响力

自 20 世纪 90 年代初期转变对缅政策以来，印缅在经贸、能源、政治外交以及防务安全领域的合作逐步深化，印度在缅影响力不断扩展。不过，这种聚焦于短期现实利益的外交战略日益显示出其局限性。一方面，在经贸、政治外交及防务安全领域，印度面临中国、日本及西方国家的有力竞争，印度在这些领域持续扩大影响力受限；另一方面，关注这些短期现实利益难以促进印缅关系的长远发展。正如南亚分析集团研究员哈里哈兰所指出的，帮助缅甸建立一个稳定、民主的社会是印度对缅政策的长远目标，印度不应仅关注经济目标。[③] 因此，对于印度而言，除了继续加强与缅甸的经济联系、政治交往以及安全合作之外，还迫切需要在其具有优势的文化艺术、

---

① 时宏远："日趋活跃的印度公共外交"，《国际问题研究》2015 第 1 期，第 44 页。

② Kadira Pethiyagoda, Modi Deploys His Culture Skills in Asia, Brookings India, June 9, 2015, http://www.brookings.in/in-focus/modi-deploys-his-culture-skills-in-asia/.

③ Col. R. Hariharan, India-China-Myanmar Relations, *SAAG Paper*, Aug. 7, 2007, http://www.c3sindia.org/india/112.

民主价值及教育培训等软实力领域加强与缅甸的联系，以此更为持久深入地扩大印度在缅甸的影响力，为印缅关系的长远发展夯实基础。

事实上，自 2008 年 5 月缅甸爆发纳吉斯风暴之后，印度国内就已出现关于在发展对缅贸易和安全合作之外加大对缅发展援助、能力建设以及人道主义援助的争论。尽管这些争论极为谨慎，但是其主张已越来越频繁地出现了。[①] 此后，印度显著加强了对缅甸的发展援助以及人道主义援助，并且逐渐推进与缅甸在科技及教育培训领域的合作。印度前驻缅甸大使拉吉夫·巴蒂亚对此表示，近年来人力资源发展和能力建设已成为印缅关系的主要合作领域。[②]

四、制衡中国在缅影响力

中国因素一直是印度制定对缅政策的考量因素之一。中国在缅甸影响力的扩展，无论是在经贸、政治、外交及安全领域，还是在文化、教育、医疗合作及发展援助方面，都对印度构成了无形的压力。因而，在缅甸推行公共外交，扩展印度在缅软实力，也有助于印度制衡中国在缅影响力的扩展。印度政策研究所研究员穆勒就认为，印度加强对缅甸（印度通向东南亚的唯一陆地通道）的发展援助大有裨益。除了遏制印度东北部的分离主义运动，与缅甸的紧密关系还有助于印度制衡中国在该地区日益增长的影响力。[③]

此外，近年来中国加大在缅公共外交力度，尤其是通过佛教文

---

① Renaud. Egreteau, A Passage to Burma? India, Development, and Democratization in Myanmar, *Contemporary Politics*, Vol. 17, No. 4, 2011, p. 478.

② Rajiv. Bhatia, *India-Myanmar Relations: Changing Contours*, (New Delhi: Routledge, 2016), p. 182.

③ Rani. D. Mullen, The State of Indian Development Cooperation, *IDCR Report*, 2014, p. 18, http://www.cprindia.org/sites/default/files/policy-briefs/Spring_ 2014_ IDCR_ Report_ the_ State_ of_ Indian_ Development_ Cooperation.pdf.

化艺术的纽带增进与有佛教传统的国家缅甸、斯里兰卡的联系的战略举动引起印度的高度重视。布鲁金斯学会印度分会研究员卡迪拉指出，中国近来寻求将佛教作为一种外交政策工具，并从中获益颇丰。新德里重视佛教的主要目标之一就是抵消中国的软实力优势。莫迪已通过加强与斯里兰卡的佛教文化联系来扭转印度与中国在战略经济领域竞争的劣势。①

第二节　印度对缅公共外交的进展

自21世纪初开始，印度逐步加强与缅甸的科技、文化、教育培训及医疗合作，并持续对缅甸提供发展援助。经过多年的耕耘，印度对缅公共外交取得一定进展，印度在缅影响力逐步扩大。

一、科技合作

鉴于印度在科技，尤其是信息科技方面的绝对优势地位，印度极为重视与缅甸的科技合作。印度人民党执政时期，双方在科技领域的合作逐步展开，并取得初步进展。1999年6月，缅甸科技部长访问印度，双方签署一项加强科技领域合作的协议。同年11月10日，两国调查局在仰光举行会谈，除了讨论边界沿线界碑的检查与维护之外，还讨论了制图学领域进行合作的可能性。② 2000年4月4—9日，第一届印缅科技联合工作小组会议在仰光召开，双方制订

① Kadira Pethiyagoda, Modi Deploys His Culture Skills in Asia, Brookings India, June 9, 2015, http://www.brookings.in/in-focus/modi-deploys-his-culture-skills-in-asia/.

② Annual Report 1999－2000, India's Ministry of External Affairs, New Delhi, p. 7.

了一份2000—2002年的工作计划，以促进两国在科技领域的合作。2003年，印度工商业部部长、信息与IT部部长相继访缅，讨论进一步加强双方在科技领域合作的相关问题。

国大党联盟上台后，印度继续加强与缅甸的科技合作。其中，援助缅甸建立IT研究中心、工业培训中心以及农业研究中心是合作的重点。2007年12月12日，缅甸副外长访问印度，双方签署IT合作谅解备忘录。印度将帮助缅甸在仰光建立一个印缅IT合作中心，以促进缅甸IT技术的发展。① 该中心随后在2008年10月缅甸和平与发展委员会主席丹瑞访印期间正式启动。2007年12月14日，缅甸第二个IT工业园在曼德勒建立，第一个IT工业园已在仰光建立。缅甸政府表示，希望与印度软件公司合作，以提高缅甸的软件发展水平。

印度还向缅甸提供200万美元在仰光建设印缅IT技术提升中心，用于提供短期软件课程以及培训缅甸IT业学员。该中心在2009年2月印度副总统安萨里访缅时完工。10名在印度普纳接受半年培训的缅甸工程师负责该中心的运营。② 印度总理辛格2012年5月访缅时表示将继续为该中心提供支持。

2011年10月12日，缅甸总统吴登盛访问印度，印度承诺在曼德勒建立一个IT研究所。③ 2012年5月，印度总理辛格访缅时承诺对曼德勒的IT研究所提供技术及财政援助。2014年6月，该研究所开始运行，并在曼德勒计算机科技大学开设2015学年课程。印度承诺在今后5年继续对该研究所的运行提供支持。此外，2014年4月，

---

① B. Raman, India, China to Strengthen Myanmar's IT Capability, *SAAG Analysis*, Dec. 18, 2007, http: //www. southasiaanalysis. org/papers26/paper2507. html.

② Renaud. Egreteau, A Passage to Burma? India, Development, and Democratization in Myanmar, *Contemporary Politics*, Vol. 17, No. 4, 2011, p. 476.

③ Annual Report 2011 - 2012, India's Ministry of External Affairs, New Delhi, p. 11.

由印度援建的高级计算机发展中心也交付缅甸政府正式投入使用。该中心还帮助2010年建立的信息交流科技培训中心提升教学能力，颁发联合培养毕业证书。①

除了建立IT研究机构外，印度还积极援助缅甸建立工业中心。截至目前，印度已帮助缅甸建立了6个工业培训中心，其中尤以木各具（Pakokku）、敏建（Myingyan）培训中心规模最大。这两个培训中心均由印度斯坦机械工具国际有限公司援助建立，主要提供工具和模具制造、数控机械师、工业电工、电子机械、钣金、焊接等机械工业领域的培训。2012年木各具工业培训中心交付使用。敏建工业中心于2013年10月交付使用。②

在建立IT及工业培训中心外，印缅在农业科技领域的合作也在逐步展开。2011年10月12日，缅甸总统吴登盛访问印度，双方签署了2012—2015年度科技合作项目。印度承诺在缅甸内比度耶津（Yezin）建立一个高级农业研究教育中心以及一个稻谷生态公园。③其中，耶津农业研究中心旨在研发高产量农作物，以提升科技在农业中的运用以及促进农业管理水平的提高。稻谷生态公园将用来培训及展示生态农作物，比如秸秆、麸皮等谷物的市场转化成果，以创造就业机会及提高农产品收入。④ 此外，印度香料委员会还为缅甸那加自治区的小豆蔻种植园项目提供种子及技术指导。2013年4月，该委员会在那加自治区举行了为期两天的培训。2014年春季，来自

① Rakhahari. Chatterji & Anasua. Basu. Ray. Chaudhury & Pratnashree. Basu, India-Myanmar Connectivity: Possibilities and Challenges, *ORF Report*, Nov. 2015, pp. 75－76.

② Rakhahari. Chatterji & Anasua. Basu. Ray. Chaudhury & Pratnashree. Basu, India-Myanmar Connectivity: Possibilities and Challenges, *ORF Report*, Nov. 2015, p. 76.

③ Annual Report 2011－2012, India's Ministry of External Affairs, New Delhi, p. 11.

④ Rakhahari. Chatterji & Anasua. Basu. Ray. Chaudhury & Pratnashree. Basu, India-Myanmar Connectivity: Possibilities and Challenges, *ORF Report*, Nov. 2015, p. 77.

缅甸的农民赴印度参观学习种植技术。①

最后，两国在海洋科技领域的合作也在展开。2005 年 10 月，在印度的援助下，印缅两国科学家在印度果阿邦南极海洋研究国家中心召开研讨会，以加强两国在南极科考领域的合作。当年 12 月，第三届印缅海洋地理联合研讨会在仰光举行。②

二、文化交流

印缅具有深厚的文化联系，这是印度对缅开展公共外交的重要基础。作为世界四大文明古国之一，印度具有悠久灿烂的文化，地理上的邻近为印度文化向缅甸传播提供了便利。印度学者认为，印度文化对缅甸的影响早在基督教和佛教诞生之前就已存在。正如玛居姆达所言："缅甸，由于距离印度最近，并且拥有陆海两道入口，自然在很早之前就吸引了众多印度商人、传教士以及军事统治者。毫无疑问，早在公元 1 世纪或者更早之前，就已经有大量的印度人在缅甸沿海及内陆定居。"③ 其他学者则认为，印缅之间的贸易、文化联系以及人员往来大约在公元 15 世纪就已建立。他们指出，缅甸境内保留的古建筑，尤其是施瑞·柴陀（Sri Ksetra）和哈林基（Halingyi）以及位于缅甸若开邦的末罗汉（Mrohaung），都显示出印度的重要影响。④ 总体而言，经过长达数世纪的外来印度文化与本土文化的竞争，小乘佛教最终赢得胜利，从而形成缅甸独特的文化。⑤

---

① Rakhahari. Chatterji & Anasua. Basu. Ray. Chaudhury & Pratnashree. Basu，India-Myanmar Connectivity：Possibilities and Challenges，*ORF Report*，Nov. 2015，p. 78.

② Annual Report 2005 - 2006，India's Ministry of External Affairs，New Delhi，p. 13.

③ Ramesh. Chandra. Majumdar，*Hindu Colonies in the Far East*，（Calcutta：Firma KLM Private Ltd.，1963），p. 190.

④ D. G. E. Hall，*Burma*，（London：Hutchinson's Library，1950），p. 7.

⑤ Rajiv. Bhatia，*India-Myanmar Relations*：*Changing Contours*，（New Delhi：Routledge，2016），p. 66.

文化由此成为联系印缅关系的重要纽带。印度前驻缅甸大使巴蒂亚就指出，印度剧团定期在缅甸进行文化演出，缅甸剧团也经常参与在印度举行的南亚及东盟文化演出活动。[①]

2000 年 1 月 24 日，缅甸文化部长应印度文化与旅游部长之邀访问印度。双方签订了印缅文化协议，该协议为两国未来的文化交流提供了一个框架。2004 年 12 月，印度赠予缅甸 28 副佛陀画像，并在仰光大金塔（Shwedagon Pagoda）永久展出。2005 年，印度在仰光国家博物馆举办印度当代艺术展，印度电影也同时在缅甸上映。同年 12 月，由 7 名成员组成的卡瓦利（Qawwali）音乐团访问缅甸并演出。[②] 同年 12 月，3 名缅甸宗教官员及僧侣访问印度，并在印度那烂陀、瓦纳纳西、阿格拉、加尔各答、德里以及阿拉哈巴德的佛教大学学习。[③] 2008 年 11 月，在印缅文化交流项目的推动下，印度木偶戏代表团访问缅甸，并在仰光和曼德勒举行演出活动。[④]

2009 年，由 13 名学生组成的缅甸代表团赴印度参加南亚文化节。同年，由 15 名成员组成的缅甸文化代表团赴印度参加在科希马举行的"犀鸟节"（Hornbill Festival）。[⑤] 同年 12 月，印度一个卡瓦利音乐团再次在缅甸仰光、曼德勒、毛淡棉等地举行演出。随后，一支缅甸乐队在印度文化关系委员会的组织下也赴印度参加南亚乐队节。[⑥] 此后，缅甸乐队定期参加南亚音乐节（乐队节）。2010 年 11 月，由印度文化关系委员会等组织的为期一周的南亚艺术展在仰光

---

① Rajiv Bhatia, *India-Myanmar Relations: Changing Contours*, (New Delhi: Routledge, 2016), pp. 183 – 184.

② Annual Report 2005 – 2006, India's Ministry of External Affairs, New Delhi, p. 13.

③ Annual Report 2005 – 2006, India's Ministry of External Affairs, New Delhi, p. 13.

④ Annual Report 2008 – 2009, India's Ministry of External Affairs, New Delhi, p. 11.

⑤ Annual Report 2009 – 2010, India's Ministry of External Affairs, New Delhi, p. 12.

⑥ Annual Report 2009 – 2010, India's Ministry of External Affairs, New Delhi, pp. 12 – 14.

举行。[1] 2012 年 5 月，印度总理辛格访缅时，双方签署了 2012—2015 年度文化交流项目。同年 12 月，印度外长赴缅参加佛教文化基金会国际会议开幕仪式，并赠予缅甸 16 颗珍贵的佛陀舍利子安放在仰光大金塔。[2] 2013 年 11 月，来自缅甸实皆和曼德勒的文化团体在印度曼尼普尔伞盖节（Sangai Festival）表演。[3] 2014 年 11 月，缅甸钦邦首席部长率 38 位成员组成的文化贸易代表团参加曼尼普尔伞盖节。同年，缅甸实皆和克钦邦首席部长率团参加印度那加兰邦的犀鸟节。

此外，印度驻缅甸大使馆还积极举办印度文化展，吸引众多缅甸民众前来参观，以扩大印度文化在缅甸的影响力，提升印度的软实力。2007 年，在缅甸文化部的支持下，印度驻缅甸大使馆曾成功地举办了印度婆罗多舞（Bharatanatyam）以及庆祝印度独立 60 周年音乐会等活动。[4]

三、教育培训合作

由于印度在高等教育领域的优势，印缅在教育培训领域的合作也不断提升。2003 年，印度人力资源发展部与缅甸教育部签署一份谅解备忘录，旨在巩固与强化两国在教育领域的合作。双方的交流集中于联合培训、联合研究项目、联合召开研讨会；促进两国学者及研究人员的交流；加强科技领域的合作。同年，印缅两国政府签订一项三方协议，为来自印度的委托代理教师赴缅甸大学进修提供机会。2005 年，印度政府选派多名专家及学者赴缅甸仰光大学指导

---

① Annual Report 2010 - 2011, India's Ministry of External Affairs, New Delhi, p. 11.
② Annual Report 2012 - 2013, India's Ministry of External Affairs, New Delhi, p. 8.
③ Annual Report 2013 - 2014, India's Ministry of External Affairs, New Delhi, p. 9.
④ Annual Report 2007 - 2008, India's Ministry of External Affairs, New Delhi, p. 11.

博士计划，并向仰光大学提供物理、生物技术以及 IT 实验室装备。[①] 2009 年 11 月，印度阿拉哈巴德英语和外国语大学两位专家加入印缅英语培训中心。2010 年，该中心正式启用，定期向缅甸学生提供培训课程。印度还向缅甸学者及中层公务员提供奖学金，供其在印度多个研究机构进修。[②]

此外，印缅学术界之间的交流也日趋频繁。印度知名智库国防战略分析所及社会科学研究所等机构经常在新德里与缅甸同行举行研讨会。类似的研讨会也在其他城市召开。其中，2013 年 3 月，印度世界事务委员会访问缅甸，并同缅甸战略与国际研究所签署合作协议，联合举办印缅关系研讨会。[③]

四、人力资源合作

印度对缅甸人力资源发展的支持继续加强。在信息科技商业合作项目（Indian Technical and Economic Cooperation，ITEC）、科伦坡计划科技合作项目（Technical Cooperation Scheme，TCS，Colombo Plan）以及印度文化关系委员会相关项目（Indian Council for Cultural Relations，ICCR）的支持下，缅甸在印度的培训人数不断上升。2008 年，通过这些项目培训的缅甸人数总数为 170 人。其中，信息科技商业合作项目培训人数为 105 人；科伦坡计划为 55 人；文化关系委员会项目培训为 10 人；2009 年，这一数字攀升至 205 人。[④] 2010 年，这一数字上升至 220 人。[⑤] 2011 年，这一数字再次上升至

---

① Annual Report 2005 – 2006，India's Ministry of External Affairs，New Delhi，p. 13.

② Renaud. Egreteau，A Passage to Burma? India，Development，and Democratization in Myanmar，*Contemporary Politics*，Vol. 17，No. 4，2011，p. 476.

③ Rajiv. Bhatia，*India-Myanmar Relations*：*Changing Contours*，（New Delhi：Routledge，2016），pp. 150 – 151.

④ Annual Report 2009 – 2010，India's Ministry of External Affairs，New Delhi，p. 12.

⑤ Annual Report 2010 – 2011，India's Ministry of External Affairs，New Delhi，p. 11.

270 人。[1] 2012 年 5 月，印度总理辛格访缅宣布双方致力于将这一数字提升至 500 人。2014 年，这一数字达到 370 人。[2] 此外，2009 年 2 月，由位于艾哈迈达巴德的印度企业家发展研究所提供技术支持、印度政府提供财政援助的缅印企业家发展研究中心成立，并于 2012 年 12 月在仰光经济研究所的行政管辖下开始运行。5115 名缅甸企业家受益，其中 3251 名企业家参加了该中心的培训课程。[3]

五、医疗合作

由于在医药领域的优势地位，印度开始与缅甸加强医疗领域的合作。2011 年 10 月缅甸总统吴登盛访问印度时，双方签署协议升级仰光儿童医院和史迪威总医院。印度还向两所医院提供医疗装备及培训服务。2014 年 7 月，仰光总医院的高级代表团访问位于印度勒克瑙的桑加伊甘地医疗科技研究学院（Sanjay Gandhi Post Graduate Institute of Medical Sciences，SGPGIMS）。此外，印度曼尼普尔的当地医院还为缅甸实皆地区民众提供医疗援助。首先，在印度政府的支持下，曼尼普尔当地医院向实皆的蒙育瓦总医院提供多张病床，建造四座医疗大楼，提供核磁共振、X 射线成像设备、小型手术平台以及重症监护室等医疗设备。其次，2013 年 5 月至 2014 年 3 月，曼尼普尔邦首府英帕尔的世嘉医院与蒙育瓦总医院合作，共向实皆地区的民众提供三次免费医疗服务。[4]

---

① Annual Report 2011－2012，India's Ministry of External Affairs，New Delhi，p. 10.

② Annual Report 2014－2015，India's Ministry of External Affairs，New Delhi，p. 15.

③ Rakhahari. Chatterji & Anasua. Basu. Ray. Chaudhury & Pratnashree. Basu，India-Myanmar Connectivity：Possibilities and Challenges，*ORF Report*，Nov. 2015，p. 77.

④ Rakhahari. Chatterji & Anasua. Basu. Ray. Chaudhury & Pratnashree. Basu，India-Myanmar Connectivity：Possibilities and Challenges，*ORF Report*，Nov. 2015，pp. 78－79.

六、对缅发展援助

人民党执政时期，印度对缅甸的发展援助开始加大，形式多样，既有无偿资金援助，也有贷款援助、工程援助等。缅甸逐渐成为印度对外全面发展援助计划的三个主要国家（另外两个国家是不丹和阿富汗）之一。[①]

1999年2月5日，印度向缅甸第二工业部提供200万美元用于工程修建，其中包括新建5座工厂，涉及化工、油气等领域。2000年11月，缅甸和平与发展委员会副主席貌埃将军率代表团访问印度。11月17日，两国政府签订一项1500万美元的贷款协议，其中480万美元用于修建一座制造电缆、仪表及配电站的工厂，495万美元用于修建一座制造汽车零部件的工厂。此外，印度还为缅甸第一工业部修建5座新工厂提供资金援助。同年，印度对缅甸的援助额达到19.15亿卢比，约占印度对外援助总额的3%。2003年，印度对缅甸的援助额为2.1亿卢比，低于印度对外援助总额的1%。[②]

国大党联盟时期，印度对缅甸发展援助日益增多。2001—2004年，印度对缅甸的发展援助为8.23亿卢比。2004—2007年，这一数字上升至19.22亿卢比；2007—2010年，回落至10.08亿卢比。[③] 2008年5月，缅甸遭受纳吉斯风暴袭击，印度第一时间派出2艘军舰及8架飞机赶赴缅甸救灾。印度共向缅甸提供125.5吨救灾物资，并援助20万美元用于修复仰光的大金塔。2010年缅甸和平与发展委

---

① Pierre. Gottschlich, New Developments in India – Myanmar Bilateral Relations?, *Journal of Current Southeast Asian Affairs*, No. 2, 2015, p. 152.

② K. Yhome, India – Myanmar Relations (1998 – 2008) – A Decade of Redefining Bilateral Ties, *OFR Occasional Report*, Jan., 2009, p. 11.

③ Pierre. Gottschlich, New Developments in India-Myanmar Bilateral Relations?, *Journal of Current Southeast Asian Affairs*, No. 2, 2015, p. 153.

员会主席丹瑞访印时，印度继续向缅甸提供经济援助。其中，印度进出口银行向缅甸铁道部提供6000万美元贷款；印方为修建缅甸通往印度米佐拉姆邦的公路提供6000万美元支持，还向缅甸农业部提供1000万美元援助。[①] 截至2010年，印度已经向缅甸提供6000万美元信贷支持缅甸购买铁路设备；2000万美元信贷用于建设一个卡车装配厂；6407万美元信贷用于提升缅甸的输电线网络；2000万美元信贷用于化学品行业发展。[②]

2011年6月，印度外长访缅时给予缅甸200万美元的援助，用于在仰光建造一个能够储存500吨大米的筒仓。印度还对缅甸掸邦的灾后重建给予75万美元的援助。[③] 2011年10月缅甸总统吴登盛访印时，印度宣布再给予缅甸5亿美元的信贷支持。2012年印度总理辛格访缅，双方签署边界合作协议。印度承诺自2013年至2018年每年向缅甸提供500万美元，用于缅甸钦邦那加自治区边境地区的发展合作项目。2013年，共有21所学校、17个健康中心以及8座大桥动工建设。[④] 此外，印度还向缅甸提供100万美元用于在缅甸克钦邦建造10所学校。

七、议会交流

作为展示印度软实力的重要组成部分，议会交流在印度对外交往中占据重要地位。2010年11月，缅甸军政府举行时隔20年后的首次议会选举。缅甸新议会成立后，不断有议员、学者赴印度学习

---

① “印度向缅甸铁路及农业等领域提供贷款和援助”，中国驻缅甸大使馆经济商务参赞处，2010年8月12日，http：//mm. mofcom. gov. cn/article/jmxw/201008/20100807084730. shtml。

② Annual Report 2010 –2011, India's Ministry of External Affairs, New Delhi, p. 11.

③ Annual Report 2011 –2012, India's Ministry of External Affairs, New Delhi, p. 10.

④ Rakhahari. Chatterji & Anasua. Basu. Ray. Chaudhury & Pratnashree. Basu, India-Myanmar Connectivity: Possibilities and Challenges, *ORF Report*, Nov. 2015, p. 80.

其民主发展模式。[①] 2011 年 12 月，缅甸议长瑞曼访问印度。2012 年 5 月，印度总理辛格访问缅甸时也表示愿意与缅甸分享议会民主经验。2013 年 2 月，印度国会下院女议长库玛（Meira. Kumar）率领印度国会代表团访问缅甸。库玛访缅后不久，缅甸民族院议长吴钦昂敏（U Khin Aung Myint）于当年 12 月 2 日率领代表团回访印度。[②] 2016 年 8 月缅甸总统吴廷觉访问印度时，两国讨论了缅甸议员在印度培训事宜。

第三节 印度对缅公共外交的制约

经过长期的推动，印度在缅甸的软实力拓展取得一定进展。双方已形成多层次、多领域的全面合作关系，但是一些制约因素仍然存在，并持续影响印度在缅甸软实力的拓展。

一、取得的成就

目前，在推进公共外交方面，印缅在科技合作、文化交流、教育培训、医疗合作及发展援助领域已形成多层次、多领域的全面合作关系。其中，中央政府在科技、文化、教育、人力资源、医疗、发展援助方面占据主导地位。印度东北部地方政府在文化交流及医疗援助方面也开始发挥作用。此外，印缅双方已形成一些重点合作领域，以促进双边友好关系的发展。目前，印度在具有技术优势的

① Rajiv. Bhatia, *India-Myanmar Relations: Changing Contours*, (New Delhi: Routledge, 2016), p. 150.

② Annual Report 2013 – 2014, India's Ministry of External Affairs, New Delhi, pp. 8 – 9.

IT、农业及工业领域已与缅甸形成机制性的合作关系。双方联合建立的一些重要机构成为合作不断推进的重要保障。在文化交流领域，佛教及一些地方性传统节日已成为双方交往的重要平台。

最后，印度对缅甸的发展援助总体呈上升趋势，且在印度对外援助中始终占据重要地位，反映出印度通过发展援助加深印缅关系的急切需求。2000—2004 年，印度对缅甸的发展援助为 8.73 亿卢比，缅甸成为印度对外援助的第五大国。2004—2007 年，印度对缅甸的发展援助为 19.22 亿卢比，缅甸成为印度对外援助的第四大国。2007—2010 年，印度对缅甸的发展援助为 10.08 亿卢比，缅甸成为印度对外援助的第六大国。2010—2013 年，印度对缅甸的发展援助为 26.64 亿卢比，缅甸成为印度对外援助的第七大国。① 缅甸是除印度南亚邻国之外获取印度发展援助最多的国家。

二、存在的问题

尽管印度对缅公共外交取得一定进展，但也存在很多问题，主要包括：印度对缅甸的发展援助有限；印度对缅甸公民社会的关注度不够；印度与缅甸的教育医疗合作效果有限；印度对缅公共外交缺乏综合性战略。

第一，与其他国家，尤其是欧盟及日本相比，印度对缅甸的发展援助较少。根据印度财政部 2014—2015 年度的财政预算，印度对缅甸援助为 33 亿卢比，约折合 0.48 亿美元；2015—2016 财年，印度对缅发展援助下降至 27 亿卢比，约折合 0.39 亿美元。② 而欧盟

① Pierre. Gottschlich, New Developments in India-Myanmar Bilateral Relations?, *Journal of Current Southeast Asian Affairs*, No. 2, 2015, p. 153.

② India Budget Proposes to Cut Aid for BD, Nepal Myanmar, The Daily Observer, Mar. 2, 2015, http://www.observerbd.com/2015/03/02/75481.php#sthash.jFddnDOF.dpuf-http://www.observerbd.com/2015/03/02/75481.php.

2014年对缅发展援助为0.95亿美元，2015年又提升至1.23亿美元。日本2013年向缅甸政府提供2.15亿美元的赠款。[①] 同时，日本重启对缅甸官方发展援助。此外，美国国际开发署2008—2012年对缅提供援助约1.96亿美元。随着美缅关系的逐步改善，美国对缅援助将进一步提升。因此，印度的发展援助占缅甸接受外国援助的比例将显著下降，这将直接制约印度对缅公共外交的有效推进，并制约印度在缅软实力的拓展成效。

第二，与西方国家关注缅甸公民社会发展、注重援助缅甸非政府组织相比，印度对缅甸公民社会的发展缺乏重视。印度政府未采取有效措施援助缅甸境内的众多非政府组织，也极少有印度非政府组织主动对缅甸非政府组织进行援助、指导。此外，对于印度境内的缅甸流亡人士建立的非政府组织，印度也未给予大力支持。印度对缅甸公民社会发展的忽视对于印度在缅开展公共外交，以及增加印度对缅政局影响力都不利。

第三，目前印度对缅甸的援助很大程度上是政府推动的，缺乏强大的民间组织介入。这导致印度的援助缺乏持续性及针对性。尤其是在教育培训医疗领域，这种情况颇为突出。首先，印度注重对缅甸高等教育的援助，但是忽视对中小学基础教育的援助。尽管印度试图以此扩大自身在缅甸精英教育人士中的影响，但在民主化进程不断加深的缅甸，普通民众的意愿已显示出极大的政治影响力。因此，忽视对基础教育的援助将制约印度在缅甸普通民众中的形象构建，不利于印度有效拓展在缅甸的软实力。其次，印度政府对缅甸公务员、军官、记者的培训都是由政府主导的，流于形式，实效不大。正如艾格勒托所言，不可否认，这些缅甸的培训人员在印度

---

① “缅甸和日本签约开发经济特区”，人民网，2013年5月26日，http://japan.people.com.cn/35463/8258400.html。

接受了有价值的、必要的训练，但是一旦他们返回缅甸，就会与之前接受培训的印度机构和老师失去联系，这严重阻碍了双方的后续合作及印度在缅长远影响的拓展。[①] 在医疗合作领域也是如此。重大合作项目都由政府推动，民间力量很少能参与其中。这导致双方在这一领域的合作严重依赖政府的推动，一旦政府投入减少，双方的合作就会停滞甚至倒退。此外，由于政府推动的合作项目有限，受众也有限，印度在缅甸的软实力拓展范围受到限制。事实上，考虑到印度在医疗以及制药行业的先进水平，印度政府应鼓励更多的民营企业进入缅甸市场，通过民间力量推动双方在医疗领域的长期持续合作，更为广泛地扩展印度在缅甸的软实力。

第四，印度对缅公共外交缺少综合性战略。虽然印度外交部设有公共外交司，但很多机构都在承担公共外交任务，各部门之间不仅缺少配合，而且没有一个可执行的综合性公共外交战略，这导致印度的外交政策、地区关切及地缘战略观点在很大程度上仍不被世界所知。[②] 在对缅公共外交方面同样如此。首先，印度中央政府与地方政府在推进对缅公共外交方面并没有明确的协商，以便在一个完整全面的框架下稳步推行措施，从而最大限度地发挥公共外交的效力。其次，印度中央政府各部门各自独立开展对缅公共外交，很少能看到这些部门联合举办活动或者联合制定对缅公共外交措施。这种缺乏协调性的对缅公共外交难以切实提升印度在缅甸的软实力，难以在缅甸构建一个始终如一的印度国家形象。此外，印度国内针对妇女的强奸暴力事件以及腐败贫困问题也在一定程度上抹黑了印度的国际形象，并影响缅甸民众对印度的认知，进而制约印度在缅软实力的拓展。

---

① Renaud. Egreteau, A Passage to Burma? India, Development, and Democratization in Myanmar, *Contemporary Politics*, Vol. 17, No. 4, 2011, p. 477.

② 时宏远：“日趋活跃的印度公共外交”，《国际问题研究》2015 第 1 期，第 54 页。

第四节 印度对缅公共外交对中国的启示

在亚洲各国纷纷开展公共外交的竞争局面下，印度对缅公共外交的经验教训值得中国注意。第一，中国应该吸取教训，制定全面统一的对缅公共外交战略。具体而言，中央政府、地方政府、国有企业及非政府组织应在统一的对缅公共外交战略下既发挥各自所长，又共同协作，共同塑造完整正面的中国在缅形象。第二，在欧、美、日等国加大对缅发展援助的背景下，中国对缅发展援助也应保持稳定增长。不仅如此，中国的发展援助还应帮助缅甸提升国家发展能力及普通民众的生活水平。此外，中国应加大对缅救灾援助力度，通过救灾援助展现中国的正面形象。第三，中国应重点关注缅甸公民社会的发展，通过提升两国非政府组织及媒体的交流以及项目考察等方式支持缅甸境内非政府组织及媒体的发展来树立中国的正面形象。第四，中国应该在科技及工业领域提升对缅投资以及对缅人员培训力度。尤其是在培训领域，中国应注重建立双向流动机制，既让中方技术工人常驻缅甸企业，也让缅甸技术人员有机会到中国进修，从而持续提升缅甸的工业制造能力。第五，中国应持续为缅甸公务员提供短期或长期的行政能力培训，并在培训单位与培训人员之间建立长期的联系机制，以便长期有效地提升缅甸公务员的行政能力。第六，中国除加强提供奖学金吸引缅甸留学生来华留学及加强中缅高校交流外，还应特别重视对缅甸中小学基础教育的援助及培训。中国可以通过援建中小学、培训中小学教师及开展中缅中小学生互访交流机制树立中国在缅甸社会的正面形象。第七，中国应在医疗领域对缅甸提供有效援助，尤其是在缅甸边远贫困地区。

中国可通过为当地修建医院、培训医生及提供免费医疗等形式塑造中国在缅甸普通民众心中的正面形象。第八，中国应继续借助佛教联系加强与缅甸的文化交流，积极扶持一批与缅甸佛教组织联系密切的中国佛教组织协会，定期举办国际性的佛教交流大会增进两国文化联系。第九，中国对缅公共外交应打造政府与社会组织均积极参与的“两条腿”战略。政府应鼓励民间组织参与对缅公共外交，并给予有力支持。

第七章　印缅关系的发展前景

自冷战结束后印度逐步转变对缅政策以来，印缅关系取得一定进展，双方在经贸合作、高层互访、安全合作以及文化交流等方面建立了全方位的合作关系。这为印缅关系的进一步发展奠定了基础。不过，印缅关系的进一步发展也面临一些不利因素的干扰，这将限制印缅关系的发展速度与深度。

第一节　印缅关系的进展与不足

从目前来看，印度在缅甸的几大战略目标都有所体现，但还谈不上完全实现。就经贸合作而言，尽管双边贸易额及边境贸易额总体呈上升趋势，但上升幅度及速度均有限。在互联互通建设方面，尽管一些重大工程已完工，但还有大量工程未能如期完工。在投资方面，印度对缅投资有限且以国企为主导，民间资本极少涉足。在能源合作方面，虽然双方签订了一些协议，取得了一定成效，但印度在获取缅甸能源资源方面的战略需求还远未满足。此外，相比中国、泰国等邻国而言，印度在缅甸能源市场的份额极小。就印度的“东向”政策而言，虽较之以往取得一定进展，但缅甸在其中所发挥的桥梁作用非常有限。而且，印度一直寄希望于通过“东向”政策带动印度东北部的社会、经济发展，却因边境地区安全局势欠佳而遭受挫折。

就打击边境地区的反政府武装而言，双方举行过几次重大的联合打击行动，但成效有限，反政府武装依然具备在该地区发动袭击的能力。在边境管理方面，双方已建立多层次、多领域的合作机制，但困扰边境发展的非传统安全问题仍未得到有效控制。在公共外交方面，印缅在佛教领域具有深厚的传统联系，印度也持续对缅甸进行技术培训及资金援助，但投入有限，收效不大。就遏制中国的影响力而言，印度取得积极进展，尤其是在其一直颇为关注的印度洋安全领域。但是，在政治、经济及社会领域，印度还缺乏同中国进行全面竞争的实力。

总体而言，经过近几年的发展，印度在缅甸的战略目标均在不同程度上有所实现，印度与缅甸的战略、经济、军事合作有积极进展，在缅甸的影响力也较之以往大幅提升，但一些重要的不利因素仍在干扰印缅关系的进一步发展。

第二节　印缅关系发展的不利因素

目前，印度进一步发展对缅关系面临内外困境的制约。从内部来看，印度对缅政策缺乏协调性、印度忽视在缅长期利益、印度对缅承诺多于实现、印缅边境反政府武装袭击及非传统安全问题突出、移民问题解决不力等是影响印缅关系发展的内部因素；从外部来看，缅甸对印度充满怀疑与抵制，美、欧、日也在逐步扩展在缅影响力。未来，印度需要制定清晰全面以及凝聚共识的对缅政策，并有效实施。

一、印度对缅政策缺乏协调性

自20世纪90年代印度转变对缅政策以来，印度国内各部门和机构就相互竞争对缅政策的影响力。正如研究印缅关系多年的美国学者玛丽·拉尔所言："印度没有一个清晰的对缅政策……因为不同的部门带着不同的目标去发展对缅关系。"① 一方面，印度的安全机构紧盯中国在缅甸，尤其是接近印缅边境地区的动向，强烈主张印度积极接触缅甸政府，以阻止中国影响力在印度东部方向的扩大。即便自2011年以来中缅关系出现变动，印度的安全及战略人士仍对中国在缅影响加以关注，并尽可能地加强与缅甸军方的防务合作，尤其是海上安全领域。印度国企对开拓缅甸市场颇有兴趣，但私企却犹豫不决。② 尽管缅甸已建立民选政府，也正在推行经济自由和开放政策，但一些顽疾，比如法治缺失及腐败盛行将削减印度私企投资缅甸的热情。③

另一方面，印度的一些外交官员及国会议员则倾向于支持昂山素季领导的缅甸民主力量，不愿意与缅甸军政府保持紧密关系。流亡印度的缅甸民主人士廷廷昂及梭敏指出，印度国会中有相当一部分国会议员支持昂山素季以及缅甸的民主运动。④ 2015年11月，昂山素季领导的民盟在选举中获胜后，印度驻缅大使穆克赫帕哈雅强

---

① Marie Lall, India-Myanmar Relations-Geopolitics and Energy in Light of the New Balance of Power in Asia, ISAS Working Paper, No. 29, Jan. 2008, p. 29.

② Renaud Egreteau, A Passage to Burma? India, Development, and Democratization in Myanmar, *Contemporary Politics*, Vol. 17, No. 4, 2011, p. 480.

③ Lavina. Lee, Myanmar's Transition to Democracy: New Opportunities or Obstacles for India?, *Contemporary Southeast Asia*, Vol. 36, No. 2, 2014, p. 311.

④ Thin Thin Aung & Soe Myint, *India-Burma Relations* in *Challenges to Democratization in Burma: Perspectives on Multilateral and Bilateral Responses* (Stockholm: International IDEA, 2001), p. 115.

调，印度将继续为缅甸的政治改革提供项目支持。① 此外，印度一些学者也批评印度积极接触缅甸军政府、疏远民主力量的对缅政策。他们呼吁印度与中国和东盟一道给缅甸军方施加压力，推动缅甸的政治改革。② 民盟赢得选举后，这些学者预测印缅关系将迎来重大发展机遇。此外，印度东北部地方政府长期抱怨中央政府忽视当地经济社会发展，尤其是忽视东北部在“东向”政策中的中心地位。印度和平与冲突研究所研究员鲁希·尼戈就指出，“东向”政策以东北部为中心是不准确的，那只是象征性角色。③ 因此，印度东北部要求中央政府真正地将东北部置于“东向”政策的中心，支持东北部与缅甸发展关系，尤其是开展跨境交通网络建设。综上所述，印度国内不同部门之间的利益分歧阻碍了印度制定清晰明确且凝聚共识的对缅政策，制约了印缅关系的深入发展。

二、印度忽视在缅长期利益

印度对缅政策备受批评的另一原因在于其对缅政策注重经济、安全等短期利益，而忽视民主价值等长期利益的拓展。冷战结束后，印度出于经济和安全利益的考量，决定接触缅甸军政府、疏远民主力量。尽管这种短期的现实主义策略为印度带来一些好处，但批评者认为，这种短视的政策并未给印度带来巨大收益，反而还有可能

---

① Indian Ambassador Talks Trade, Connectivity, and the “Dignity” of the Myanmar Election, Mizzima, 26 Jan. 2016, http://mizzima.com/news-opinion/indian-ambassador-talks-trade-connectivity-and-%E2%80%98dignity%E2%80%99-myanmar-election.

② Julien Levesque, A Reformed Military Junta in Myanmar in India's Strategic Interests, *IPCS Issue Brief*, No. 69, May 2008, p. 4.

③ Ruhee Neog, India's Northeast and the Look East Policy: Challenging Established Notions, *IPCS Article*, 27 August 2014, http://www.ipcs.org/article/india/indias-northeast-and-the-look-east-policy-challenging-established-notions-4628.html.

会损害印度在缅甸的长期利益。[①]

忽视与缅甸的社会及民主联系已成为阻碍印度在缅影响力持续拓展的重要障碍之一。与西方国家甚至泰国相比，印度在缅甸的非政府组织完全可以忽略。[②] 不仅如此，印度对缅甸流亡人士在印度建立的非政府组织也有所限制。印度对缅甸公民社会发展的忽视对于印度在缅开展公共外交，以及增加印度对缅甸政局影响力都不利。

三、印度对缅承诺多于实现

印度对缅承诺多于实现是印度发展对缅关系的另一大障碍。确实，几乎所有的印缅跨境工程都延期完工。即便莫迪强调要改革印度的行政效率，印度在缅甸的重要工程也无法逃脱延期的命运。比如，印度一直标榜为旗舰工程的卡拉坦多模式交通运输工程目前仍未彻底完工，这也被认为是印度“东向”政策的重要挫折。在边界地区，尽管印度与缅甸启动了联合打击反政府武装的行动，也签署了不少合作协议，但边界地区的安全形势仍然不容乐观。因而，新德里为其东北部带来和平与发展的雄心至今仍未实现。[③] 此外，边境发展问题也是影响印缅关系深化的重要因素。边境道路建设、边境口岸建设、管理的滞后严重阻碍了边境贸易及人员流动。正如印度前驻缅大使巴哈提雅所指出的，尽管边境两侧居民对于加强双边往来期待甚高，但是目前欠发展的跨境道路建设使得双方颇为失望。[④]

---

① Ann Koppuzha, India's Myanmar Policy: An Alternative Roadmap, *IPCS Issue Brief*, No. 77, Jul. 2008, p. 1.

② Renaud Egreteau, A Passage to Burma? India, Development, and Democratization in Myanmar, *Contemporary Politics*, Vol. 17, No. 4, 2011, pp. 478 – 79.

③ Lavina. Lee, Myanmar's Transition to Democracy: New Opportunities or Obstacles for India?, *Contemporary Southeast Asia*, Vol. 36, No. 2, 2014, p. 310.

④ Rajiv. Bhatia, *India-Myanmar Relations: Changing Contours*, (New Delhi: Routledge, 2016), p. 165.

在防务合作领域，印度的帮助还远不能满足缅甸快速增长的防务需求。在文化交流领域，印缅早在2000年就已签署文化合作协议，但双方的文化交流并不频繁。即便莫迪执政后推行文化外交，印度与缅甸的文化交流频率也并未大幅增长。而相比较而言，中国则从佛教外交中获益颇丰。①

四、边境安全与发展问题

印缅边境地区的安全与发展问题一直是阻碍印缅关系深化的重要因素。首先，边境地区的反政府武装成为持续干扰印缅双边关系发展的重要动力。事实上，自冷战后，印度就积极寻求缅甸军方的协助来共同打击边境地区的反政府武装，但是双方在这一问题上的合作仍缺乏重大的实质性进展。这一方面导致边境地区安全形势欠佳，制约了边境地区的经贸往来以及互联互通项目建设的成效；另一方面，反政府武装在边境地区的滋扰也引起印缅两军的互不信任，从而影响印度与缅甸的军事安全合作。比如，2015年6月，印度反政府武装那加兰社会主义委员会（K派）曾在曼尼普尔发动武装袭击，造成十多名印度军人阵亡。为此，印度特种部队越境缅甸袭击反政府武装营地，引发缅甸的强烈不满。缅甸政府公开宣称缅甸不惧怕任何外来力量的入侵，缅甸军方还调兵印缅边境。尽管此后印缅通过军方高层互访平息了事端，但仍对印缅关系的发展大环境造成了负面影响。未来如果再发生印度军队越境袭击反政府武装事件，必将引起缅甸军方的不满，并破坏双边军事合作的氛围。

其次，除去反政府武装的不时滋扰，边境地区突出的非传统安全问题也严重阻碍了该地区的经济社会发展，影响了印度东北部与

---

① Kadira. Pethiyagoda. Modi Deploys His Culture Skills in Asia，http：//www. brookings. in/in-focus/modi-deploys-his-culture-skills-in-asia/.

缅甸的接触成效。随着印度中央政府对其东北部对外开放重视程度的提升，印度不断推动边境地区的互联互通、经贸往来以及社会交往。但这些措施的实际成效并不明显，一个最为主要的原因就是非传统安全问题干扰了这些正常的物资、人员及信息往来。

最后，除了边境安全问题，边境发展问题也是影响印缅关系深化的重要因素。边境地区互联互通工程建设的延期，边境口岸建设、管理的滞后严重阻碍了边境贸易及人员流动。此外，边境发展的滞后也使印度腹地雄厚的资金、技术、人员及信息难以通过东北部进入缅甸，再通过缅甸进入其他东南亚国家市场，这在一定程度上制约了印缅经贸合作的全面深化。

五、移民问题

移民问题也是印缅关系发展历程中的重要问题。移民问题主要涵盖在缅的印度移民以及在印的缅甸移民。由于缅甸在历史上曾受英属印度的统治，大批印度人迁居于此。缅甸独立后，一些印度移民没有返回印度，仍居住在缅甸境内。但这些移民中的大部分并未获得缅甸公民身份，也没有其他档案能够证明这些移民是缅甸公民。[①] 因此，这些印度移民被排斥在专业领域之外，也很少能接受高等教育，处于社会的最底层，处境惨淡。奈温统治时期，缅甸发起大规模的国有化运动，迫使大批印度商人逃离缅甸。冷战结束后，印度开始与缅甸进行接触，印缅关系逐步改善，但是印度移民在缅甸社会的底层地位并没有显著改善。

近年来，随着印度对海外移民重视程度的提升，印度认为在缅

---

① K. Yhome, India-Myanmar Relations (1998 – 2008) – A Decade of Redefining Bilateral Ties, *OFR Occasional Report*, Jan. 2009, p. 20.

甸的印度移民能为印缅关系的强化发挥重要作用。① 在此背景下，印度开始对在缅的印度移民予以关注：一方面，印度政府与缅甸持续展开对话和合作来提升缅甸境内印度移民的生存境况；另一方面，印度也希望依托印度移民网络更好地拓展在缅甸的影响力，尤其是在商业领域。不过，正如印度前驻缅甸大使巴哈蒂亚所指出的，印缅需要更进一步的合作来缓和缅甸境内印度移民的不满情绪。② 同时，缅甸也对境内印度移民的影响力保持警惕。

此外，近年来缅甸若开邦的罗兴亚难民问题也成为印缅关系中的一道坎。首先，缅甸政府对境内罗兴亚穆斯林的不公正对待，尤其是对若开邦佛教徒与罗兴亚穆斯林之间的暴力冲突缺乏及时妥善应对，引起印度穆斯林的不满，也引发国际社会的高度关注。印度出于不干涉缅甸国内事务的考虑，对罗兴亚难民问题保持沉默，并为此承受国内、国际压力。其次，大量罗兴亚难民非法涌入印度东北部，引发当地居民与罗兴亚难民之间的冲突。③ 印度政府对此缺乏有效应对。而缅甸政府也缺乏有效手段来管控国内的种族冲突，因此罗兴亚难民问题还将进一步影响印缅关系的发展。

在印度的缅甸移民主要是流亡印度的缅甸民主运动人士以及逃往印度东北部的缅甸少数民族难民，这也成为印缅关系中的干扰因素。首先，1988 年 9 月缅甸军队接管国家政权之后，民主运动人士遭到镇压，大批民主人士逃往印度寻求政治庇护。印度起初支持这

① Arvind. Gupta, Myanmar's Critical Role in Bolstering India's Look East Policy, *IDSA Comment*, Feb. 2, 2012, http://www.idsa.in/idsacomments/MyanmarsCriticalRoleinBolsteringIndiasLookEastPolicy_agupta_020212.

② Rajiv. Bhatia, *India-Myanmar Relations: Changing Contours*, (New Delhi: Routledge, 2016), p. 183.

③ Gautam. Sen, The Persecuted Rohingyas of Myanmar: Need for Political Accommodation and India's Role, *IDSA Comment*, Aug. 13, 2012, http://www.idsa.in/idsacomments/ThePersecutedRohingyasofMyanmar_gsen_130812.

些缅甸民主人士，引起缅甸军政府的强烈不满。随后，印度出于与缅甸军政府接触的考虑，逐步减弱对缅甸流亡民主人士的支持力度，引起印度境内缅甸民主人士的不满。这些民主人士经常在印度境内举行民主游行，抗议缅甸政府对民主运动的镇压。印度政府的默许态度又引起缅甸政府的不满。不过随着民盟上台执政，大批流亡印度的缅甸民主人士回到缅甸，缅甸流亡民主人士对印缅关系的负面效应开始消除。

其次，缅甸少数民族地区长年战乱及种族冲突也造成大量难民非法逃往印度避难。印度政府一方面难以有效控制这些难民的涌入，另一方面又不接受这些缅甸人的难民身份。不仅如此，印度还不允许国际人权组织在印度东北部的缅甸移民聚集地开展工作，这使得印度东北部的缅甸移民大多处在社会的最底层。这一方面导致部分缅甸移民从事毒品贩卖、商品走私等犯罪活动获取暴利；另一方面，大量处于最底层的缅甸移民抢占了当地居民的工作机会，并组织起来形成团体，一致对抗当地居民。这两方面因素共同导致缅甸移民与本地居民之间爆发了冲突，危及当地安全局势，也给印缅关系造成了负面影响。

六、缅甸对印度的疑虑

虽然印度自冷战后积极改善与缅甸的关系，但是缅甸国内仍存在根深蒂固的反印情绪，缅甸统治精英及民主人士对印度的长远战略意图也充满疑虑。历史上，印缅边境曾爆发过军事冲突。比如，靠近缅甸西部的印度曼尼普尔就曾遭受缅甸王国的军事攻击。印度成为英国的殖民地后，缅甸与印度的矛盾逐渐凸显。英国试图通过印度向缅甸扩张势力，遭到缅甸的强烈抵制。缅甸成为英属印度的一个省后，面临英国及印度的双重压迫，但他们对印度更仇视，因为英国在缅甸的大部分行政事务都由印度管理者来完成。印度被认为是英国在缅甸的爪牙与帮凶，并且随着时间的流逝，这种观念愈发强化。[①] 军政府时期，缅甸成功将仇外的民族主义情绪政治化，用来抵御外部势力对缅甸主权和国土安全的威胁。这又进一步巩固了民族主义情绪在缅甸国内的传播，同时也促进了反印情绪的蔓延。这种情绪成为印度进一步向缅甸进行战略、经济渗透的强力篱笆。[②]

冷战期间，印度与苏联关系密切，而缅甸在中苏之间谨慎地维持平衡，因而缅印关系并不密切。冷战结束初期，印度激烈批评缅甸军政府接管政权，从而引发缅甸统治精英对印度的不满。尽管此后印度逐步转变对缅政策，开始加大与缅甸军政府的接触力度，但缅甸统治精英对印度的疑虑并未消除。对于缅甸的统治精英而言，印度是缅甸在面临外交孤立窘境下的一个重要战略伙伴，但绝不是一个称心如意的合作伙伴。缅甸允许印度进入缅甸的战略合作领域，但是不会容忍一个野心勃勃的印度急速扩大在缅甸的影响力。不仅如此，缅甸还会对印度在缅甸影响力过大予以抵制。[③]

除了缅甸的统治精英外，缅甸民主人士也对印度在缅长期战略意图充满疑虑。一方面，印度在冷战后逐步加强与缅甸军政府的接触力度，使得缅甸民主运动人士对印度只顾自身国家利益而忽视道义感到不满；另一方面，印度不仅疏远缅甸民主人士，还对缅甸军政府镇压民主运动保持沉默。这些都使得缅甸民主人士对印度难以释怀。2012 年 11 月，昂山素季时隔 40 年之后访问印度。她呼吁印

---

① Rajiv. Bhatia, *India-Myanmar Relations: Changing Contours*, (New Delhi: Routledge, 2016), p. 71.

② Renaud. Egreteau, India's Ambitious in Burma-More Frustration than Success?, *Asian Survey*, Vol. 48, No. 6, November/December, 2008, p. 954.

③ Renaud. Egreteau and Larry. Jagan, *Soldiers and Diplomacy in Burma: Understanding the Foreign Relations of the Burmese Praetorian State*, (Singapore: National University of Singapore Press, 2013), pp. 323 –324.

度支持缅甸民主运动，但是称印度不再看重民主。[①] 2015 年 10 月，在缅甸大选即将举行之前，昂山素季接受印度媒体采访时称："令我悲伤的是印度，世界上最大的民主国家，为了与缅甸军政府维持良好的关系而放弃了民主。"[②] 流亡印度的缅甸民盟国会前议员廷瑞指出，印度应该支持缅甸的民主，这符合印度的长期利益。缅甸媒体密兹玛（Mizzima）总编梭敏也呼吁印度通过对缅甸军政府施压释放昂山素季和其他政治犯来推动缅甸的民主进程。[③] 尽管印度在缅甸启动政治改革进程，尤其是民盟胜选之后，加强了与缅甸民主人士的接触，但长期积累的不信任感在短期内仍难以化解。

此外，缅甸普通民众对印度的指责也是印度发展对缅关系的一大障碍。印度在缅甸的投资工程，尤其是水电工程遭受缅甸当地民众的强烈指责。比如，印度在缅甸投资的最大水电工程塔曼迪（Htamanthi）大坝就因当地环保组织和民众的反对而最终取消。另一座瑞扎耶（Shwezaye）大坝也因造价高昂以及当地环保组织的政治压力而暂停。[④]

七、地缘战略格局的变化

地缘战略格局的变化主要表现在美国、欧盟对缅政策的重大调整以及日缅关系的快速改善方面。自 2011 年 11 月美国国务卿希拉

---

① Sanjoy Majumder, Burma's Aung San Suu Kyi Returns to India College, Nov. 16, 2012, BBC News, http://www.bbc.com/news/world-asia-india-20353052.

② Joanna Sugden & Shibani Mahyani, Aung San Suu Kyi on Narendra Modi and Indian Democracy, The Wall Street Journal, Oct. 7, 2015, http://blogs.wsj.com/indiarealtime/2015/10/07/aung-san-suu-kyi-on-narendra-modi-and-indian-democracy/.

③ Hanna Ingber, India: Mum's the Word on Burma, Global Post, Nov. 5, 2010, http://www.globalpost.com/dispatch/india/101105/myanmar-burma-relations.

④ Shebonti Ray Dadwal, Myanmar Opens to Business Opportunities, but is it sustainable?, *IDSA Comment*, Jun. 14, 2013, http://www.idsa.in/idsacomments/MyanmarOpenstoBusinessOpportunities_srdadwal_140613.

里历史性访问缅甸后，美缅关系不断改善。2012 年 7 月，美国提名驻缅大使。同年 11 月，美国总统奥巴马访问缅甸。同年 12 月，缅甸总统吴登盛访问美国。2013 年 5 月，吴登盛再次访问美国。2014 年 10 月，缅甸举办东亚峰会，奥巴马再次访问缅甸。2015 年 11 月，缅甸大选之后，美国频繁与缅甸当局及获胜的民盟接触，继续拓展在缅甸的影响力。此外，美国已暂停对缅制裁，并重新对缅提供发展援助。美国还考虑给予缅甸最惠国待遇，提升两国贸易。美国一些企业家也准备重新赴缅投资。美国在缅境内的众多非政府组织也在加速拓展在缅软实力。

民盟上台执政后，美国彻底解除了对缅甸的制裁，增进两国经贸往来，加大对缅援助力度。美缅经贸、安全及文化领域的合作将全面展开。这无疑会对印度扩大在缅甸市场的份额、拓展在缅软实力形成有力竞争。此外，美缅军事合作启动后，虽然短期内不会对印度在印度洋的优势地位产生实质性威胁，但长远来看还是一种潜在威胁。

欧盟对缅政策也发生了重大转变。2012 年 4 月，欧盟暂停对缅经济制裁，并开始大幅提升对缅财政援助。同年 6 月，民盟领导人昂山素季出访欧洲。2013 年 1 月，巴黎俱乐部宣布免除缅甸高达 60 亿美元的债务，并对剩下的 22 亿美元债务进行债务重组以便缅甸政府更易偿还。同年 4 月，欧盟解除对缅所有制裁，只保留武器禁运的制裁。[①] 2014 年 4 月，昂山素季出访法国、德国，寻求欧洲国家对民盟要求修宪的支持。同年 9 月，缅甸总统吴登盛访问欧洲。2015 年 11 月缅甸举行大选，民盟胜选后，欧盟随即表态支持民盟执政。显然，民盟执政后，欧盟与缅甸的关系将快速拓宽加深。

欧盟与缅甸关系的走近对印缅关系的影响是多方面的。首先，

---

① Tin Maung Maung Than，Myanmar in 2013：At the Halfway Mark，*Asian Survey*，Vol. 54，No. 1，2014，p. 25.

由于欧盟的对缅政策以发展援助和人道主义援助为主，重点关注缅甸经济社会领域的发展，印度在缅软实力拓展将面临欧盟的强力竞争。这是欧盟缅甸关系改善对印缅关系的最大冲击。其次，目前，欧盟与缅甸的双边贸易额还不到印缅双边贸易额的1/3。尽管欧盟正在加强与缅甸的经贸合作，但这种合作主要是促进缅甸对欧盟出口，对印缅贸易影响较小。目前，欧盟已给予缅甸最惠国待遇。双方还在2015年10月6日正式启动欧盟—缅甸贸易发展计划（TDP）。该计划旨在：在缅设立欧盟市场信息中心；帮助缅甸制定管控食品质量的规章；设立食品实验室；开办员工培训班；提高基础设施水平；促进生产食品业务水平；促进出口；向民众提供大量就业岗位和提高民众收入等。[①] 再次，欧盟对与缅甸的军事安全合作重视程度极为有限。因此，在军事合作领域，欧盟难以对印度构成挑战。

最后，自2011年缅甸成立民选政府后，日本大幅改善与缅甸的关系，日缅关系迅速发展。首先，在亚洲国家中，日本与独立后的缅甸之间保持着长久紧密的联系。[②] 虽然缅甸军政府上台后日缅关系逐渐疏远，但日本对缅甸的援助并没有完全停止，日本政府对本国企业在缅甸的贸易投资也采取了较为宽容的政策。而缅甸也需要日本的援助来发展经济。

2011年11月美国国务卿希拉里访问缅甸后不久，日本外相玄叶光一郎也访问了缅甸。他表示，日本已做好准备，协助缅甸转型成为民主国家，减少农村贫困人口数量。访缅期间，玄叶光一郎还拜访了昂山素季，并邀请她到日本访问。2013年1月，在巴黎俱乐部

---

① “欧盟—缅甸正式启动TDP计划”，缅甸金凤凰中文报社，2016年2月15日，http：//www. mmgpmedia. com/business/12224 –% E6% AC% A7% E7% 9B% 9F% E7% BC% 85% E7% 94% B8% E6% AD% A3% E5% BC% 8F% E5% 90% AF% E5% 8A% A8tdp% E8% AE% A1% E5% 88% 92。

② 工藤年博：“缅甸与日本：昔日友邦如何渐行渐远”，世界亚洲研究信息中心，2008年6月，http：//icwar. bfsu. edu. cn/2008/06/602。

框架内，日本免除了部分缅甸债务。同年5月，日本首相安倍晋三访问缅甸。日本宣布对缅免债18.5亿美元，并向缅甸提供5亿美元贷款用于基础设施建设。[①] 2015年11月缅甸大选后，日本表态支持昂山素季，并邀请她访问日本。民盟执政后，日缅关系继续走近。

日缅关系的密切也将对印度拓展在缅影响力带来挑战。首先，日本长期以来注重对缅的投资。未来，随着缅甸市场的进一步开放，日本资本在缅甸市场的份额将扩大，印度在缅投资将面临日本的有力竞争。其次，日本极为重视通过财政援助方式扩展其在缅影响力。未来，在日本愈发重视东南亚外交的背景下，其对缅甸的发展援助将上升。而与日本相比，印度对缅发展援助本来就处于劣势，日本的领先地位将在一定程度上压缩印度拓展在缅软实力的广度。

第三节　印缅关系的发展前景

印度总理莫迪上台执政后不到半年就访问缅甸，这显示出印度新政府对缅甸的高度重视，印度有重要意愿与动力来推动印缅关系前行。莫迪访缅期间与缅甸总统吴登盛重点讨论了边境互联互通建设、边境安全、能源合作以及文化交流等内容。这些领域也将成为未来印度对缅政策的主要着力点。

具体而言，在经济领域，印度仍致力于提升双边贸易及边境贸易。尤其是在边境贸易方面，印度已在规划建设更多的边境口岸以满足边境地区日益增长的贸易需求。印度会加大在缅甸能源、电力、

① Tin Maung Maung Than, Myanmar in 2013: At the Halfway Mark, *Asian Survey*, Vol. 54, No. 1, 2014, p. 25.

基础设施等领域的投资，争取参与缅甸经济特区的建设。印度还会进一步完善在缅甸的商业联系网络，充分利用这些商业平台来加强与缅甸的经济合作。

在政治领域，首脑互访以及部门领导互访将会日趋频繁，地方政府间的互访将出现增多趋势。印度将会进一步完善已建立的各级别对话磋商机制，努力推动政府合作协议的落实。印度也将更加重视与缅甸的议会交流，传播印度的民主经验。

在军事安全领域，双方的合作会呈现出不同趋势。第一，双方不太可能再次采取重大的联合军事行动来打击边境地区的反政府武装。第二，由于欧盟对缅武器禁运并未解除，印度对缅军售将会更加谨慎，以免引起欧盟不满，破坏印度与欧盟之间的防务合作。但是印缅军方高层互访将会更加频繁，印度对缅甸军官的培训力度也会加大。第三，两国将加强在应对非传统安全问题上的合作。比如，双方边防部队在边境地区联合巡逻，共同打击跨境犯罪活动等。第四，印缅海军合作将继续加强，空军合作渐次展开。未来，印度将寻求与缅甸的联合军事演习常态化，加大对缅甸海军军事装备提升、军事人员培训的力度。

在科技教育文化医疗领域，印度的投入力度将不断提升。首先，印度将继续满足缅甸在 IT、工业级农业领域的技术需求，巩固既有的合作成果，扩大合作领域。其次，印度对缅甸高等教育的援助力度会加大，双方在学术领域的交流也将增多。但是，初等及中等教育的合作尚难以推进。印度还会进一步拓展在缅甸医药市场的优势，援助缅甸的医疗设施建设，尤其是在边境地区的医疗援助会增多。再次，印度会更加关注与缅甸的文化交流。这其中以佛教为纽带的文化交流将成为重点。印度驻缅大使馆将承担相当部分扩展印度文化影响力的重任。此外，边境地区的传统节日、传统音乐也是促进边界地区民众社会交往的重要媒介。

第八章　冷战后中印缅三边关系的发展

作为中国、印度共同的邻国，缅甸在中印两国的周边外交战略中具有举足轻重的地位。冷战结束后，中缅关系不断升温，两国在政治、经济、安全等方面的合作不断加深，中国在缅甸的影响力逐渐加强。为限制中国的崛起，阻止中国独自从缅甸获取经济、战略利益，[①] 冷战结束后印度不断调整改善与缅甸的关系，以此促进印度经济发展，改善边界安全形势，推动印度"东向"政策前进以及制衡中国的发展。总体而言，冷战后中印缅三边关系主要以中印两国在缅甸的竞争与合作关系为特征，呈现出竞争与合作相互交织、相互渗透的态势。

第一节　中印在缅甸的战略考量

缅甸邻国较多，西北与印度和孟加拉国为邻，东北与中国接壤，东南连接泰国与老挝；缅甸多面临海，西面为孟加拉湾，西南临安达曼海。正是由于缅甸邻国较多和多面临海的地理特点，缅甸对中国和印度都具有独特的战略意义。

---

① Marie. Lall, India-Myanmar Relations-Geopolitics and Energy in Light of the New Balance of Power in Asia, *ISAS Working Paper*, No. 29, Jan. 2, 2008, p. 26.

一、中国在缅甸的战略考量

从地缘政治的角度来说，缅甸沟通了东南亚、印度和中国，也是中国进入印度洋的重要桥梁，因此缅甸在政治、经济、安全上对中国具有重要的战略意义。

首先，缅甸这种独特的地理条件有被外部势力利用的可能性，会以缅甸作为基地对中国进行颠覆或侵略活动，对中国构成威胁。如在19世纪，英国通过三次英缅战争将缅甸纳为英国的殖民地，并以缅甸为据点侵略中国西南地区，企图打通缅甸到中国西南边境的通道，在此基础上扩展英国在中国西南地区的商业贸易，从而进一步侵略中国西南地区。与此同时，中缅两国加强合作，有利于促进难民问题、跨国犯罪等问题的顺利解决。缅甸国内民族众多，政治局势不稳，加上国外势力频繁插手缅甸国内政治，缅甸国内冲突不断。2009年“果敢事件”爆发后，缅甸炮弹落入中国境内，给中国带来巨大的损失。2015年3月，缅北冲突持续升级，缅甸炸弹落入中国云南省境内，造成无辜平民4死9伤。另一方面，“果敢事件”的爆发使大批缅甸难民越界逃亡中国，他们长期滞留中国境内，给中国政府和人民带来不小压力和负担。此外，缅甸也是跨境犯罪（如走私贩毒）频发的地区和世界最大的毒品原产地之一，毒品犯罪屡打不绝。[①] 中缅两国之间有漫长的边境线，便于缅甸境内毒贩借道中国将毒品贩运到世界各地，这给中国禁毒工作带来巨大的挑战。中缅两国加强合作，有助于边境问题的解决。

其次，缅甸独特的地理环境不仅能为外部势力利用进而威胁中国的安全提供突破口，而缅甸也是中国借以突破外部势力封锁和制

---

① 陈利君：“现阶段中印缅关系的SWOT框架分析”，《南亚研究季刊》2012年第4期，第14页。

裁的战略通道。二战期间，日军占领了中国东北、华北、华东、华中和华南广大地区，中国与外界的海上通道被封锁。为了摆脱被围困的不利局势，中英两国商定后决定修筑滇缅公路，以支援世界反法西斯的中国战场。滇缅公路的开通，使盟国援华的大批物资得以顺利进入中国。据当时的统计显示，1939 年运货 27980 吨，1940 年为 61934 吨，到 1941 年增至 132193 吨。① 这为中国突破日军封锁、赢得抗日战争的最后胜利奠定了坚实的基础。

再次，缅甸是中国顺利进入印度洋的通道，是中国“两洋战略”顺利实施的桥头堡。缅甸正好处于中国和印度之间，其安全、稳定与中国息息相关。进入 21 世纪以来，长期困扰中印关系的边界问题、西藏问题、安全观念等有了一定的发展和突破，但竞争与合作相互交织、相互渗透依然是中印关系的主流。作为世界上两个人口大国，近年来中国和印度的迅速腾飞引起世界的关注，也使印度一直怀揣的“大国梦”苏醒。从尼赫鲁时代开始，印度就明确提出了要做一个“有声有色的世界大国”，战后几十年来，印度一直将实现大国地位作为努力追求的目标。在“大国梦”的指导下，印度不断发展经济，加强军事力量建设，还不顾世界各国的反对积极发展核力量，可见印度追求大国地位的决心之坚定。

21 世纪是能源的世纪，印度洋基于在国际海运和能源供应上的重要地位，成为全球地缘政治竞争的焦点地区，这也使作为印度洋大国的印度成为全世界目光聚焦之地。从传统意义上来说，中国是一个太平洋国家，但与此同时，中国在印度洋也有正当的利益存在。自古以来，印度洋就是连接中国与西方国家商贸活动的纽带，并形成闻名于世的“海上丝绸之路”。进入 21 世纪，中国在印度洋的利

---

① 赵敬：“近百年来中缅两国人民的友好往来和相互支持”，《中国与亚非关系史论丛》，江西人民出版社 1984 年版，第 119 页。

益内涵更加丰富了：经济上，中国改革开放力度增加，外向型经济不断发展，印度洋作为资源富集区和国际黄金航线，与中国的发展息息相关；安全上，中国是一个海陆复合型国家，西部边疆地区紧靠印度洋国家，因此印度洋北岸地区的稳定直接关系着中国西部边疆地区的安全；政治上，处理好与印度洋国家的关系是中国的政治诉求，同时提升在该地区的影响力、增强话语权、塑造一个负责任的大国形象也是中国在印度洋地区实现政治利益的需要。

最后，中缅保持良好紧密的关系有利于确保中缅油气管道的安全，更有利于中国打破“马六甲困局”。进入 21 世纪，伴随着中国的迅速崛起，中国在全球范围内的政治、经济、军事和安全等利益逐渐增多，随之而来的是中国海外资源需求的迅速增加以及对外贸易依存度的增大，海运航线的安全问题已成为中国亟待解决的一个难题。从 1993 年成为石油净进口国到 2009 年，中国已成为第三大石油进口国，仅次于美国和日本，进口量超过 2 亿吨，日均超过 380 万桶，占全球石油需求量的 60%。目前，中国石油进口量的 80% 以及进出口物资的 50% 要经过马六甲海峡，该海峡的航道已成为确保中国海上运输安全的生命线。在中国国内学者的积极研究下，打破“马六甲困局”的方案有了实质性进展，即在中缅之间修建一条石油安全运输管道，以此确保中国能源运输的安全。该方案在得到缅甸政府积极回应后逐渐步入实施阶段，给相关国家带来巨大的利益。

中缅油气管道的建成运营，对中国打破“马六甲困局”、减少对马六甲海峡航线的依赖有着重大的意义。中国在能源运输安全上不再受制于人、掌握主动权，这对于中国经济发展朝着独立自主的方向前进具有积极的作用。

二、印度对缅甸的战略考量

2011 年，缅甸以改革为核心，朝着多党议会民主制、宏观调控的市场经济和全国和解的方向大步迈进：[①] 政治上，新的议会和政府成立，推动政治改革；经济上，改善外资投资环境、支持基础设施建设、发展金融部门；外交上，缅甸与西方国家的关系逐步和解，并继续巩固与中国、印度和东盟各国的关系。缅甸开始政治、经济民主化改革成为印度主动提升与缅甸关系的基础。2012 年，印度总理辛格时隔 25 年再次访问缅甸，两国关系进入全面快速发展阶段。[②] 印缅关系进入全面快速发展阶段，主要基于以下几方面的战略考量：

第一，印度加强与缅甸的关系是印度实施"东向"政策的需要。东南亚是冷战结束以后印度对外战略调整的重点之一。[③] 东南亚人口众多、市场广大，并且拥有印度需要的资金和技术。[④] 20 世纪 90 年代，印度前总理拉奥正式提出"东向"政策，目的是把印度与生机勃勃的亚洲联系起来，这成为印度"东向"政策的起点。[⑤] 印度最初实施"东向"政策的目的在于与东南亚国家加强经贸合作，并学习东南亚国家先进的技术，引进东南亚国家资金来恢复印度经济的发展。而缅甸作为印度进入东南亚的陆上桥梁，其重要性不言而喻。近年来，缅甸开始融入东盟。2011 年的东盟峰会上，东盟十国领导人一致同意由缅甸出任 2014 年的东盟"轮值主席国"。[⑥] 印度加强与缅甸的友好关系，不仅有利于印度加强与东南亚国家的经济、文

---

① 祝湘辉、李晨阳："2011 年的缅甸：在改革中前进"，《东南亚纵横》2012 年第 2 期。

② 李昕："从孤立到互联互通：印度对缅甸外交演变"，《东南亚研究》2014 年第 1 期。

③ 李忠林："印度在缅甸的战略利益、战略举措及制约因素"，《江南社会学院学报》2011 年第 3 期。

④ 李忠林："印度在缅甸的战略利益、战略举措及制约因素"，《江南社会学院学报》2011 年第 3 期。

⑤ Philip Oldenburg ed, *India Briefing* 1993, (Boulder: West View Press, 1993), pp. 43 – 44.

⑥ 陈建山："冷战后印缅关系好转的主要动因"，《东南亚研究》2014 年第 3 期。

化交流，也有利于印度积极参与东盟一体化进程，而且符合印度推行“东向”政策积极参与亚太事务、谋求大国地位的需要。

第二，印度加强与缅甸的关系是基于稳定印度东北地区局势的考量。印度和缅甸拥有1600多公里的陆地边界，① 印度东北5个邦地处南亚和东南亚交界的内陆地区，与印度主体部分仅有狭窄的西里古里走廊相连。② 此外，印缅边界毒品和军事武器走私活动猖獗，使该地区局势长期处于不稳定状态。印度深知东北地区问题的解决需要缅甸的合作，据印度商务部长声称，印缅边境的进一步开放能增加边境贸易额，但也会带来军事武器、毒品和性方面疾病等犯罪问题，而这些犯罪问题的解决还是需要缅甸的合作。③ 因此，印缅在边界犯罪问题的合作必须以基础设施建设、联合打击毒贩和打击反政府武装为主。④ 缅甸的合作对于印度东北地区的发展和稳定具有十分重要的地缘政治、经济意义，通过加强与缅甸的关系，两国在边界犯罪问题上能更好地协商、合作，印度可据此稳定东北地区局势，促进该地区经济发展。

第三，印度加强与缅甸的关系便于其获取缅甸丰富的石油和天然气资源，促进印缅经济合作。缅甸国内矿产资源蕴藏量大，包括石油、天然气、宝石、钨等，其中重要能源石油、天然气的储量巨大。根据缅甸官方在2014年1月发布的数据显示，缅甸的石油探明储量约为1.6亿桶，天然气探明储量约为6372亿立方米，有近2/3的油气区块仍未勘探。作为能源消费大国的印度非常需要缅甸的天

---

① 陈建山：“冷战后印缅关系好转的主要动因”，《东南亚研究》2014年第3期。

② 李昕：“从孤立到互联互通：印度对缅甸外交演变”，《东南亚研究》2014年第1期。

③ Marie Lall, “India-Myanmar Relations-Geopolitics and Energy in light of the New Balance of power in Asia”, *ISAS Working Paper*, Jan. 2, 2008.

④ 许利平、薛松：“冷战后印度与东盟关系：调整、发展与趋势”，《东南亚研究》2012年第1期。

然气资源，[①] 印度推动与缅甸互联互通建设将有利于印度以更低的运输成本购买缅甸的油气资源，从而改善印度国内油气资源消费巨大的局面。此外，印度推动与缅甸互联互通建设也有利于两国经贸合作的开展。印缅两国经济互补性较强，就贸易结构看，缅甸向印度出口的商品几乎都是豆类、木材及木制品，基本都是初级产品或初级产品的简单加工品；[②] 印度对缅甸出口的主要是铁、药品、电机及设备、矿物油、橡胶产品、塑料等，基本上是工业制成品。[③] 印缅两国较强的经济互补性为双方开展经贸合作提供了可能。

第四，印度加强与缅甸的关系是基于削弱中国在缅甸影响力的考量。关于印度对缅甸的外交政策，法国国际研究中心研究员雷诺·俄格热特阿认为，印度同邻国关系的变化与中国以及中国的盟友有关。[④] 自尼赫鲁以来，印度一直在为实现一个"有声有色的世界大国"的梦想而不断努力。面对邻国中国的不断强大，印度压力巨大，将中国视为威胁，加上中巴关系非常友好，印度还担心被中国和巴基斯坦包围起来。[⑤] 中国在缅甸具有很深远的影响力，早在第二次世界大战期间，中缅就建立了深厚的"胞波情谊"。1988 年缅甸军政府上台执政，西方国家一致对缅甸采取经济制裁、政治孤立的措施，而中国继续对缅甸提供政治、军事、经济援助和支持，缅甸也采取对华"一边倒"的政策。如今，中缅在政治、经济、军事

---

① 陈建山："冷战后印缅关系好转的主要动因"，《东南亚研究》2014 年第 3 期。

② 殷永林："21 世纪以来印度与缅甸经济关系发展研究"，《东南亚纵横》2015 年第 4 期。

③ Embassy of India in Myanmar, "India-Myanmar Bilateral Trade", http://www.indiaembassyyangon.net/index.phd? option = com _ content&view = category&layout = blog&id = 21&Itemid = 122&Lang = en.

④ Renaud Egretau, *Wooling the Generals: India's new Burma Policy*, Delhi: Authors Press, 2003, p. 178.

⑤ Marie Lall, Indo-Myanmar Relations in the era of pipeline diplomacy, *Contemporary Southeast Asian*, Vol. 28, No. 3, 2006.

上建立了紧密联系，这让印度感到担忧。印度一直将中缅关系视为威胁，甚至以此作为其发展核武器的理由。[1] 因此，印度企图加强与缅甸政治、经济、外交联系，削弱中国在缅甸的影响力，平衡中国在缅甸的地位，缓解自身周边不利局面。

第二节　中印在缅甸的优势与劣势

近年来，中印在缅甸的竞争与合作态势逐渐清晰，竞争之中有合作，合作之中也存在竞争，而缅甸充分利用中印的战略诉求，在两国之间纵横捭阖，不断平衡两国关系，以实现自身利益最大化，这使中印缅三国利益交织在一起，演变成复杂但却稳定的中印缅三边关系。中印在缅甸拥有各自的优势与劣势，影响着各自战略利益的实现。

一、中国在缅甸的优势和劣势

中缅在战略上相互需要，缅甸是中国维护周边安全、确保能源来源和运输安全、进行区域合作以及进入印度洋的重要一环。中国是缅甸获取更多经济、政治利益的有力依靠，缅甸可以利用大国在缅甸的博弈以获得更多利益，推动自身的发展。与印度相比，中国在缅甸存在如下优势：

首先，一直以来中国对缅甸的援助从未间断，中缅“胞波情谊”深厚。中缅关系历史悠久、源远流长，缅甸是与新中国最早建交的

① 卫灵：“论印度安全战略及中印安全关系”，《中国人民大学学报》2005 年第 6 期。

国家之一，是中国的好邻居、好兄弟，两国的友谊经过 67 载的历练形成了深厚的“胞波情谊”。在国际社会中，缅甸也是中国的重要盟友。中国和缅甸的发展模式都与西方主流社会所认可的发展模式不相容，这使中缅在一些国际事务上相互依靠、相互支持。自 1998 年 9 月缅甸军人政府成立以来，以美国为首的西方国家从政治和外交目的出发，开始从政治、经济、安全和军事方面对缅甸实行了长达 20 年的制裁。中国不仅坚定地站在缅甸一边，还给予缅甸大量的援助，使缅甸在西方大国严厉的制裁下顺利渡过难关。中缅“胞波情谊”在历史的推动下更加深厚。

其次，中国作为经济大国，更能推动缅甸经济的发展。冷战后，中国经济发展水平不断提升。2011 年 3 月 3 日，日本内阁府发布的数据显示，日本 2010 年名义 GDP（国内生产总值）为 54742 亿美元，比中国少 4044 亿美元，中国 GDP 超过日本正式成为第二大经济体。中国经济经过 30 年的成长，成为世界上经济总量第二大经济体，这对经济发展水平低、基础设施建设落后的缅甸来说有巨大的吸引力。2010 年 3 月，缅甸总理吴登盛声称，中缅在缅甸进行的水电、油气管道、铁路等大型项目推动了缅甸经济的发展。中国对缅甸援助慷慨，在基础设施建设方面，中国拥有高超的技术、丰富的经验，这有利于改善缅甸基础设施建设情况，推动缅甸经济发展。

最后，中国实行睦邻友好政策，积极推动区域经济合作。中国始终奉行睦邻友好的周边外交政策，坚持“睦邻、安邻、富邻”的周边外交政策方针，欢迎并且鼓励周边国家搭乘中国经济快速发展的便车，实现中国与周边国家共同富裕、共同繁荣的目标。同时，中国在与周边国家交往时严格以“和平共处五项原则”作为外交行为指导，受到周边国家的信任和尊敬。近年来，中国加快推动与周边国家区域合作的步伐，如中国与东盟“10 +1”合作、大湄公河次区域合作等。2013 年 5 月，李克强总理访问印度期间又提出“孟中印缅经济走廊倡议”，得到相关国家的积极响应。2013 年 9 月和 10 月，习近平总书记在访问哈萨克斯坦和东盟时分别提出“新丝绸之路经济带”和“21 世纪海上丝绸之路”的战略构想，并丰富完善为“一带一路”战略构想。中国为促进自身和周边国家共同发展而积极倡导区域、次区域经济合作，在周边国家中树立起负责任、有担当的大国形象。

此外，中国在缅甸的影响力也受到缅甸对中国崛起的担心、美国等西方大国与缅甸接近以及缅甸内部局势不稳定等因素的制约。

首先，缅甸担心中国崛起会将缅甸纳入势力范围。进入 21 世纪，中国经济发展迅速，已逐渐成长为一个经济大国。缅甸作为中国周边一个弱小的国家，对强大邻居的崛起自然感到担忧，再加上近年来美、印等国不断夸大“中国威胁论”，缅甸对于中国强大的担忧更加强烈。

其次，以美国为首的西方大国与缅甸接近。2010 年 11 月缅甸举行了 20 年来首次全国大选，联邦巩固与发展党在大选中获胜，并于 2011 年 2 月组建新的政府，由原军政府总理吴登盛当选缅甸联邦共和国总统。新政府成立后开始在政治、经济、行政等方面进行自上而下的改革，并进一步带动政治、经济民主化的进程。在 2015 年 11 月缅甸全国大选中，昂山素季领导的全国民主联盟以绝对优势赢得大选的胜利，新政府在 2016 年初组建。至此，缅甸步入政治、经济民主化进程的正轨。自 2010 年缅甸开始民主化改革以来，以美国为首的西方国家就不断向缅甸政府释放友好信号，加强与缅甸的政治、经济联系，并向缅甸提供一系列援助以支持缅甸的民主化进程。尽管这并不代表亲西方的昂山素季愿意放弃中国援助给缅甸带来的巨大利益而完全倒向西方，但这对中国在缅甸的影响力来说是一个巨大的挑战。

最后，缅甸国内局势不稳定。缅甸少数民族组成复杂，且少数民族人口占全国的1/3。缅甸独立后，10多个较大的少数民族组建了本民族的武装与以缅族为主的中央政府对抗，其中包括克伦民族联盟、掸邦民族军、掸邦联合革命军、克钦独立组织和克钦独立军等在内的少数民族武装。长期以来，少数民族武装与中央政府之间的冲突、战争是影响缅甸国内稳定的主要因素之一。频繁的内乱使缅甸不能有一个良好的发展经济的国内环境，也使部分前来投资的外国投资者望而却步。频繁的民族武装冲突、不稳的国内局势给中国与缅甸的关系带来不确定性。

二、印度在缅甸的优势和劣势

印度在缅甸存在以下优势。首先，同中国一样，印度也是一个崛起中的大国，经济发展速度较快。2003年后，印度经济连续多年保持高速增长势头。2003—2004年度印度经济增长率达到8.5%，2004—2005年度略降为7.5%，2005—2006年度猛增到9.5%，2006—2007年度保持在9.5%，2007—2008年度更升为9.8%。[①] 2012年，在全球经济增速放缓的情况下，印度经济增长率不仅大大高于所有发达国家，而且高于发展中国家的平均增长率。[②] 因此，加强与印度的经济联系有利于缅甸推动自身经济发展，改善经济落后的局面。

其次，印缅有合作打击边境分离主义的需求。印度东北部边境分离主义势力猖獗，同时缅甸西北边境地区分离主义势力活动频繁，这给两国维护边境安定带来很大困难。印缅两国在共同打击边境分离主义问题上态度一致。21世纪初，印度还帮助缅甸开展8个公路

---

① Government of India, Economic Survey, 2010 - 2011, Economic Division, *Ministry of Finance*, New Delhi, 2011, pp. 1 - 4.

② 文富德："客观看待当前印度经济增长放缓"，《南亚研究季刊》2013年第2期，第38页。

援助项目以改善缅甸西北部交通不便的情况，使缅甸政府在打击边境分离主义势力时更加有利。由此可见，印缅合作共同打击边境分离主义势力是符合两国利益的。

此外，印度在缅甸也存在两国基础设施差、民族与边境问题复杂和域外大国制衡等不利因素的影响。

首先，印缅两国基础设施较差，印度在基础设施建设上对缅甸提供帮助的能力有限。正如麦肯锡公司的一份研究所指出的那样，印度现有基础设施硬件不完善表现在该国的公路破旧而不足、电力供应不足且不稳定、铁路货运线路短缺、港口破旧、城市拥挤，以及过度拥挤和令人窒息的繁忙机场上。至于基础设施的软件方面，例如医院和学校，以及令人沮丧的婴儿死亡率和令人担忧的文盲比例就是这方面严重短缺的两种表现。① 印度基础设施建设水平、技术都难以与中国竞争，这对于急需基础设施建设以改善人民生活水平的缅甸来说吸引力较弱。

其次，印度东北地区矛盾重重，缅甸少数武装冲突不断，加大了印缅两国边境合作的困难。尽管印缅两国在边界犯罪问题上有一定合作，但印度东北地区宗教、民族问题复杂不易解决，并且随着跨国交通基础设施的建成和开放使用，进入印度东北地区的非法移民将会大量增加，② 这将使印度东北地区存在的分离主义、恐怖主义活动问题更加严重。在印缅接壤地区，无论是印度东北部各邦还是缅甸的钦邦，都有反政府武装及恐怖组织的存在。③ 复杂的边境犯罪问题以及印缅各自国内纠缠的宗教、民族问题无法确保两国的合作

① 张立、王学人："印度基础设施发展的问题、措施与成效"，《南亚研究季刊》2010 年第 4 期。

② 李昕："印度与缅甸互联互通发展探析"，《南亚研究》2014 年第 1 期。

③ 李昕："从孤立到互联互通：印度对缅甸外交演变"，《东南亚研究》2014 年第 1 期。

有一个稳定的环境，这加大了两国合作的困难。

最后，中国、美国、东盟等域外大国和组织在缅甸也有巨大的政治、经济利益，对印度在缅甸的影响力有一定的削弱。2015 年 11 月缅甸举行全国大选，昂山素季领导全国民主联盟获得胜利，缅甸新政府和新议会在 2016 年初组成。美国与缅甸的关系在吴登盛上台执政后不断升温，全国民主联盟上台后与美国关系更加密切。如前所述，中国与缅甸世代友好，且中国在缅甸拥有巨大的政治、经济利益。印度一直将中国在缅甸的存在视为威胁，且一直对中国在缅甸的举动保持着高度的警惕性，但事实上，印度在缅甸的举措根本无法撼动中国已建立的强大影响力，而且在短期内也根本无法和中国相媲美。[①] 印缅关系将面临域外大国的挑战和压力。

第三节　中印在缅甸的竞争与合作

冷战结束后，中印两国综合国力不断提升，与此同时，两国逐渐将拓展对外影响力作为外交战略的支撑点。而缅甸由于独特的地缘战略位置成为中印两国实施对外战略的交汇点，同时影响着中印两国的外交决策。

对中国而言，积极发展与缅甸的政治经济关系主要出于以下战略考量：在政治上，缅甸连通东南亚、印度和中国，是中国进入印度洋的重要通道，是中国顺利实施“两洋战略”的桥头堡，同时中国加强与缅甸的战略联系，有助于打破以美国为首的西方国家对中

① 李忠林：“印度在缅甸的战略利益、战略举措及制约因素”，《江南社会学院学报》2011 年 9 月。

国构筑的包围圈；在经济上，中国加强与缅甸的联系有利于加强与缅甸的能源合作，进入缅甸国内市场，推动中国经贸发展；在外交与安全上，缅甸是中国联合打击跨境犯罪活动的重要伙伴，有利于确保中国西南边疆的安全，为中国提供强有力的安全屏障。

对印度来说，缅甸具有非常重要的战略意义：在政治上，缅甸是印度平衡中国战略影响力的重要一环，也是印度推行“东向”政策，进入东南亚的必经之地；在经济上，缅甸丰富的油气资源对印度具有强烈的吸引力，是印度东北地区经济开发、获取油气资源的重要伙伴；在安全上，印度需要缅甸配合来解决印度东北部分离主义问题，共同打击跨境分裂势力和犯罪活动。

一、中印在缅甸的竞争阶段

冷战后，印度主要从战略安全的角度来关注中国在缅甸影响力上升的事实。在印度看来，通过与缅甸军政府接触并实施“建设性”的对缅政策，将能应对中国在其东部边界形成的“潜在威胁”。① 印度十分警惕中国在缅甸的活动，中国则担心印度会阻止中国通过缅甸走向印度洋。因此，直到21世纪初期，中印两国在缅甸主要是竞争关系。

在安全领域，印度对于中国在缅甸的活动十分敏感，反应强烈。众所周知，缅甸基础设施建设陈旧，工业十分落后，交通、能源、水电、邮电通信、金融服务等基础设施建设严重不足。根据世界经济论坛2014/2015全球竞争力报告显示，缅甸基础设施整体质量在全球144个经济体中排名138位。从分项的排名来看，机场质量排名最差，为137；而铁路、港口和公路设施的质量表现也并不好，排

① Renaud. Egreteau, India's Ambitious in Burma-More Frustration than Success?, *Asian Survey*, Vol. 48, No. 6, November/December, 2008, pp. 944 –955.

名分别为94、125和134。[1] 长期以来，中国积极帮助缅甸建设公路、铁路、水电等基础设施，以改善缅甸的社会、生活环境。但是印度对此非常警惕，并采取了一系列措施予以应对。如中国帮助缅甸修建雷达，整修补给燃料设施，帮助缅甸的实兑、科科岛、丹老、皎漂等海军基地的现代化建设；[2] 印度则针锋相对地积极修建通向曼德勒的公路，并加大向缅甸西部的投资。此外，印度还不断渲染“中国威胁论”，多次与缅甸举行海、空军军事演习，并搜集中国在缅甸活动的情报，企图削弱中国在缅甸的影响力。

在经贸领域，中印两国都是缅甸重要的贸易合作伙伴，自2011年以来，中国是缅甸第一大贸易伙伴、第一大进口来源地和第二大出口市场。[3] 2011年、2012年、2013年，中缅进出口总额同比增加分别为73.2%、1.8%、35.6%，在缅进出口总额中占比分别为26.1%、27.0%、28.4%。[4] 中缅经贸合作状况良好且有不断上升之势。近年来，印缅经贸合作不断加深，2013—2014年度，印度是缅甸的第五大贸易伙伴、第三大出口目的地、第七大进口来源地。[5] 印缅两国贸易互补性较强，印度主要从缅甸进口豆类、木材、能源等，缅甸主要从印度进口钢铁、药品、电机设备等。尽管中印两国在缅甸的对外贸易中都非常重要，但总的来说，中国基于发达的制造业向缅甸大量出口家电、摩托车等制成品，对缅甸市场占有率远远高

① “缅甸基础设施行业研究”，缅华网，2015年11月16日，http://www.mhwmm.com/Ch/NewsView.asp? ID=13828。

② 林锡星：“中缅石油管道设计中的美印因素”，《东南亚研究》2007年第5期。

③ “中缅双边贸易保持快速增长”，中华人民共和国商务部，2014年7月31日，http://www.mofcom.gov.cn/article/i/jyjl/j/201407/20140700681787.shtml。

④ “中缅双边贸易保持快速增长”，中华人民共和国商务部，2014年7月31日，http://www.mofcom.gov.cn/article/i/jyjl/j/201407/20140700681787.shtml。

⑤ Embassy of India in Myanmar, India-Myanmar Bilateral Trade, http://www.indiaembassyyangon.net/index.php? option=com_content&view=category&layout=blog&id=21&Itemid=122&lang=en.

于印度，这引起印度的担心和不满。

在能源领域，缅甸拥有丰富的油气资源，根据缅甸官方在 2014 年 1 月发布的数据显示，缅甸的石油探明储量约为 1.6 亿桶，天然气探明储量约为 6372 亿立方米，有近 2/3 的油气区块仍未勘探。中印都是油气资源消费大国，都希望参与缅甸油气能源的开发，以拓宽能源来源渠道，缓解各自的能源压力。令中印两国竞争激烈的是若开海域 A－1 区块天然气问题，中印两国都希望同缅甸共同修建输气管道，但缅甸政府最终同意与中国铺设输气管道，使印度在油气问题上心生失落。

在这一阶段，中印在缅甸以竞争为主，相互之间的合作非常少，但也没有出现对抗的情况。

二、中印在缅甸竞争与合作共存阶段

20 世纪末，缅甸正式加入东南亚国家联盟，印度减少了早期缅甸成为中国“卫星国”的担忧，对缅政策中对中国因素的考量逐渐减弱。[①] 印度积极开展对缅边境贸易，加强在缅甸的影响力。但由于中国在缅甸仍然占据优势地位，印度并没有忽视中国在缅甸的存在，而是更加关注中国在军事、安全领域对缅甸以及印度洋的影响。因此这一时期，中印在缅甸的关系有所缓和，出现了共同合作的情况。

首先，中印两国在基础设施建设上有所合作。2007 年 4 月 26 日，中国修建的史迪威公路北线腾冲至密支那公路建成通车。印度对史迪威公路的重建也开始表现出积极的态度。2007 年，印度边境道路组织计划投资 50 亿卢比修建其东北部地区与史迪威公路相连接

---

① G. Parthasarathy, Myanmar Deserves Attention-India's Dithering Has Helped China, The Tribune. http://www.tribuneindia.com/2006/20060420/edit.htm#4.

的公路网，印度境内路段的重修工作在4—6个月之内完成。[①] 史迪威公路可以把中国西南与缅甸、印度、孟加拉国连成一片，是连接中印最便捷的通道，是中国走向南亚的陆路大通道，使云南到印度的商品运输线路从大约6000公里缩短到500多公里。[②]

其次，中印两国在能源领域有所合作。中印两国都是能源消费大国，确保能源来源的多渠道化和安全性是两国维护能源安全的重点。中印意识到两国在缅甸都有正当的能源需求，只有加强能源合作才能实现各自利益的最大化。印度能源部在2010年3月声称，印度将出资2.5亿元参与中缅油气管道的建设，并取得12.5%的股权。[③] 2013年7月28日，缅甸西南海岸的“瑞气田”天然气开始注入中缅油气管道天然气管道首站皎漂分输站，这标志着由中国、缅甸、韩国和印度四方投资的中缅油气管道正式建成运营。[④] 中缅油气管道的建成标志着中印在能源合作上取得了一定的成效。

这一阶段的中印缅关系中，中印在政治、经济等领域的竞争仍然存在，但双方开始出现合作的情况。中缅油气管道的建成使双方的合作更加具体、更加稳定。同时，中缅油气管道的建成也证明，中印在缅甸的关系不一定是零和博弈的，也可以是双赢、互利互惠的。

① 胡仕胜、陈诚：“印度重修通往中国公路”，《党建文汇月刊》2007年第7期，第19页。

② 王琛、姚璐：“冷战后中印在缅甸的合作竞争关系”，《东南亚研究》2011年第2期，第81页。

③ 李志强：“印度投资13.5亿美元开发缅甸天然气”，《光明日报》2010年3月9日，http：//www.gmw.cn/01gmrb/2010－03/09/content_1067845.htm。

④ 戴永红、秦永红：“中缅油气管道建设运营的地缘政治经济分析”，《南亚研究季刊》2015年第1期，第16页。

第四节　正确处理中印缅三边关系

如前所述，中印两国在缅甸处于既相互竞争又相互合作的关系，而中印积极开展合作对中印缅三边关系健康良好地发展具有促进作用，这既符合中印两国的战略利益，又符合缅甸的国家发展利益，将使三边收益最大化。因此，正确处理中印缅三边关系就要求中印缅三国消除分歧，加强交流沟通，扩宽合作渠道。

一、消除分歧，达成共识

中印缅三边关系存在的矛盾主要是印度对于中缅关系反应强烈，对中国在缅甸的活动不信任。20 世纪 40 年代，印度从独立以来就有成为一个“有声有色的世界大国”的梦想，并将这一“大国梦”贯穿于其国内外政策之中。印度一直对中国的强大存有戒心，将中国在缅甸的活动视为中国借缅甸进入印度洋的战略。产生该问题的根本原因在于中印两国互相不信任、互相猜测对方的战略意图。因此，消除中印缅三边关系中的分歧主要是减弱中印两国之间互不信任的问题：首先，中印两国应加强交流，建立对话机制加大高层战略沟通力度，同时加强官方、学术界等领域的沟通，增信释疑；其次，印度应增强战略自信，少一些对中国极端的猜测，多一些务实外交。印度将中国与邻国的互动都视为中国试图包围印度的举动，这与 1962 年中印边界冲突给印度留下的“失败者”心态一样，即过分猜测对手意图、目的的心态，这将影响决策者的判断力，导致其在战略上做出错误的判断。

此外，中印缅三边关系还考验着缅甸在中印之间实行战略平衡的能力。对于域外大国在缅甸的存在，缅甸政府一直奉行中立主义的原则，即不参与大国在本国和本地区的纷争。从短期来看，缅甸这种平衡战略使其能够从大国在缅甸的竞争中获得不少好处，但若缅甸长时期在中印竞争中左右逢源，只为本国利益考虑，则很容易使中印缅三边关系矛盾重重，扩大三国之间的分歧。因此，中印缅三国消除分歧、达成共识需要中印缅三国共同努力。

二、扩宽中印缅三国合作渠道

如前所诉，中印缅合作有利于加强三国关系，促进三国经济共同发展，如中缅油气管道的建成既能解决中印两国能源来源、安全问题，又能帮助缅甸实现以资源推动经济发展的战略目标，符合中印缅三国的利益。

首先，中印缅三国应携手促进孟中印缅经济走廊的建设。孟中印缅经济走廊倡议是2013年5月国务院总理李克强访问印度期间提出的，得到印度、孟加拉国、缅甸三国的积极响应。有专家认为，孟中印缅经济走廊成为连接太平洋和印度洋的一座桥梁，区域内的中国西南、印度东部、缅甸、孟加拉国相对而言均不发达，打造经济走廊能够通过四国延伸带动亚洲经济最重要的三块区域，也就是中国、东南亚和南亚的联动发展。[①] 在世界各国联系日益紧密的今天，孟中印缅经济走廊的提出符合和平、共赢的时代潮流，同时也为中印缅三边关系的发展提供了良好的平台。中印缅三国共同推动孟中印缅经济走廊的建设，有利于打造经济高速发展区域，促进三国经济的共同发展。

其次，中印缅三国应加强基础设施建设合作。印缅两国国内基

---

① 刘虹妤："连接亚洲三大市场的黄金走廊——孟中印缅经济走廊"，国际在线，2014年9月11日，http：//gb. cri. cn/42071/2014/09/11/5931s4687785. htm。

础设施建设水平相对较差，尤其是缅甸落后的基础设施建设已影响到外国对缅甸投资的信心，因此中印缅三国加强基础设施建设合作以推动其他领域的合作已成为三国合作方面的当务之急。在基础设施建设合作上，交通建设合作是重点。中印之间的贸易主要经过马六甲海峡运输，但若经过史迪威公路，中印缅三国间的贸易便能大大缩短时间、节约成本，推动三国经贸繁荣。中印缅三国都意识到史迪威公路的重要性，已签署备忘录重修史迪威公路。

最后，中印缅应积极开展能源合作。中印是能源消费大国，确保油气资源来源多样化是两国确保能源安全的方式之一，而缅甸富含油气资源，也希望通过出口油气资源来推动本国经济发展。中印缅积极开展能源合作，三国都能从中获利，对于确保中印两国能源安全、促进缅甸经济发展有极大推动作用，同时也是加强中印缅三边关系的重要一环，将促使中印缅三边关系健康稳定地发展。

第九章　印缅关系中的大国因素

印缅关系的发展既受到各自政策调整的影响，同时也受到域外大国的影响，这其中尤以中国、美国、日本、欧盟及俄罗斯为甚。由于前文第一章及第八章已对印缅关系中的中国因素做出详细分析，本章将不再分析中国因素对印缅关系的影响。

第一节　印缅关系中的美国因素

印度与缅甸的关系经历了三个阶段：一是20世纪50年代同为不结盟运动参与国的亲密时期到逐渐冷淡；二是在冷战结束前期两国关系逐渐解冻；三是印度辛格政府的“东向”政策出台后，两国关系逐渐缓和并实现全面合作的阶段。2011年，缅甸以改革为核心，朝着多党议会民主制、宏观调控的市场经济和全国和解的方向大步迈进。[①] 政治上，新的议会和政府成立，推动政治改革；经济上，改善外资投资环境、支持基础设施建设、发展金融部门；外交上，缅甸与西方国家的关系逐步和解，并继续巩固与中国、印度和东盟各国的关系。缅甸开始政治、经济民主化改革成为印度主动提升与缅

① 祝湘辉、李晨阳：“2011年的缅甸：在改革中前进”，《东南亚纵横》2012年第2期。

甸关系的基础。2012 年，印度总理辛格时隔 25 年再次访问缅甸，两国关系进入全面快速发展阶段。[①] 印缅关系进入全面快速发展阶段，主要表现为两国加快互联互通建设的步伐。[②] 考虑到两国的政治经济现状和在国际上的地位，印缅接近并朝着全方位合作的方向转变既是基于两国国家利益的考量决定的，也是次区域合作机制发展潮流的客观要求。在全球化时代下，没有一个国家能够“独舞”，合作能优化资源的配置，共同面对风险和其他不可抗力。

在历史上，缅甸和印度之间有着非常密切的联系。首先，双方之间有着 1643 公里的边界线，所以从地缘上来讲，双方就存在一种天然的亲厚关系。印度东北部 5 个邦地处南亚和东南亚交界的内陆地区，与印度主体部分仅有狭窄的西里古里走廊相连，[③] 但这一区域和缅甸之间的交往却十分密切。印度深知其东北地区问题的解决需要缅甸的合作，据印度商务部长声称，印缅边境的进一步开放能增加边境贸易额，但也会带来军事武器、毒品和性方面疾病等犯罪问题，而这些犯罪问题的解决需要缅甸的合作。[④] 因此，印缅在边界犯罪问题的合作必须以基础设施建设、联合打击毒贩和打击反政府武装为主。[⑤] 缅甸的合作对于印度东北地区的发展和稳定具有十分重要的地缘政治、经济意义。再次，佛教从印度传向缅甸，上缅甸是北

---

① 李昕：“从孤立到互联互通：印度对缅甸外交演变”，《东南亚研究》2014 年第 1 期。

② Bibhu Prasad Routray, Myanmar and India's Northeast: Border Cooperation, Better Connectivity andEconomic Integration, *IPCS Article*, Jan. 10, 2013, http://www.ipcs.org/article/india/myanmar-and-indias-northeast-border-cooperation-better-connectivity-and-economic -3788.html.

③ 李昕：“从孤立到互联互通：印度对缅甸外交演变”，《东南亚研究》2014 年第 1 期。

④ Marie Lall, India-Myanmar Relations-Geopolitics and Energy in Light of the New Balance of Power in Asia, *ISAS Working Paper*, Jan. 2, 2008.

⑤ 许利平、薛松：“冷战后印度与东盟关系：调整、发展与趋势”，《东南亚研究》2012 年第 1 期。

印度的文化系统，下缅甸文化则来自南印度。这种宗教上的文化传播同时影响着缅甸的文化、信仰和价值观。缅甸曾是英属印度殖民地联邦的一部分。缅甸独立后，印度在 1948 年与其建立了外交关系。基于这种文化上的联系、不断增长的商贸关系以及在地区事务上共同的利益诉求，双方之间的关系一度十分密切。

在区域地缘政治格局中，印缅关系的敌对和亲善都受到一定历史与现实因素交织的影响。辛格政府前几届的印度政府受尼赫鲁时期意识形态因素影响较多，印缅关系的变化更多地屈从于冷战中大国对两方的争夺。在政治现实主义的原则越来越主宰双方外交政策制定后，实现全面合作渐渐成为两国的一个必然选择。缅甸与印度除了有 1600 多公里国界线接壤外，双方之间还有一段海岸线接壤。也正因如此，缅甸成为印度少数民族反政府武装的避风港。[①] 出于现实的国内需求考量，印缅关系逐渐缓和，双方都想通过合作的方式来获得对国家安全的保障。20 世纪 90 年代，印度前总理拉奥正式提出“东向”政策，目的是把印度与生机勃勃的亚洲联系起来，[②] 这成为印度外交战略的一个很重要的组成部分。缅甸作为印度进入东南亚的陆上桥梁，其重要性不言而喻。近年来，缅甸开始融入东盟。2011 年的东盟峰会，东盟十国领导人一致同意由缅甸出任 2014 年的东盟“轮值主席国”。[③] 印度加强与缅甸的友好关系，有利于印度加强与东南亚国家的经济、文化交流，学习东盟的先进技术，引进资金，积极参与东盟一体化进程，且符合印度推行“东向”政策积极参与亚太事务、谋求大国地位的需要。

---

① Jayanth Jacob. Why India needs to cosy up to Myanmar's Aung San Suu Kyi, New Delhi：Hindustan Times, Aug. 23, 2016.

② Philip Oldenburg ed, *India Briefing* 1993, (Boulder: West View Press, 1993), pp. 43 -44.

③ 陈建山：“冷战后印缅关系好转的主要动因”，《东南亚研究》2014 年第 3 期。

印度作为南亚地区唯一的大国，其对缅政策诚然具有相当大的独立性和区位优势，但在当前的国际政治环境中，美国仍是一个不可忽视的域外超级大国，并且拥有影响印缅双边关系的力量和意图。近年来，印美关系、美缅关系都有不同程度的升温，所以美国因素将会成为塑造印缅关系的影响因素。而在印缅关系还处于僵持的时期，美国因素就在很大程度上制约着印缅关系的发展。自从缅甸开始其民主化进程，尤其是昂山素季领导的民盟逐渐步入国家权力的中心后，印度对缅甸的政策慢慢从批评指责到缓和合作，两国间的互动越来越多，合作范围也越来越广，高层访问频繁，并签订了一系列政治经济和科教合作协定。印缅关系交往的模式发生巨大变化的过程，既对两国的对美政策产生影响，也受到美国与两国关系变化过程的促进。

作为“世界上最强大的民主国家”和“世界上最大的民主国家”，美国对印度的态度和政策经历了一个从制裁到合作的转变，主要是在核政策方面。2016 年 6 月莫迪访问美国后，根据双方发布的美印联合声明，两国的合作范围包括能源、网络空间安全、气候变化、军事、反恐和极端暴力主义、增强经济联系、拓展科学技术和医疗合作及人文交流，涵盖面的广度和深度都达到前所未有的水平。而根据今年（2016 年）发表的联合声明，美国将与印度在核电站和核反应堆建设上进行合作，并由美国进出口银行对这个项目进行融资，一旦成功，那么这个项目将大大减少印度对矿物能源燃料的需求。① 美国正在践行其帮助印度成为“21 世纪的世界主要大国”的诺言。而在美国改变对印政策的背后，其实质是拉拢印度遏制中国的需求。在这一点上，印度和美国具有共同的利益诉求，所以二者

---

① Joint Statement：The United States and India：Enduring Global Partners in the 21st Century，The White House Office of the Press Secretary，Jun. 7，2016.

在缅甸找到了一个对付中国的战略汇合点，纷纷改变对缅甸的政策，想通过增加对缅投资、加强印缅互联互通建设，在一定程度上抵消中国在这个地区不断增长的影响力。

缅甸曾一度被美国认定为“世界上最不民主的国家”和“违反人权纪录最多的国家”，从1988年军政府上台后，美国政府就开始组织对缅甸进行经济制裁，欲通过经济压力逼迫缅甸军政府向民盟交权，实现国家民主化。其他西方国家包括日本也在2003年前后撤回了在缅甸的经济行动，印度因为与缅甸一向关系比较友好，也面临着来自美国及国际社会的巨大压力。直到2011年11月，美国国务卿希拉里首次对缅甸进行了访问，这次访问是两国之间的“破冰之旅”，也拉开了西方国家重建和缅甸之间的国际联系的序幕，长期以来缅甸与外界隔绝的外交政策模式被打破。① 随后，美国总统奥巴马对缅甸进行了历史性访问，西方国家也在美国的影响下开始积极和缅甸进行互动。2013年5月，缅甸总统吴登盛应邀访美。这实际上象征着美国开始接受和承认缅甸国内的改革，吴登盛此举也是为了加强和美国之间的联系，逐渐消除西方对缅甸的经济制裁。美国对缅甸政策的改变，毫无疑问是美国“重返亚太”战略的一个分支。长期以来，美国将缅甸看做是中国的“依附国”，在此，美国可以通过支持民主和增加投资来遏制和包围中国，以达到阻止中国从缅甸进入印度洋的目的。②

在印缅关系变化和发展的过程中，美国因素对印缅双边关系的影响在不同时期有着不同的侧重点。从20世纪80年代末到21世纪初，由于缅甸国内的政治状况，美国对缅甸基本上采取封锁加制裁

---

① Rong Wang, Cuiping Zhu: Annual Report on the Development of International Relations in the Indian Ocean Region (2014), (Berlin: Springer Heidelberg, 2015).

② Rong Wang, Cuiping Zhu: Annual Report on the Development of International Relations in the Indian Ocean Region (2014), (Berlin: Springer Heidelberg, 2015).

的策略，印度对缅甸政策的改变在很大程度上受到来自美国及其领导的国际社会的舆论压力。即使是在1992年提出“东向”政策之后，印度也需要获取来自西方国家的经济援助、技术合作和投资等，彼时印度的经济并没有给予其政治多大的自由施展的空间。尤其是在1998年印度不顾国际社会的反对进行核试验后，西方国家同样对印度实施了制裁。所以在这一阶段内，尽管印缅关系有所发展，但并没有一位印度总理访问缅甸，这说明在很大程度上印度对缅政策仍顾忌着美国，直到美国和缅甸开始有了实质性接触后，2012年印度总理辛格才访问了缅甸，上一次则要追溯到25年前的拉吉夫·甘地访缅。

印度和缅甸在打击边境反政府武装和恐怖主义上的合作能在一定程度上从美印反恐合作中获得支持。缅甸和印度都有一定数量的穆斯林，且存在少数民族分离主义分子的分裂活动，在现在ISIS恐怖活动不断向世界各地扩散、恐怖主义成为全球刻不容缓的威胁的时刻，与美国合作打击恐怖主义和极端主义将不失为一个不错的选择。无论是对印度还是对缅甸来说，边境地区的稳定都有百利而无一害，对于促进两国接壤地区的经济发展和社会稳定，实现中央政府的权威都有极大的助益。缅甸拥有丰富的石油和天然气资源，印缅合作的重点之一也在于缅甸的“管道外交”，因为后者是印度进口天然气的通道。2004年，印度总统访问缅甸，并与缅甸军政府领导人就铺设从缅甸经孟加拉国到印度的天然气管道进行了磋商。从能源安全方面来说，印度对缅甸能源需求程度降低会促使缅甸转向寻求其他买主，如中国、日本等能源消耗大国，印美接近会在一定程度上影响印缅关系。

但另一方面，美缅关系的改善有可能对印缅关系的发展构成竞争。美国和印度双方都想通过加强在缅甸的经济存在，利用缅甸的地缘优势为自身印太战略服务。从这一点来说，美国的经济竞争力是印度难以匹敌的，印度想获取缅甸的资源，孰知美国和欧盟也想通过拉拢缅甸反制地区大国。所以，印缅关系难免会遭到来自于西方的力量的排挤。印度想要谋求独霸印度洋，但美国的雄心是全世界，所以不管是在政治战略还是经济利益上，印缅关系的发展都会与美国在海外寻求国家利益的需求迎面相撞，如何平衡双方之间的利益诉求，处理好印美在缅甸的关系也是一个需要考虑的问题。美国想通过促进缅甸的民主和增加投资来保持其“领导”的形象，印缅关系的发展在一定程度上要对美国的国家利益做出让步。

第二节 印缅关系中的日本因素

日本在第二次世界大战结束后为改变其形象，从 20 世纪 60 年代起就对东南亚国家提供经济援助。缅甸在日本的对外政策考量中占据着十分重要的一环。即使在 20 世纪 90 年代美国组织对缅经济制裁的时期，日本政府也并未完全跟随其盟友的政策行事，成为在缅保持经济存在的少数“西方国家”。不仅如此，日本政府还在 2012 年 4 月宣布免除缅方 3000 亿日元（约 30 亿美元）债务，2013 年 5 月安倍访缅期间，又宣布日方免除缅方大约 2000 亿日元（20 亿美元）剩余债务，同时提供大约 1000 亿日元（10 亿美元）援助。2012 年年底，日本和缅甸签署协议联合开发迪洛瓦经济特区。特区宣称规划占地面积为 36000 亩，包括深水港以及工业园区建设，计划吸引汽车、机械、电子零部件等企业入驻，日本政府预计将为迪洛瓦经济特区的基础设施建设投入高达 126 亿美元。[①] 2013 年 5 月

① 于景浩：“日本副首相访缅甸加强两国‘战略性外交关系’”，中新网，2013 年 1 月 4 日，http：//www. chinanews. com/gj/2013/01 –04/4454883. shtml。

25 日，缅甸九家股份公司联合体与包括三菱、丸红、住友三家公司在内的日本财团在仰光签署了合作开发缅甸迪洛瓦经济特区的谅解备忘录。

日本政府对缅甸的政策可归结为两个方面：一是通过提供对缅经济援助获取在缅的经济事务权利；二是通过“价值观外交”促进缅甸的民主政治发展，达到遏制中国的目的。由于国内资源匮乏，消费市场狭小，日本将目光投向了最具有发展潜力的地区——东南亚。其中，缅甸是中南半岛自然资源最丰富的国家之一，石油和天然气储量丰富，已探明的石油储量为 1.6 亿桶，天然气储量接近 20.11 万亿立方米。日本投资缅甸进行基础设施建设、扩大日企在缅所占份额，是为了开发缅甸丰富的自然资源，在缅甸消费市场中占据一定的份额。目前缅甸虽然仍属于最不发达国家之列，但发展的潜力却是非常大的。除了缅甸本土，作为印度的邻国和东盟成员国之一，日本还能从这里获得通向印度洋和东南亚市场的通道。

除了经济事务上的考量，日本的对缅政策还有政治上的目的和特点，即以经济接触带动日缅政治上的接触，促进缅甸的民主化进程。日本此举的目的是为了配合美国的亚太战略，制约中国在缅甸影响力，进而扩大日本的影响力。① 美国“亚太再平衡”政策的目的和核心是为了遏制中国在地区乃至全球范围内不断增长的影响力，日本作为与中国有着领土争端的国家，自然全力配合其盟友的政策，牵制中国的外交利益。为了遏制中国在东南亚地区不断增长的影响力，日本和东盟成员国分别签订了经济伙伴协定，并在 2008 年 4 月达成了日本—东盟全面经济伙伴协定。该协定包括一系列自由贸易、服务、投资和经济合作措施，以对冲中国—东盟自由贸易协定。② 日

---

① 廉德瑰：“日本对缅甸政策的调整及其特点”，《东北亚学刊》2012 年第 5 期。

② Christopher W. Hughes, Japan's Response to China's Rise: Regional Engagement, Global Containment, Dangers of Collision, *International Affairs*, Vol. 85, No. 4, Jul., 2009.

本出于其所谓“封锁战略”的需要，当然需要把中国西南地区的屏障——缅甸纳入政策考量。

在军政府执掌政权的初期，缅甸实行的是“一边倒”的友华外交政策，这是由缅甸当时所处的国际大环境所决定的。但这种政策长期实施带来的负面影响也是不可估量的，所以 1992 年之后缅甸开始实施以维持对华友好为中心的大国平衡政策，积极发展同东盟、日本以及西方国家的关系，以满足自身利益多样化的需求。大国平衡政策的出发点一是为了改变中国在缅“一家独大”的现状，发展与印度、东盟和日本的关系来平衡中国的影响力；二是发展与区域内中国、印度、东盟和日本的友好关系来实现对美欧强权的平衡。双方的需求不谋而合，缅甸和日本高层互访不断，日本安倍首相 2013 年 5 月出访前表示，“日本愿举官民之力为缅甸改革提供协助，使两国关系实现飞跃式发展”。日本欲通过经济关系的加强来强化日缅关系，形成对华“包围圈”。

日本和印度在两极对峙时期分别投靠了不同的大国，日本选择了美国作为其盟友，而印度则在苏联的拉拢下站在了美国的对立面。但随着冷战的结束，美国亚太战略的调整及日本出于其“国家正常化”和寻求地区事务领导地位的要求，印度在日本对外政策中的重要性不断凸显出来。日印两国战略利益的汇合点首先体现在加强海上安全上。海上交通线（Sea Lanes of Communication）是提供贸易船只和军舰通行的海上“高速公路”，印度洋和东南亚地区的水道十分重要，约 1/3 的国际贸易和一半的石油运输需要通过这里的水域，印度洋和南中国海之间的马六甲海峡对日本的国际贸易尤其重要，超过 80% 的日本商船会从波斯湾通往马六甲海峡。[①] 据此，日本和

① Madhuchanda Ghosh: India and Japan's Growing Synergy: From a Political to a Strategic Focus, *Asian Survey*, Vol. 48, No. 2, 2008.

印度都对保持在缅甸的地位十分重视。

其次，日本和印度都面临着恐怖主义的威胁。由于缅甸国内的政治经济状况，少数民族地方武装和中央政权之间的对抗一直比较紧张，极端民族主义和恐怖主义势力在缅甸也十分顽固。在当前的国际关系大环境中，伊斯兰教极端势力正向世界范围内扩散，恐怖主义已成为全世界国家和人民共同面对的难题。尽管日本处于一个相对稳定的地区环境内，但它仍然不可避免地面临着恐怖主义的威胁。缅甸的民主化过程并不顺利，其国内战争和民族之间的仇杀不断，日印两国加强在缅甸的存在，既想通过基础设施投资和发展援助促进缅甸的经济发展，促进地区局势的稳定与和平，也想通过在缅甸民主化进程中施加政治影响，促使缅甸建立人权、民主以及与全球性体制相符合的政权。日本的目标是使其扩张性的地区主义与一个更偏向以中国为中心的地区秩序并驾齐驱。①

一直以来，印度洋都被印度视做自己的“内湖”，中国在印度洋地区不断增长的军事影响力让印度十分警惕。印度包括许多西方国家都认为中国确保印度洋海上交通线安全的行为是在遏制印度海军力量，并认为这是中国“珍珠链战略”的标志，根据这个战略，中国将在印度的邻国缅甸、巴基斯坦和孟加拉国建设海陆军事基地。②缅甸新政府上台后改变了以往对中国“一边倒”的政策，采取平衡政策试图均衡大国在缅影响力。在中缅关系十分密切的时期，印度曾十分担心中国利用缅甸作为基地，配合巴基斯坦对印度形成包围之势，甚至以此为借口不顾国际社会的反对而发展核武器。而日本和印度一样对中国有着十分深刻的防范心理，据此，从日印缅三方

① Christopher W. Hughes, Japan's Response to China's Rise: Regional Engagement, Global Containment, Dangers of Collision, *International Affairs*, Vol. 85, No. 4, Jul. 2009.

② Madhuchanda Ghosh, India and Japan's Growing Synergy: From a Political to a Strategic Focus, *Asian Survey*, Vol. 48, No. 2, 2008.

关系的实质来说，根本上是三方为了平衡中国海外力量投射的合作关系。此外，日印两国都在为成为联合国安理会成员国积极奔走，双方之间是一种互相需要的关系，日本也积极扩大在缅甸的投资和基础设施合作。

第二节　印缅关系中的欧盟因素

从20世纪90年代至今，欧盟和缅甸关系的发展一直受限于对缅甸政治进程和政治复杂性理解的差异，这导致双方之间的对话交流十分有限，总体来说，欧盟国家和缅甸之间的关系处于一种疏远和互不信任的氛围。① 在1988年以前，缅甸和欧盟国家之间的关系主要是经济贸易上的往来。欧盟向缅甸提供了大量的经济和技术援助，甚至在1986年一度成为继泰国之后的缅甸第二大贸易伙伴，德国向缅甸提供的援助占缅甸所获得援助的1/3，仅次于日本。② 在1988年缅甸大选之后，军政府拒绝向获胜的民盟交权，欧盟随即跟随美国的步伐对缅甸实施了制裁。欧盟不仅切断了几乎所有的非人道主义双边援助，更对缅甸实施了武器禁运，并搁置了双方之间的防务合作。欧盟甚至驱逐了其成员国中的缅甸武官，并撤回所有欧盟成员国驻缅甸武官。③ 1997年东盟吸收缅甸成为会员国，欧盟在对东盟施加压力反对缅甸加入无果后，选择了中断两个联盟之间的

---

① Marina Kramer, A Call foe Constructive Engagement—Observations on the Prospects for Myanmar—EU Relations, Dec., 2009.

② Marina Kramer, A Call foe Constructive Engagement—Observations on the Prospects for Myanmar—EU Relations, Dec., 2009.

③ 黄云静："1988年以来欧盟对缅甸的立场与政策浅析"，《东南亚研究》2010年第1期。

政治对话，搁置拟定召开的东盟与欧盟共同合作委员会以及东盟—欧盟部长会议。欧盟以缅甸不断恶化的人权状况为由扩大禁止对缅军官及其家属发放签证的范围，而在东盟开始向缅施加压力后，欧盟才同意允许缅甸军官出席欧盟—东盟会议。

在整个20世纪末期，欧盟对缅甸国内的政治基本上是持一种否定态度，这一方面是出于民主和尊重人权的要求，另一方面也是由于欧盟并没有完全理解在缅甸这样一个发展水平低下、国内民族众多的国家，其各方势力之间利益的错综复杂和由此带来的政局的不稳定性。欧盟对缅甸的制裁迫使缅甸不得不转向其邻国中国，以及后来的东盟和印度。直到21世纪初，欧盟内部爆发了关于对缅政策的辩论。一些国家才认为对缅制裁、禁止签证发放和冻结与政府相关人士的资产并没有起到多大作用，欧盟成员国一度在对缅问题上采取的"共同立场"（Common Position）也有所动摇，一些国家如德国和法国倾向于采取更现实主义的态度，发展和这个东南亚国家的关系。

此后一段时间内，缅甸和欧盟的关系总是受制于缅甸国内的民主进程和人权状况，欧盟一再对缅采取"共同立场"，延长对缅制裁，向东盟施加压力，东盟—欧盟会议和亚欧峰会都因缅甸国内的政治发展历程而受到来自欧盟的施压。在某种程度上，缅甸和东盟成员国之间、缅甸和印度之间的关系都承受着来自西方国家的巨大压力。欧美和日本等国基于在国际政治舞台上的政治经济实力，许多国家在发展和缅甸关系时均不得不仰其鼻息。对缅甸自身来说，欲改变这种四面受制的状况，获得海外投资、发展援助以及经济建设所需的技术合作，其根本是主动缓和与西方国家之间的关系。2009年5月，缅甸外交部长吴奈温在接受国内媒体《缅甸新光报》采访时表示，缅甸将尝试增强同美国、日本和欧盟国家之间的关系。这一表态一经发出，随即受到许多西方政界和新闻界的关注。

2013年3月5日，缅甸总统吴登盛访问了布鲁塞尔，作为缅甸首位访问布鲁塞尔的总统，他受到了热烈的欢迎。欧洲国家对他执政以来在缅甸进行的改革措施十分赞赏。欧洲委员会主席巴罗佐对此做出评论："欧盟和缅甸的关系正在翻开新的一页，我们寻求更大范围内的对话，以及更包罗万象的援助和贸易投资合作。"次年3月，欧洲委员会接受了欧盟成员国委托的和缅甸之间的投资协定谈判。日本、欧盟在缅甸采取的一个中间立场是将促进缅甸的民主作为鼓励经济发展的副产品，这个策略最初由美国所采用。其重点是认为政府促进经济发展的政策会催生出"中间阶级"的繁荣与增长，这些中间阶级将寻求在国内和国际政治中发出自己的声音，从而带来民主的变化。①

而从印欧方面来说，2004年，欧盟和印度开始建立"战略伙伴关系"，双方试图将外交关系和合作进一步提升并制度化，两个政治实体之间的合作领域涵盖多边主义、安全和人权问题、深化经济贸易往来、可持续发展、气候变化和贫困问题及公民社会之间的互动。② 印欧战略伙伴关系尽管在一开始的时候表现出非常强烈的合作愿望，但不管是在欧盟内部还是印度国内，双方之间的相互依赖程度都不深。首先，作为欧盟来说，成员国之间只有德国、法国、英国等对加强与印度关系抱有热情和较高的积极性，而其他成员国则欠缺兴趣。其次，作为印度来说，莫迪政府的外交理念主要包括：由于地缘环境的原因，南亚国家在印度外交中具有优先考虑的价值；其次，大国外交具有极为重要的意义。③ 其中的大国包括中国、美

---

① Stephen McCarthy, Ten Years of Chaos in Burma: Foreign Investment and Economic Liberalization under the SLORC-SPDC, 1988 to 1998, *Pacific Affairs*, Vol. 73, No. 2, 2000.

② Johannes Dragsbaek Schmidt, India and the European Union, A Precarious relationship, *Asia Europe Journal*, Vol. 13, Dec., 2015.

③ 马加力："透视'莫迪外交'"，《世界知识》2014年第20期。

国、日本和俄罗斯等国。印度外交的重点一是南亚的直接邻国，二是印太地区和两亚两洋区域，欧洲显然并不在印度外交的重点考虑范围内。

欧债危机事实上代表着欧洲作为冷战后一个主要国际关系玩家的衰落，而印度的自信却在不断地增长。尽管如此，欧洲对于印度来说仍具有相当的重要性，这源于欧盟是印度最大的贸易伙伴和最大的投资来源地。到2014—2015财年，印度对欧盟的出口仍占其出口量的15.88%，而对欧盟的进口量占其总进口量的10.9%。根据印度官方数据的统计显示，2012—2014年对印直接投资中，前10国中有6国是欧洲国家。① 所以，尽管在政治上欧盟并不在印度的重点考虑范围内，但是在经济上却是印度无法忽视的世界范围内的经济力量。欧盟在和东盟成员国签订自由贸易协定时虽然把老挝、缅甸和柬埔寨三国与其他七国“区别对待”，但是由于自由贸易协定会产生一种连锁效应，缅甸也能从欧盟—东盟自由贸易协定中基于与邻国泰国密切的经济联系而获益。②

综上所述，尽管欧盟由于地缘因素不在印度对外政策的重点考虑范围内，加之欧盟成员采取跟随美国对缅甸进行制裁的政策，欧盟在印缅关系中无法起到决定性影响，但不管是印度或是缅甸，经济发展都是它们当前迫切需要的，欧盟既能通过对印度的投资和援助影响印度的对外政策，就也能以同样的手法影响缅甸的经济和政治。简言之，欧盟对印缅关系的发展有一定程度上的掣肘作用，而印缅双方如果能将各自对欧盟的政策进行平衡和整合，则能达到印

① 林民旺：“印度—欧盟战略伙伴关系的动力与发展前景——基于印度视角的分析”，《欧洲研究》2015年第4期。

② Lurong Chen, Ludo Cuyvers, Philippe De Lombaerde and Wahyu Mukti Kusumaningtlas: An ASEAN—EU FTA, Regional Production Sharing and Regional Cohesion. Focus on Cambodia, Laos and Myanmar, *South African Journal of Economics*, Vol. 79, No. 4, 2011.

欧关系和缅欧关系的合作与对接，这对三边关系的良性发展有相当大的助益。

第四节　印缅关系中的俄罗斯因素

印度和俄罗斯的关系可以追溯到18世纪两国间的商业和贸易往来。俄国革命后建立了世界上第一个社会主义国家，但此时作为英属殖民地的印度和俄国之间的关系并不亲密，因为帝国主义的英国和社会主义的俄国之间是根本对立的。印度在追求民族解放和国家独立的过程中，尽管也一度借鉴了俄国的革命经验，但两国并没有因此而迅速走近，苏联甚至因印度政客们沿袭了英国的资产阶级政治制度和政策而对印度心怀疑虑。在印度独立的初期，与斯大林及其同僚对待印度不友好的态度相比，印度方面态度相对比较积极。尼赫鲁政府出于本国内政外交环境及国家利益的需要，比较重视发展与苏联的关系。事实上，印度在获得独立之前就确定了与苏联接近并与之建立经济贸易关系的方针。[①] 但当时作为世界无产阶级革命领军的苏联此时并没有将印度作为一个值得重视的国家来对待，一直到赫鲁晓夫上台后，开始反思苏联对外政策的得与失，印度才逐渐被苏联纳入其外交考虑的范围内。

在冷战时期，俄印关系有了极大的改观。从1955年起，两国之间的关系就有了一个比较积极的改观。双方之间的高层互访增多，签订了一系列政治经济合作协议，苏联对印度提供了大范围的援助。

---

① 吴瑕：《俄罗斯与印度关系研究》，中国社会科学院研究生院博士学位论文，2003年。

甚至到后来，两国之间的关系一度是一种事实上的“准同盟关系”，这种同盟关系是出于意识形态、政治和安全上的考量，并在1971年的《苏印和平友好协定》中得到了正式确立。[①] 毫无疑问，这一时期苏印关系的变暖是由冷战的大环境决定的。美苏双方都在世界范围内抢夺势力范围，印度不可避免地要受到国际大环境的影响。冷战结束后，俄罗斯基本上沿袭了苏联对印度的政策。

2000年10月，俄罗斯总统普京在访问印度期间，两国签署了《俄印战略伙伴关系宣言》，对俄政策成为印度外交政策的一根关键支柱，俄印两国之间既有双边政治关系、经贸往来、安全和国防合作，也有科学与技术文化之间的合作。[②] 这份宣言基本上确立了冷战结束后俄印双方之间关系发展的大框架，俄罗斯甚至明确支持印度成为联合国安理会常任理事国。这对于一直谋求大国地位的印度来说可谓是打瞌睡就遇上递枕头的”。而对于一直与西方国家关系尴尬的俄罗斯来说，其需要加强与印度、中国等国的关系，构筑“金砖国家”体系，以期通过与发展中国家的合作来抗衡西方对俄罗斯的制裁。

如今印度是俄罗斯最大的军火购买商，俄罗斯向印度提供了包括苏-30在内的先进武器，在西方国家禁止向印度出售核潜艇和航空母舰，力图阻止印度发展自己的核武器时，俄罗斯向印度展示了其在分享军事技术上十分慷慨的一面。2010—2014年，印度和中国分别占俄罗斯军火出售额度的39%和11%。[③] 两国在军事和国防安全上的合作早已在双方战略伙伴关系的框架下得到强化，在2015年

---

① Hans Kundnani, Why Russia's relationship with India matters for Europe, European Council on Foreign Relations, 12 December, 2014.

② Embassy of India, Moscow, Russia, http://indianembassy.ru/.

③ Catherine Puts: India and Russia Begin Naval Exercise in the Bay of Bengal, *The Diplomat*, Dec. 9, 2015.

12 月，印度和俄罗斯军舰针对恐怖主义在孟加拉湾进行了联合演习。从俄罗斯方面来说，加强与印度的战略伙伴关系，在加强了俄罗斯在南亚的地缘政治存在的同时，也缓解了俄国内经济委顿的现状。自从克里米亚危机和乌克兰战争以来，西方对俄罗斯的制裁一再加大力度，俄罗斯受到相当大的影响。出售军火和能源能够最快地为俄罗斯提供经济运行所急需的资金流。俄罗斯同印度关系模式同样也能概括俄罗斯和缅甸的关系。

俄缅关系的发展也和俄印关系的发展一样经过了一个怀疑期，在缅甸获得国家独立之后，以斯大林为首的苏联政府虽然很快承认了这个国家，但由于苏联一直对缅甸和印度共持的中立主义和不结盟政策持怀疑态度，直到 1951 年两国才互相派遣了大使。冷战全面爆发后，缅甸也成为苏联拉拢的对象，于是苏联从 1955 年开始向缅甸提供技术和资金援助。到 20 世纪 60 年代，缅甸与中国的关系有过一段时间的龃龉，苏联为了从侧翼加强对中国的钳制，加强在东南亚地区的存在，并遏制中国共产党在这一区域不断增长的影响力，对原本怀疑的缅甸社会主义道路大加赞扬。[①] 但是中国作为与缅甸直接接壤的邻国，对缅甸的影响自然比千里之外的苏联要大得多。因此，缅甸奈温政府在发展与苏联关系时，却并不是要完全倒向苏联。缅甸甚至在 1978 年和 1979 年拒绝了苏联提供的贷款。[②] 苏联在冷战时期和小国之间的交往常常带有大国沙文主义的影子，试图在中缅之间采取离间政策，但在苏联入侵阿富汗并支持越南在中南半岛的侵略政策后，苏缅逐渐疏远。

冷战结束、苏联解体后，缅俄关系重新热络起来。两国之间的

---

① 刘务：“缅俄关系的发展演变及其影响因素分析”，《东南亚南亚研究》2011 年第 5 期。

② 刘务：“缅俄关系的发展演变及其影响因素分析”，《东南亚南亚研究》2011 年第 5 期。

合作主要集中在军事合作、武器进出口贸易和能源合作方面，缅甸军政府向俄罗斯大量采购武器，打击与中央政权相对抗的少数民族地区武装。从2000年以后，缅甸和俄罗斯高级政府官员之间的互访开始增多，双方签署了一系列政治、经济、军事合作协定。2002年5月，俄罗斯同意帮助缅甸军方建立一个核研究中心，并配备相关的研究设备。2007年，俄罗斯同意帮助缅甸建设第一个核反应堆，并将在缅甸建造一个原子能研究中心。次年，双方石油与天然气公司在内比都签署协议，开展石油与天然气勘探、开采和生产合作。①

缅甸和俄罗斯之间越来越频繁、密切的合作，是由缅甸“能源外交”的出发点所决定的。缅甸拥有丰富的石油和天然气资源，但是缅甸自身公司的技术和设备水平十分有限，无法最大限度地开发利用本国的资源，因此缅甸需要和欧、美、日、俄等发达国家的油气公司合作，这一点对于印度和缅甸来说都是一个现实存在的问题。所以，俄罗斯和印缅双方之间发展亲密的关系，对三个国家来说都能够达到一个共赢的局面。除了日本一向在缅甸有较大程度的政治经济存在外，如今缅甸不仅同美国有了越来越多的实质性接触，和欧盟国家之间的互动越来越频繁，和俄罗斯也一改冷战时期那种僵硬的外交关系，这既符合全球化时代顺应潮流的需求，也是缅甸努力摆脱原来“一边倒”向中国外交的一种尝试。

总的来说，印缅关系发展越来越密切，其中俄罗斯在很大程度上是一种促进因素。首先，从政治、经济发展上的现实要求来看，缅甸、印度和俄罗斯之间的三角关系是，缅甸和俄罗斯同时拥有丰富的油气资源，印度是一个资源消耗大国，俄罗斯可以向缅甸提供油气开采、加工技术，这对印缅来说能够解决能源上的一些问题。

---

① 刘务：“缅俄关系的发展演变及其影响因素分析”，《东南亚南亚研究》2011年第5期。

其次，俄罗斯现今的战略、战术武器都是印缅需要的，缅军政府打击少数民族地方武装和印度追逐大国梦增强军事实力的要求都需要借助俄的武器装备，俄罗斯对于中亚、南亚、东南亚地区的和平来说都是一个必不可少的力量。再次，印缅在联合国框架内也需要获得俄罗斯的支持。

参考文献

一、中文专著、译著

赵敬：《中国与亚非关系史论丛》，江西人民出版社 1984 年版。

雷启淮：《当代印度》，四川人民出版社 2000 版。

陈继东：《当代印度对外关系研究》，巴蜀书社 2005 版。

陈继东：《中印缅孟区域经济合作研究》，巴蜀书社 2009 年版。

傅超：《印度东北部地区的安全威胁》，军事谊文出版社 2006 年版。

马嫚：《当代印度外交》，上海世纪出版集团 2007 年版。

孙士海、江亦丽：《二战后南亚国家对外关系研究》，方志出版社 2007 年版。

朱翠萍、斯瓦兰·辛格：《孟中印缅经济走廊建设：中印视角》，社会科学文献出版社 2015 年版。

［美］斯蒂芬·科亨著，刘满贵等译：《大象和孔雀：解读印度大战略》，新华出版社 2002 年版。

［印］B·G. 维尔吉斯著，傅超等译：《重新确定印度的方向——亚洲的新地缘政治学》，四川国际友好联络会南亚与东南亚研究中心及四川大学南亚与中国西部合作发展研究中心，成都，2005 年。

二、中文论文、博士论文

李晨阳、瞿健文："试论 1988 年以来印度与缅甸关系的发展"，《南亚研究》2005 年第 2 期。

卫灵："论印度安全战略及中印安全关系"，《中国人民大学学报》2005 年第 6 期。

李益波："冷战后印缅关系的变化及原因分析"，《国际论坛》2005 年第 6 期。

李益波："印缅关系，从疏远到合作"，《东南亚研究》2006 年第 1 期。

林锡星："中缅石油管道设计中的美印因素"，《东南亚研究》2007 年第 5 期。

胡仕胜、陈诚："印度重修通往中国公路"，《党建文汇月刊》2007 年第 7 期。

雷著宁："印缅边贸现状与印度东向贸易通道的选择对区域经济合作的影响"，《东南亚南亚研究》2008 年第 Z2 期。

魏海涛："近年来印缅关系发展中的中国因素探讨"，《华商》2008 年第 15 期。

马燕冰："印缅关系的发展及对中国的影响"，《亚非纵横》2009 年第 6 期。

伍福佐："论印度辛格政府的务实外交"，《南亚研究季刊》2010 年第 1 期。

黄云静："1988 年以来欧盟对缅甸的立场与政策浅析"，《东南亚研究》2010 年第 1 期。

邓蓝："湄公河—恒河合作倡议：十年发展与前景展望"，《东南亚南亚研究》2010 年第 4 期。

张立、王学人："印度基础设施发展的问题、措施与成效"，《南亚研究季刊》2010 年第 4 期。

龚明："在石油天然气地缘政治角力中的中印缅甸关系研究"，《当代经济》2011 年 2 月（下）。

王琛、姚璐："冷战后中印在缅甸的合作竞争关系"，《东南亚研究》2011 年第 2 期。

李忠林："印度在缅甸的战略利益、战略举措及制约因素"，《江南社会学院学报》2011 年第 3 期。

刘务："缅俄关系的发展演变及其影响因素分析"，《东南亚南亚研究》2011 年第 5 期。

许利平、薛松："冷战后印度与东盟关系：调整、发展与趋势"，《东南亚研究》2012 年第 1 期。

祝湘辉、李晨阳："2011 年的缅甸：在改革中前进"，《东南亚纵横》2012 年第 2 期。

刘务、贺圣达："油气资源：缅甸多边外交的新手段"，《南亚研究》2012 年第 3 期。

陈利君："现阶段中印缅关系的 SWOT 框架分析"，《南亚研究季刊》2012 年第 4 期。

廉德瑰："日本对缅甸政策的调整及其特点"，《东北亚学刊》2012 年第 5 期。

文富德："客观看待当前印度经济增长放缓"，《南亚研究季刊》2013 年第 2 期。

李昕："从'孤立'到'互联互通'：印度对缅甸外交演变"，《东南亚研究》2014 年第 1 期。

李昕："印度与缅甸互联互通发展探析"，《南亚研究》2014 年第 1 期。

韦健锋："中国与印度在缅甸的地缘利益碰撞"，《亚非纵横》2014 年第 2 期。

陈建山：“冷战后印缅关系好转的主要动因”，《东南亚研究》2014 年第 3 期。

吴兆礼：“缅甸政治改革以来印度与缅甸关系的进展与趋势”，《南亚研究》2014 年第 2 期。

张力：“印度莫迪政府外交政策初探”，《南亚研究季刊》2014 年第 2 期。

K. 尤姆：“缅甸对孟加拉湾地缘政治的影响”，《印度洋经济体研究》2014 年第 2 期。

马加力：“透视‘莫迪外交’”，《世界知识》2014 年第 20 期。

时宏远：“日趋活跃的印度公共外交”，《国际问题研究》2015 第 1 期。

戴永红、秦永红：“中缅油气管道建设运营的地缘政治经济分析”，《南亚研究季刊》2015 年第 1 期。

殷永林：“21 世纪以来印度与缅甸经济关系发展研究”，《东南亚纵横》2015 年第 4 期。

林民旺：“印度—欧盟战略伙伴关系的动力与发展前景——基于印度视角的分析”，《欧洲研究》2015 午第 4 期。

邹春萌、杨祥章：“东盟‘N－X’机制及其对‘孟中印缅经济走廊’建设的启示”，《南亚研究》2016 年第 3 期。

吴瑕：《俄罗斯与印度关系研究》，中国社会科学院研究生院博士学位论文，2003 年。

张力：《冷战后时期印度的外交与战略安全》，四川大学博士学位论文，2006 年。

阮金之：《冷战后中印缅三边关系研究》，暨南大学博士学位论文，2010 年。

三、中文报纸、网站新闻

唐璐："同中国角力，印度欲将铁路铺到河内"，《国际先驱导报》2003 年 9 月 16 日，http：//news. sina. com. cn/w/2003 - 09 - 16/15141754110. shtml。

"中日印博弈湄公河"，河海大学国际河流研究所，2004 年 5 月 20 日，http：//hhlawaid. blog. hexun. com/9687475_ d. html。

"缅印边境将开新口岸"，中国商务部亚洲司，2006 年 6 月 21 日，http：//yzs. mofcom. gov. cn/article/zcfb/200606/200606025-00131. shtml。

周珺："近四年印度电力缺口持续增大"，中国国家电网公司，2007 年 4 月 23 日，http：//www. sgcc. com. cn/gjhz/gjdldt/50603. shtml。

龙佳："中石油可能获缅甸天然气供应"，新浪网，2007 年 9 月 14 日，http：//finance. sina. com. cn/chanjing/b/20070914/01593977362. shtml。

工藤年博："缅甸与日本：昔日友邦如何渐行渐远"，世界亚洲研究信息中心，2008 年 6 月，http：//icwar. bfsu. edu. cn/2008/06/602。

李志强："印度投资 13.5 亿美元开发缅甸天然气"，《光明日报》2010 年 3 月 9 日，http：//finance. jrj. com. cn/2010/03/0916127078511. shtml。

"印度向缅甸铁路及农业等领域提供贷款和援助"，中国驻缅甸大使馆经济商务参赞处，2010 年 8 月 12 日，http：//mm. mofcom. gov. cn/article/jmxw/201008/20100807084730. shtml。

"大湄公河次区域经济合作简介"，中国外交部，2011 年 3 月，http：//www. fmprc. gov. cn/chn/pds/gjhdq/gjhdqzz/lhg_ 4/t311844. htm。

李志强："缅甸总统访印两国各取所需"，人民网，2011 年 10 月 18 日，http：//world. people. com. cn/GB/157278/15926803. html。

"印缅关系大事记"，美国之音，2012 年 3 月 28 日，http：//www. voachinese. com/content/article – 20120328 – burma-india-timeline – 144648335/949663. html。

白益民："中缅油气管道遭美国日本围堵"，新浪网，2012 年 8 月 15 日，http：//finance. sina. com. cn/360desktop/roll/20120815/012612848831. shtml。

于景浩："日本副首相访缅甸　加强两国'战略性外交关系'"，中新网，2013 年 1 月 4 日，http：//www. chinanews. com/gj/2013/01 – 04/4454883. shtml。

"缅甸和日本签约开发经济特区"，人民网，2013 年 5 月 26 日，http：//japan. people. com. cn/35463/8258400. html。

印度媒体："缅甸军队'越境'进入印度"，新浪网，2013 年 8 月 24 日，http：//dailynews. sina. com/bg/news/int/phoenixtv/20130824/18-114901173. html。

杜富汉："印度东北边境贸易潜力无穷"，台湾外贸协会驻加尔各答办事处，2013 年 9 月 25 日，http：//www. taiwantrade. com. tw/CIL/bizsearchdetail/7262712/C。

徐伟："传印反政府武装为投票杀人大量穆斯林逃离家园"，《环球时报》2014 年 5 月 4 日，http：//www. mleqq. cn/exclusive/2014 – 05/4985715. html。

"缅甸已探明天然气储量全球排名 41"，中国驻缅甸大使馆经济商务参赞处，2014 年 6 月 18 日，http：//mm. mofcom. gov. cn/article/jmxw/201406/20140600630338. shtml。

"中缅双边贸易保持快速增长"，中华人民共和国商务部，2014 年 7 月 31 日，http：//www. mofcom. gov. cn/article/i/jyjl/j/201407/20140700681787. shtml。

刘虹妤："连接亚洲三大市场的黄金走廊——孟中印缅经济走

廊”，国际在线，2014 年 9 月 11 日，http：//gb. cri. cn/42071/2014/09/11/5931s4687785. htm。

“缅印边贸呈现多元化增长预计本财年缅印边贸额可达 0. 4 亿美元”，台湾经贸网，2014 年 12 月 20 日，http：//kepo. taiwantrade. com. tw/CH/bizsearchdetail/7740105/C？ keyword0 = 缅印边境。

“印度曼尼普尔邦拟建印缅边贸区”，中国商务部，2015 年 2 月 12 日，http：//www. mofcom. gov. cn/article/i/jyjl/j/201502/20150200897047. shtml。

“缅印拟新增一边贸口岸新口岸将设在钦邦边境地区”，《缅甸金凤凰中文报》2015 年 2 月 16 日，http：//www. mmgpmedia. com/business/9400 – % E7% BC% 85% E5% 8D% B0% E6% 8B% 9F% E6% 96% B0% E5% A2% 9E% E4% B8% 80% E8% BE% B9% E8% B4% B8% E5% 8F% A3% E5% B2% B8 – % E6% 96% B0% E5% 8F% A3% E5% B2% B8% E5% B0% 86% E8% AE% BE% E5% 9C% A8% E9% 92% A6% E9% 82% A6% E8% BE% B9% E5% A2% 83% E5% 9C% B0% E5% 8C% BA。

肖楠：“印度公布减排计划”，《中国能源报》2015 年 10 月 12 日，http：//paper. people. com. cn/zgnyb/html/2015 – 10/12/content_ 1621350. htm。

“印缅泰将签署跨境公路运输合作协定”，人民网，2015 年 11 月 3 日，http：//world. people. com. cn/n/2015/1103/c157278 – 27771081. html。

“缅甸基础设施行业研究”，缅华网，2015 年 11 月 16 日，http：//www. mhwmm. com/Ch/NewsView. asp？ ID = 13828。

黄贤超：“易货贸易终结扼杀印度缅甸边境贸”，中国国际贸易促进委员会驻新加坡代表处，2015 年 12 月 17 日，http：//www. ccpit. org/Contents/Channel_ 4012/2015/1217/539544/content_ 539544. htm。

“欧盟—缅甸正式启动 TDP 计划”，《缅甸金凤凰中文报》2016

年 2 月 15 日，http：//www. mmgpmedia. com/business/12224 –% E6% AC% A7% E7% 9B% 9F% E7% BC% 85% E7% 94% B8% E6% AD% A3% E5% BC% 8F% E5% 90% AF% E5% 8A% A8tdp% E8% AE% A1% E5% 88% 92。

伊江树：“印度海军将与缅甸海军联合进行军事演习”，缅华网，2016 年 2 月 22 日，http：//www. mhwmm. com/ch/NewsView. asp？ID = 15078。

台湾远景基金会研究助理：“印缅签署交通运输协议之评析”，台湾远景基金，http：//www. pf. org. tw：8080/FCKM/Download-FileService？file _ id = 811&user _ id = hyweb&passwd = Qe567tB9&STATUS = 0&ERRCODE = 00。

四、英文著作、论文集

K. M. Panikar, *The Future of India and South East Asia*, (Bombay: Allied Publishers, 1945).

D. G. E. Hall, *Burma*, (London: Hutchinson's Library, 1950).

Ramesh. Chandra. Majumdar, *Hindu Colonies in the Far East*, (Calcutta: Firma KLM Private Ltd., 1963).

Philip. Oldenburg, *India Briefing 1993*, (Boulder: West View Press, 1993).

Kripa. Sridharan, *The ASEAN Region in India's Foreign Policy*, (England: Dartmouth Publishing Company Limited, 1996).

Lalit. Mansingh, *India Foreign Policy-Agenda for the 21st Century*, (New Delhi: Foreign Service Institute, 1997).

K. Paman. Pillal, *India Foreign Policy in the 1990s*, (New Delhi: Padiant Publishers, 1997).

Renaud. Egreteau, *Wooing the Generals: India's New Burma Poli-*

cy, (New Delhi: Authors Press, 2003).

Renaud. Egreteau and Larry. Jagan, *Soldiers and Diplomacy in Burma: Understanding the Foreign Relations of the Burmese Praetorian State*, (Singapore: National University of Singapore Press, 2013).

Dhiraj. Srivastava, *India's Foreign Policy and Its Neighbours*, (Jaipur: ABD Publishers, 2007).

Atish. Sinha & Madhup. Mohta, *Indian Foreign Policy-Challenges and Opportunities*, (New Delhi: Foreign Service Institute, 2007).

Kyaw Min Htun, Nu Nu Lwin, Tin Htoo Naing and Khine Tun, "ASEAN-India Connectivity: A Myanmar Perspective" in Kimura, F. and S. Umezaki (eds.), ASEAN-India Connectivity: The Comprehensive Asia Development Plan, Phase II, (Jakarta: ERIA, 2010).

Rong Wang, Cuiping Zhu, *Annual Report on the Development of International Relations in the Indian Ocean Region (2014)*, (Berlin: Springer Heidelberg, 2015).

Rajiv Bhatia, *India-Myanmar Relations: Changing Contours*, (New Delhi: Routledge, 2016).

五、英文论文、研究报告、分析评论、网站新闻、官方文件

Marie. Lall, Indo-Myanmar Relations in the Era of Pipeline Diplomacy, *Contemporary SoutheastAsia*, Vol. 28, No. 3, 2006.

Marie. Lall, India-Myanmar Relations-Geopolities and Energy in Light of the New Balance of Power in Asia, *ISAS Working Paper*, No. 29, Jan. 2, 2008.

Langpoklakpam. Suraj. Singh, Emerging Scenario of India's Myanmar Policy: The Manipurdimension, *Asian Profile*, Vol. 36, No. 1,

Feb. , 2008.

Anoop. Singh, The Economic of Iran-Pakistan-India Nature Gas Pipeline, *Economic and Political Weekly*, Vol. 43, No. 37, 2008.

Renaud. Egreteau, India's Ambitious in Burma-More Frustration than Success?, *Asian Survey*, Vol. 48, No. 6, November/December, 2008.

Renaud. Egreteau, It Takes Two to Tango: the Dance between India and Burma, *Asia Pacific Bulletin*, East-West Center, No. 66, Aug. 24, 2010.

Renaud. Egreteau, A Passage to Burma? India, Development, and Democratization in Myanmar, *Contemporary Politics*, Vol. 17, No. 4, 2011.

Daniel. Twining, India's relations with Iran and Myanmar: "Rogue State" or Responsible Democratic Stakehold?, *India Review*, Vol. 7, No. 1, Jan. -Mar. , 2008.

Lavina. Lee, Myanmar's Transition to Democracy: New Opportunities or Obstacles for India?, *Contemporary Southeast Asia*, Vol. 36, No. 2, 2014.

Smruti. Pattanaik, Assessing Modi Government's Foreign Policy, *Indian Foreign Affairs Journal*, Vol. 9, Issue 3, 2014.

Chintamani. Mahapatra, Modi's Foreign Policy: Difficult to Theorize, Easy to Understand, *Indian Foreign Affairs Journal*, Vol. 9, Issue 3, 2014.

Satish. Chandra, The Style and Substance of Modi's Foreign Policy, *Indian Foreign Affairs Journal*, Vol. 9, Issue 3, 2014.

Bhaskar. Balakrishnan, India's Foreign Policy and the New Government, *Indian Foreign Affairs Journal*, Vol. 9, Issue 3, 2014.

Tin Maung Maung Than, Myanmar in 2013: At the Halfway Mark, *Asian Survey*, Vol. 54, No. 1, 2014.

Pierre. Gottschlich, New Developments in India-Myanmar Bilateral Relations?, *Journal of Current SoutheastAsian Affairs*, No. 2, 2015.

Yogendra. Singh, "India's Myanmar Policy-A Dilemma between Realism and Idealism", *IPCS Special Report*, No. 37, Mar, 2007.

Srinjoy. Bose, Energy Politics: India-Bangladesh-Myanmar Relations, *IPCS Special Report*, No. 45, Jul., 2007.

Anushree. Bhattacharya, Linking South East Asia and India-More Connectivity, Better Ties, *IPCS Special Paper*, No. 50, Feb., 2008.

Julien. Levesque & Mirza. Zulfiqur. Rahman, Tension in the Rolling Hills: Burmese Population and Border Trade in Mizoram, *IPCS Research Paper*, Apr., 2008.

Vibhanshu. Shekhar, "A federal democratic Myanmar- India's strategic imperative", *IPCS Issue Brief*, No. 67, May, 2008.

Ann. Koppuzha, India's Myanmar Policy: An Alternative Roadmap, *IPCS Issue Brief*, No. 77, Jul., 2008.

Sanjeev. Pillay, Indo-Myanmar Relations: Ideology vs Realism, *IPCS Article*, Aug., 2009.

Tuli. Sinha, China-Myanmar Energy Engagements-Challenges and Opportunities for India, *IPCS Issue Brief*, No. 134, Dec., 2009.

Harnit. Kaur. Kang, India and Myanmar-Looking East through A Strategic Bridge, *IPCS Issue Brief*, No. 144, Mar., 2010.

Panchali. Saikia, Connecting South Asia: Experimenting with the Great Mekong Sub-Regional Model, *IPCS Issue Brief*, No. 189, April, 2012.

A. R. Gupta, China and its Peripheries: Beijing's Myanmar Strategy, *IPCS Issue Brief*, No. 215, May., 2013.

Ravi. Bhoothalingam, China and its Peripheries: Beijing and BICM, *IPCS Issue Brief*, No. 216, May., 2013.

Vibhanshu. Shekhar, Myanmar's Energy Sector: Inviting the World to its Shore, *IPCS Article*, Apr., 2014, http://www.ipcs.org/article/myanmar/myanmar-energy-sector-inviting-the-world-to-its-shore-4368.html.

K. Yhome, Myanmar on UNSC's Agenda: Business as Usual for India?, *ORF Analysis*, Sep. 21, 2006, http://www.orfonline.org/cms/sites/orfonline/modules/analysis/AnalysisDetail.html? cmaid = 2379&mmacmaid = 336.

K. Yhome, Monks Up in Arms in Myanmar, *ORF Analysis*, Sep. 28, 2007, http://www.orfonline.org/cms/sites/orfonline/modules/analysis/AnalysisDetail.html? cmaid = 11083&mmacmaid = 11084.

K. Yhome, Time-Bound Dialogue Needed, *ORF-Myanmar Monthly Assessment*, Feb. 12, 2008, http://www.orfonline.org/cms/sites/orfonline/modules/analysis/AnalysisDetail.html? cmaid = 14135 & mmacmaid = 14136.

K. Yhome, Pressure Mounting on the Myanmar Junta, *ORF Analysis*, Jun. 9, 2008, http://www.orfonline.org/cms/sites/orfonline/modules/analysis/AnalysisDetail.html? cmaid = 14688&mmacmaid = 14689.

K. Yhome, India-Myanmar Relations (1998 – 2008) – A Decade of Redefining Bilateral Ties, *OFR Occasional Report*, Jan., 2009.

K. Yhome, Myanmar's Generals Attach Importance to Vice-President's Visit, *ORF Analysis*, Feb. 6, 2009, http://www.orfonline.org/cms/sites/orfonline/modules/analysis/AnalysisDetail.html? cmaid = 15810&mmacmaid = 15809.

K. Yhome, Myanmar: Balancing India and China, *ORF Analysis*, Jul. 26, 2010, http: //www. orfonline. org/cms/sites/orfonline/modules/analysis/AnalysisDetail. html? cmaid = 19604 & mmacmaid = 19605.

K. Yhome, Elections and Myanmar's Political Future, *ORF Analysis*, Nov. 10, 2010, http: //www. orfonline. org/cms/sites/orfonline/modules/analysis/AnalysisDetail. html? cmaid = 20511 & mmacmaid = 20512.

K. Yhome, The Importance of Modi's Visit to Myanmar, *ORF Analysis*, Nov. 11, 2014, http: //www. observerindia. com/cms/sites/orfonline/modules/analysis/AnalysisDetail. html? cmaid = 74630 & mmacmaid = 74631.

Myanmar, the Flux within, *ORF Report*, Dec. 15, 2010, http: //www. orfonline. org/cms/sites/orfonline/modules/report/ReportDetail. html? cmaid = 20728&mmacmaid = 20729.

Subir. Bhaumik, Look East through Northeast: Challenges and Prospects for India, *ORF Occasional Paper*, No. 51, Jun. , 2014.

Rakhahari. Chatterji & Anasua. Basu. Ray. Chaudhury & Pratnashree. Basu, India-Myanmar Connectivity: Possibilities and Challenges, *ORF Report*, Nov. , 2015.

M. Amarjeet. Singh, A Study on Illegal Immigration into North-East India: The Case of Nagaland, *IDSA Occasional Paper*, No. 8, Nov. , 2009.

Namrata. Goswami, An Assessment of Insurgencies in Assam, Manipur andNagaland in 2009, *IDSA Issue Brief*, 2009, http: //www. idsa. in/system/files/IB-NortheastIndia2009. pdf.

Namrata. Goswami, Drug and the Golden Triangle: Renewed Concerns for Northeast India, *IDSA Comment*, Feb., 2014, http://www.idsa.in/idsacomments/DrugsandtheGoldenTriangle_ngoswami_100214.

Namrata. Goswami, China's Second Coast: Implications for Northeast India, *IDSA Comment*, Jun., 2014, http://www.idsa.in/idsacomments/ChinasSecondCoast_ngoswami_190614.

Arvind. Gupta, Myanmar's Critical Role in Bolstering India's Look East Policy, *IDSA Comment*, Feb. 2, 2012, http://www.idsa.in/idsacomments/MyanmarsCriticalRoleinBolsteringIndiasLookEastPolicy_agupta_020212.

Pushpita. Das, Drug Trafficking in India: A Case for Border Security, *IDSA Occasional Paper*, No. 24, May, 2012.

Pushpita. Das, India-Myanmar Border Problems: Fencing not the Only Solution, *IDSA Comment*, Nov. 15, 2013, http://www.idsa.in/idsacomments/IndiaMyanmarBorderProblems_pdas_151113.html.

Udai. Bhanu. Singh, An Assessment of Manmohan Singh's Visit to Myanmar, *IDSA Issue Brief*, Jun., 2012.

Gautam. Sen, The Persecuted Rohingyas of Myanmar: Need for Political Accommodation and India's Role, *IDSA Comment*, Aug. 13, 2012, http://www.idsa.in/idsacomments/ThePersecutedRohingyasofMyanmar_gsen_130812.

Shebonti. Ray. Dadwal, Myanmar Opens to Business Opportunities, But it is Sustainable?, *IDSA Comment*, Jun. 14, 2013, http://www.idsa.in/idsacomments/MyanmarOpenstoBusinessOpportunities srdadwal 140613.html.

Col. R. Hariharan, India-China-Myanmar Relations, *SAAG Paper*, Aug. 7, 2007.

B. Raman, India, China to Strengthen Myanmar's IT Capability, SAAG Analysis, Dec. 18, 2007, http://www.southasiaanalysis.org/papers26/paper2507.html.

C. S. Kuppuswamy, Myanmar: Sandwiched between China & India and gaining from both, *SAAG Paper*, Jan. 31, 2008, http://www.southasiaanalysis.org/papers26/paper2574.html.

C. S. Kuppuswamy, Indo-Myanmar Relations: Visit of Senior General Maung Aye, *SAAG Paper*, Apr. 9, 2008, http://www.southasiaanalysis.org/papers27/paper2664.html.

R. Swaminathan, "India-Myanmar Relations: A Review", *SAAG Article*, Oct. 29, 2009.

Sinderpal. Singh, "'Silence is Golden': India's Current Position on Myanmar", *ISAS Brief*, No. 124, Aug. 18, 2009.

S. D. Muni, India's "Look East" Policy: The Strategic Dimension, *ISAS Working Paper*, No. 121, Feb. 1, 2011.

Laldinkima. Sailo, Northeast India-Southeast Asia Connectivity: Barrier to Bridge, *ISAS Working Paper*, No. 162, Nov., 2012.

Laldinkima. Sailo, India Woos its Northeast: Development and Diplomacy Factors, *ISAS Brief*, No. 308, Dec., 2013.

Laldinkima. Sailo, Northeast India-Myanmar: Search for Cooperation and New Approaches, *ISAS Brief*, No. 321, Feb., 2014.

Laldinkima. Sailol, India-Myanmar Ties: New Hope, Old Despair, *ISAS Brief*, No. 351, Dec., 2014

C. Raja. Mohan, Embracing Myanmar: India's Foreign Policy Realism, *RSIS Commentaries*, Aug. 2, 2010.

C. Raja. Mohan, India's Security Cooperation with Myanmar: Prospect and Retrospect, *ISAS Working Paper*, No. 166, Feb., 2013.

Rani. D. Mullen, The State of Indian Development Cooperation, *IDCR Report*, 2014, http://www.cprindia.org/sites/default/files/policy-briefs/Spring_2014_IDCR_Report_the_State_of_Indian_Development_Cooperation.pdf.

Burma-India Relations: A Betrayal of Democracy and Human Rights, Burma Campaign UK, Mar., 2007.

Stephen McCarthy, Ten Years of Chaos in Burma: Foreign Investment and Economic Liberalization under the SLORC-SPDC (1988 to 1998), *Pacific Affairs*, Vol. 73, No. 2, 2000.

Lurong Chen, Ludo Cuyvers, Philippe De Lombaerdeand Wahyu Mukti Kusumaningtlas, An ASEAN—EU FTA: Regional Production Sharing and Regional Cohesion Focus on Cambodia, Laos and Myanmar, *South African Journal of Economics*, Vol. 79, No. 4, 2011.

Hans Kundnani, Why Russia's relationship with India matters for Europe, *European Council on Foreign Relations*, Dec. 12, 2014.

Johannes Dragsbaek Schmidt, India and the European Union, A Precarious Relationship, *Asia Europe Journal*, Vol. 13, Dec., 2015.

Marina Kramer, A Call foe Constructive Engagement—Observations on the Prospects for Myanmar—EU Relations, Dec., 2009.

Christopher W. Hughes, Japan's Response to China's Rise: Regional Engagement, Global Containment, Dangers of Collision, *International Affairs*, Vol. 85, No. 4, Jul., 2009.

Madhuchanda Ghosh, India and Japan's Growing Synergy: From a Political to a Strategic Focus, *Asian Survey*, Vol. 48, No. 2, 2008.

Soe Myint, India and Burma: Working on Their Relationship, The Irrawaddy, Vol. 7, No. 3, Mar., 1999, http://www.irrawaddy.org/article.php? art_id=1170&page=1.

Camill. Buzzi, India-Burma Relations Hitting a Dead End?, Irrawaddy, Mar. 11, 2010, http://www.irrawaddy.org/opinion_story.php?art_id=18006.

G. Parthasarathy, Myanmar Deserves Attention-India's Dithering Has Helped China, The Tribune, Apr. 20, 2006, http://www.tribuneindia.com/2006/20060420/edit.htm#4.

Subhash. Kapila, Myanmar's Strategic Significance for India", Boloji, Mar. 26, 2006, http://www.boloji.com/plainspeak/024.htm.

Col. R. Hariharan, India-Myanmar-China Relations, Asian Tribune Article, Jun. 22, 2007, http://www.asiantribune.com/index.php?q=node/6641.

Mizzima News: India, Burma Agree to Expand Border Trade-Mungpi, Burma Net News, Oct. 17, 2008, http://www.burmanet.org/news/2008/10/17/mizzima-news-india-burma-agree-to-expand-border-trade-%E2%80%93-mungpi/.

Kanwal, India-Myanmar Relations: A Strategic Perspective, Opinion Asia, Oct. 29, 2009, http://opinionasia.com/article/print/699.

Subhash Kapila, Myanmar's Strategic Significance for India, Mar. 26, 2006, http://www.boloji.com/plainspeak/024.htm.

India: Mum's the word on Burma, Globalpost Analysis, Nov. 5, 2010, http://www.globalpost.com/dispatch/india/101105/myanmar-burma-relations.

Åshild. Kolås & Stein. Tønnesson, Burma and Its Neighbours: The Geopolitics of Gas, Nautilus. Institute, Apr. 10, 2010, http://www.nautilus.org/publications/essays/apsnet/policy-forum/2006/0630a-kolas-tonnesson.html.

Indo-Myanmar Border Trade, Ministry of Commerce & Industry,

Government of India, Nov. 16, 2012, http: //dgft. gov. in/Exim/2000/PN/PN12/pn3012. htm.

Insurgency Discussedin India-Myanmar Liaison Meet, The Times of India, Aug. 22, 2012, http: //timesofindia. indiatimes. com/india/Insurgency-discussed-in-India-Myanmar-liaison-meet/articleshow/15593395. cms.

Apathy, Red Tape Hit Border Trade, The Telegraph, Jan. 31, 2013, http: //www. telegraphindia. com/1130131/jsp/northeast/story_16501115. jsp#. VWFREk0w-Uk.

Brennan. O'Connor, Thousands Displaced by Myanmar Dam, Al-jazeera, Mar. 31, 2013, http: //www. aljazeera. com/indepth/features/2013/03/201331316542780448l. html.

Prabir. De, ASEAN-India Partnership in Building Regional Connectivity in Asia, ASEAN Community, Jul. 19, 2013, http: //www. mfa. go. th/asean/contents/files/news - 20130730 - 151850 - 662210. pdf.

N. C. Bipindra, Myanmar Navy seeks arms from India, The New India Express, Jul. 30, 2013, http: //www. newindianexpress. com/nation/Myanmar-Navy-seeks-arms-from-India/2013/07/30/article1708731. ece.

Burma Rivers Network Welcomes India's Cancellation of Tamanthi Dam, Urges China and Thailand to Take Similar Environmental Responsibility, Burma Rivers Network, Sep. 3, 2013, http: //burmariversnetwork. org/index. php/actions/press-releases/907-burma-rivers-network-welcomes-indias-cancellation-of-tamanthi-dam-urges-china-and-thailand-to-take-similar-environmental-responsibility.

Elizabeth. Roche, Highway Linking India to Myanmar, Thailand Likely by 2016: VK Singh, Livemint, Aug. 14, 2014, http: //www.

livemint. com/Politics/lXLGGeFzlUmlc3p5hIuKMP/Highway-linking-India-to-Myanmar-Thailand-likely-by – 2016 – V. html.

Deepak. Nagpal, PM Modi Holds Talks with Myanmar Prez, Stresses on Cultural, Commercial Ties, Zee News, Nov. 12, 2014, http: //zeenews. india. com/news/india/pm-modi-holds-talks-with-myanmar-prez-stresses-on-cultural-commercial-ties_ 1497070. html.

Tha Htay Chaung Hydropower Dam, Arakan Rivers Network, http://www. arakanrivers. net/? page_ id = 182.

India-Myanmar 5th Joint Trade Committee Meeting, Business Standard, Feb. 17, 2015, http: //www. business-standard. com/article/government-press-release/india-myanmar-5th-joint-trade-committee-meeting – 115021701193_ 1. html.

India Budget Proposes to Cut Aid for BD, Nepal Myanmar, The Daily Observer, Mar. 2, 2015, http: //www. observerbd. com/2015/03/02/75481. php # sthash. jFddnDOF. dpufhttp: //www. observerbd. com/2015/03/02/75481. php.

Jiribam-Tupul Railway Line to Become Functional by 2017, Youtube, Mar. 23, 2015, https: //www. youtube. com/watch? v = r0MrWoqIPbk.

Myanmar Soldiers "Intrude on Indian Territory", Mizzima, Apr. 25, 2015, http: //www. mizzima. com/news-international/myanmar-soldiers – % E2% 80% 98intrude-indian-territory% E2% 80% 99.

PM Narendra Modi Conveys to Myanmar India's Commitment to Deepen Ties, NDTV, Jul. 2015, http: //www. ndtv. com/india-news/pm-narendra-modi-conveys-to-myanmar-indias-commitment-to-deepen-ties – 781857.

India Committed to Strengthening Ties with Myanmar: PM Modi, The Economic Times, Jul. 2015, http: //economictimes. indiatimes.

com/news/defence/india-committed-to-strengthening-ties-with-myanmar-pm-modi/articleshow/48266539. cms.

Official Talks on Myanmar-India-Bangla Pipeline to Start Soon, The India Express, Jul. 3, 2015, http: //indianexpress. com/article/business/business-others/official-talks-on-myanmar-india-bangla-pipeline-to-start-soon/.

Tridivesh. Singh. Maini, Myanmar's Post-Election Future With India, The Diplomat, Nov. 20, 2015, http: //thediplomat. com/2015/11/myanmars-post-election-future-with-india/.

Embassy of India in Myanmar, Economic and Commerce Relations, Bilateral Trade, http: //www. indiaembassy. net. mm/index. php? option = com_ content&view = article&id = 51&Itemid = 62&lang = en.

Marudavanan S, India's North East Development: Issues and Perspectives, North East Development, Jan. 18, 2014, http: //marudavanan. blogspot. hk/2014/01/north-east-development. html.

Kaladan Multi-Modal Transit Transport Project, Ministry of Development of North Eastern Region, Government of India, Apr. 25, 2014, http: //mdoner. gov. in/content/introduction-1.

India Datasheets, South Asia Terrorism Portal, Data Sheets, http://www. satp. org/satporgtp/countries/india/database/index. html.

The Situation of Burmese Refugees in Asia: Special Focus on India, South Asia Human Rights, Documentation Centre, http: //www. hrdc. net/sahrdc/resources/burmese_ refugee. htm.

Tin Htoo Naing, Myanmar and Regional Connectivity, Fame Myanmar, http: //www. famemyanmar. com/news_ 5. html.

About the Kaladan Multi-Modal Transit Transport Project, Kaladan Movement, http: //www. kaladanmovement. org/index. php/about-the-kaladan-multi-modal-transit-transport-project.

Catherine Puts, India and Russia Begin Naval Exercise in the Bay of Bengal, *The Diplomat*, Dec. 9, 2015.

Bibhu Prasad Routray, Myanmar and India's Northeast: Border Cooperation, Better Connectivity and Economic Integration, *IPCS Article*, Jan. 10, 2013, http://www.ipcs.org/article/india/myanmar-and-indias-northeast-border-cooperation-better-connectivity-and-economic-3788.html.

Embassy of India in Myanmar, "India-Myanmar Bilateral Trade", http://www.indiaembassyyangon.net/index.phd? option = com_content&view = category&layout = blog&id = 21&Itemid = 122&Lang = en.

Joint Statement: The United States and India: Enduring Global Partners in the 21st Century, The White House Office of the Press Secretary, Jun. 7, 2016.

Burma (Myanmar), EIA Analysis, Aug. 2016, https://www.eia.gov/beta/international/analysis.cfm? iso = MMR.

Jayanth Jacob, Why India needs to cosy up to Myanmar's Aung San Suu Kyi, Hindustan Times, Aug. 23, 2016.

Annual Report 1999 – 2000, India's Ministry of External Affairs, New Delhi.

Annual Report 2000 – 2001, India's Ministry of External Affairs, New Delhi.

Annual Report 2001 – 2002, India's Ministry of External Affairs, New Delhi.

Annual Report 2003 – 2004, India's Ministry of External Affairs, New Delhi.

Annual Report 2004 – 2005, India's Ministry of External Affairs,

New Delhi.

Annual Report 2005 – 2006, India's Ministry of External Affairs, New Delhi.

Annual Report 2006 – 2007, India's Ministry of External Affairs, New Delhi.

Annual Report 2007 – 2008, India's Ministry of External Affairs, New Delhi.

Annual Report 2008 – 2009, India's Ministry of External Affairs, New Delhi.

Annual Report 2009 – 2010, India's Ministry of External Affairs, New Delhi.

Annual Report 2010 – 2011, India's Ministry of External Affairs, New Delhi.

Annual Report 2011 – 2012, India's Ministry of External Affairs, New Delhi.

Annual Report 2012 – 2013, India's Ministry of External Affairs, New Delhi.

Annual Report 2013 – 2014, India's Ministry of External Affairs, New Delhi.

Annual Report 2014 – 2015, India's Ministry of External Affairs, New Delhi.

Economic Survey 2010 – 2011, India's Ministry of Finance, New Delhi.

后 记

《冷战后印缅关系研究》一书就要出版了，我既激动，又忐忑不安。激动的是，这是我对硕士阶段印缅关系研究的阶段性总结，是我求学以来的首部合著。它激励我继续在学术求索道路上砥砺前行。冷战后印缅关系研究是我硕士论文的题目，也是我读研期间倾注心血的研究领域。正因如此，我一直希望能继续完善这一研究，并将研究成果出版，以丰富中国学术界对印缅关系的研究。

遗憾的是，硕士毕业之后，我一直忙于工作，虽偶尔浏览相关新闻报道，但并无固定时间和精力来继续深化印缅关系研究。2014年，我来到香港浸会大学攻读博士学位，研究课题锁定在冷战后缅甸对华政策。在此期间，我阅读了大量关于印缅关系的最新研究成果，对印缅关系的认识也进一步加深。因此，我深感有必要对此前的研究成果进行大幅修改和补充，以为印缅关系研究画上短暂的句号。

正是在这个背景下，我在集中精力做好博士论文课题的前提下，抽出空余时间大幅修补之前的研究成果。从现在来看，无论是在谋篇布局，还是在资料补充以及语言修辞方面，本书都更清晰、更明确、更及时，也更简洁。

尽管如此，我仍忐忑不安。本书最大的不足就是理论框架的缺失。事实上，之前进行修补时曾有考虑添加理论框架，但后来又考虑到本书的主要任务是详细展现冷战后印缅关系发展的方方面面，而并非对某一理论的实证研究。因此，本书采取政策分析的写作方式，力求全面细致地展现冷战后印缅关系的具体进展。此外，本书在观点论证以及语言表述方面仍存在一些瑕疵，也希望学界同仁不吝赐教。

在此，我要衷心感谢四川大学缅甸研究中心主任、乐山师范学院跨喜马拉雅旅游文化研究中心执行主任戴永红教授为本书出版所做出的积极努力。可以说，若没有戴教授的鼎力支持，本书决不可能如此顺利地出版。事实上，在本书初稿完成后，我曾请教戴教授。戴教授建议增补两章，即本书第八和第九章，以地区视角层面完整呈现印缅关系发展的重要外部大环境。应该说，这两章的补充为本书增色不少，也使本书的结构更完整，内容更充实。

本书的具体分工如下：绪论及第一至七章由我撰写，第八章由戴永红教授和四川大学南亚研究所硕士研究生曾凯撰写，第九章由戴永红教授和四川大学南亚研究所硕士研究生张国烜撰写。在此，衷心感谢戴永红教授及曾凯和张国烜两位研究生对本书出版所付出的重要努力。此外，我要衷心感谢乐山师范学院跨喜马拉雅旅游文化研究中心和四川大学缅甸研究中心为本书出版所提供的重要帮助。同时，我也要感谢中国国际问题研究院中美关系研究中心主任刘学成研究员在百忙之中抽出时间为本书作序，感谢时事出版社谢琳主任及编辑耐心细致地修改书稿。

路漫漫其修远兮，吾将上下而求索。本书的出版为我的学术生涯打开了一扇窗，它激励我在学术道路上继续求索。

彭 念

2017 年 1 月 9 日于香港浸会大学教学与行政大楼 11 楼

图书在版编目（CIP）数据

冷战后印缅关系研究/彭念，戴永红著. —北京：时事出版社，2017.6

ISBN 978-7-5195-0107-5

Ⅰ. ①冷… Ⅱ. ①彭… ②戴… Ⅲ. ①印度—对外关系—研究—缅甸 Ⅳ. ①D835.12 ②D833.72

中国版本图书馆 CIP 数据核字（2017）第 081752 号

出 版 发 行：时事出版社
地　　　址：北京市海淀区万寿寺甲 2 号
邮　　　编：100081
发 行 热 线：（010）88547590　88547591
读者服务部：（010）88547595
传　　　真：（010）88547592
电 子 邮 箱：shishichubanshe@sina.com
网　　　址：www.shishishe.com
印　　　刷：北京市昌平百善印刷厂

开本：787×1092　1/16　印张：15.75　字数：210 千字
2017 年 6 月第 1 版　2017 年 6 月第 1 次印刷
定价：98.00 元